MAX J. KOBBERT
KUNSTPSYCHOLOGIE

MAX J. KOBBERT

KUNSTPSYCHOLOGIE

Kunstwerk, Künstler und Betrachter

1986
WISSENSCHAFTLICHE BUCHGESELLSCHAFT
DARMSTADT

CIP-Kurztitelaufnahme der Deutschen Bibliothek

Kobbert, Max J.:
Kunstpsychologie: Kunstwerk, Künstler und
Betrachter / Max J. Kobbert. – Darmstadt:
Wissenschaftliche Buchgesellschaft,
1986.
ISBN 3-534-09194-9

12345

🆅🅱 Bestellnummer 9194-9

© 1986 by Wissenschaftliche Buchgesellschaft, Darmstadt
Satz: Maschinensetzerei Janß, Pfungstadt
Druck und Einband: Wissenschaftliche Buchgesellschaft, Darmstadt
Printed in Germany
Schrift: Linotype Garamond, 10/11

ISBN 3-534-09194-9

INHALT

VORBEMERKUNG

Kunstpsychologie hat ihren unfesten Ort inmitten von Spannungsfeldern: zwischen Kunst und Wissenschaft, zwischen Kunst und Publikum, zwischen Objektivität und Subjektivität, zwischen Gesetzmäßigkeit und Freiheit. Entsprechend groß ist die Vielzahl der Forschungsrichtungen, die sich unter ihrem Namen mehr zerstreuen als versammeln.

Der vorliegende Einführungsband soll sich nicht in einem Mosaik bestehender Ansätze erschöpfen. Vielmehr wird ein Konzept verfolgt, das sich vor allem einer allgemeinpsychologisch begründeten Phänomenologie des Bildwerks widmet und sich möglichst dicht am Zentrum dessen bewegt, was gegenwärtig als Bildende Kunst praktiziert wird. Die Möglichkeit hierzu dankt der Verfasser zum einen seinen ehemaligen psychologisch-wissenschaftlichen Lehrern, insbesondere Wolfgang Metzger und Wilhelm Witte, zum anderen seinen jetzigen Kollegen, namhaften Künstlern an einer Kunstakademie. Die täglichen Begegnungen und Beobachtungen in den Ateliers finden ihren Ausdruck nicht zuletzt in Werkbeispielen, die „vor Ort" gewonnen und hierdurch authentisch kommentiert werden konnten.

Der phänomenologischen Orientierung entsprechend wird in diesem Buch besonderer Wert auf Veranschaulichung gelegt. Die Auswahl des Bildmaterials folgt keiner künstlerischen Wertung, sondern inhaltlichen Erfordernissen und ist entsprechend bunt. Der sensible Leser möge sich daher wappnen, einem breiten Spektrum von Bildern zu begegnen, das von Kunstwerken großer und weniger großer Bedeutung über Studentenarbeiten, Kinderzeichnungen und Schimpansenzeichnungen bis hin zu Zeichnungen des Verfassers reicht.

Gedankt sei an dieser Stelle der Förderergesellschaft Kunstakademie Münster e. V., die durch ihre freundliche Unterstützung die Ausstattung des Buches mit z. T. farbigen Tafeln ermöglicht hat.

Das Buch wendet sich an einen breitgefächerten Leserkreis: an Psychologen und Psychologiestudenten, die sich vom Phänomen Kunst Anregungen für ihre Arbeit versprechen, an (angehende)

Künstler, Designer, Kunstwissenschaftler und Kunstpädagogen, die sich einschlägige Aufschlüsse über die Eigenart menschlichen Erlebens und Verhaltens erhoffen, sowie an alle diejenigen, die sich dem Rätsel Kunst aus neuer Perspektive nähern möchten.

I. EINLEITUNG

1. Einstieg in eine Spiegelwelt

Im Sommer 1982 erhebt sich in der Parklandschaft der Kasseler Karlsaue ein kleiner Doppelpavillon, geschaffen von dem amerikanischen Künstler Dan Graham als Beitrag für die siebente Documenta, dem alle vier bis fünf Jahre neu hergerichteten Schaufenster avantgardistischer Kunst in Kassel (s. Tafel 1). Vom technischen Aufbau her ist das Objekt als zweifache kubische Rahmenkonstruktion, in die transparente und spiegelnde Plexiglasflächen eingefaßt sind, relativ einfach gehalten und einer vollständigen Beschreibung zugänglich. Von seiner Erscheinungsweise her jedoch, also unter psychologischem Aspekt, zeigt sich dem Betrachter und Begeher etwas ganz anderes. Der Künstler stiftet hier einen Zusammenhang, der den Besucher und die Umgebung wesentlich mit einbezieht, schafft ein Ganzes, in dem das Objekt in seiner Rolle als Teil aufgeht:

Schon von außen gibt sich der Doppelpavillon fremdartig und verwirrend. Seine strenge Geometrie kontrastiert zum organischen Charakter der Parklandschaft, die zugleich spiegelnd einbegriffen ist. Der Einbezug des Umraums geschieht in einer Weise, die die gewohnte Scheidung zwischen innen und außen unmöglich macht und die geschlossene Dinghaftigkeit des Objekts weitgehend aufhebt. Der Besucher umgeht und betritt den Pavillon und begegnet in heiterer Verwunderung allerorten sich selbst. Die in- und auswendigen Spiegelungen der Kuben in der Vervielfachung ihrer selbst, des Besuchers und der Umgebung bilden nicht das ausgegrenzte Gegenüber wie gewohnte Spiegelungen, sondern verschmelzen Spiegelbild und Realität zur Einheit, bilden in kaum zu entmischender Synthese eine neue Ebene von Erlebniswirklichkeit. Wirklich in dem Sinne, daß sich der Betrachter leibhaftig von ihr eingefangen sieht, unwirklich in dem Sinne, daß sie in dem zur Selbstverständlichkeit gewordenen Realitätsrahmen nicht unterzubringen ist. Inraum und Umraum, Ich und Gegenüber, anschauliches Sein und anschaulicher Schein sind in einer Eindringlichkeit verwoben und verrätselt, die den Besucher nachdenklich entläßt.

Diese Skizze verdeutlicht, daß es Objekte gibt, die erst im Wechselspiel mit Erleben und Verhalten des Betrachters und unter Einbezug der Umgebung sich immer neu zum Kunstwerk entwickeln. Das Künstlerische verbirgt sich dann nicht im Objekt, sondern in der vom Künstler intendierten Gesamtsituation, in der das Objekt zugleich als Teil und als Katalysator fungiert. Unterstellt sich der Betrachter diesem Zusammenhang nicht, sondern untersucht vielleicht nur die Machart des Objekts auf technische 'Kunstfertigkeit' hin, so bleibt das Objekt nichtssagend und wertlos wie ein Buch, das nicht aufgeschlagen wird.

2. Probleme mit Kunst als Problem

Wenige Wochen nach Eröffnung der Documenta 7 ist das Objekt von Dan Graham zerstört. Die Trümmer sind beschmiert mit Parolen gegen den 'Mist', der auf der Documenta 'Kunst' genannt wird. Zahlreiche weitere Objekte der Ausstellung erleiden ein ähnliches Schicksal, vergleichbar mit Vorkommnissen auf der Documenta 6, in deren Verlauf über 100 Bilder und Plastiken beschädigt wurden.

Was als „Gewalt gegen Kunst" in den Medien schon zum Schlagwort geworden ist, kann nicht als Ausdruck des Übermutes oder latenter Aggression, die sich eher zufällig am Kunstobjekt entlädt, aus dem Bereich der Kunst herausargumentiert werden. Dazu ist die Palette von Unmutsäußerungen weiter Teile des Publikums zu breit, und Zerstörungsakte bilden auf ihr lediglich die grellste Farbe. Die Reaktionen enttäuschter und frustrierter Ausstellungs- und Museumsbesucher reichen vom achselzuckenden „Was soll's" gegenüber Exponaten, an denen lediglich der Preis beeindruckt, über die spöttelnde Distanz dessen, der des Kaisers neue Kleider zu bewundern sich nicht lächerlich machen will, über wütende Verbalattacken gegen vermeintliche Publikumsverhöhnung und Kunstverhunzung bis hin zu Überschmierungen und Beschädigungen von Objekten einer immer noch oder schon wieder als 'entartet' gewerteten Kunst. Medien unterschiedlichsten Couleurs, vom Massenbis zum Ärzteblatt, fungieren als Meinungsmacher in einem Tenor, der mehr Verständnis für Angriffe gegen Kunstwerke als für die Kunstwerke selbst zu verbreiten geeignet ist. Und es sind nicht nur die Unberufenen, die den Unwillensäußerungen Rückendeckung geben. Die Behauptung eines ersatzlosen Verlusts künstlerischer

Werte wird auch von manchen Kunstkommentatoren unserer Tage aufgestellt.

Eine babylonische Bildsprachverwirrung entzweit Publikum und Künstler. Ausstellungsleiter sehen sich zum Schutz der Exponate gezwungen, Berührungsverbote mit Unterstützung von Absperrungen und Bewachern zu verhängen und behandeln dabei das Symptom der Beschädigung mit einer Vertiefung der zugrundeliegenden Kommunikationsstörung. Objekte, die, um lebendig zu werden, im Konzept des Künstlers nicht nur auf den „Anteil des Beschauers" (Gombrich, 57, S. 209), sondern auf den Part des Mitspielers angewiesen sind, verlieren in der Isolation ihre Bedeutung.

Bei denen, die zwischen Kunst und Publikum Vermittlerposition einnehmen, wird Resignation spürbar, wenn auch der Öffentlichkeit gegenüber, um es nicht ganz mit ihr zu verderben, werbewirksamer Optimismus gezeigt wird.

Werner Hofmann z. B., publikumserfahrener Direktor der Hamburger Kunsthalle, zieht sich vor dem „Votum jener kompakten Majorität, deren Maßstab das Mittelmaß sein wird", zurück (80, S. 13). Er beschränkt seinen Adressatenkreis vielmehr auf jene als Minderheit eingeschätzte Personengruppe, die jenseits des Verlangens nach „plattester Verständlichkeit" und „Schönheitelei" die Bereitschaft mitbringt, „bis an den Punkt vorzudringen, wo das Kunstwerk sein Innerstes als *Befremdung* preisgibt. Kunst läßt sich nicht lehren, auch nicht das Kunstverständnis" (80, S. 21).

Das aber hieße, einen Großteil des Publikums seiner Orientierungslosigkeit überlassen zu müssen, so als gälten Kunst und Kunstkommentar letztendlich doch nur einer kleinen Elite, die sich um den Künstler schart, dem vom ruinierten Geniebegriff lediglich die Unbegreiflichkeit geblieben ist.

Es scheint, die hohen Besucherzahlen bei manchen Ausstellungen von Gegenwartskunst sprächen dagegen, doch hieße es, sich selbst betrügen, den Spaß von Schaulustigen am Flair der Sensation und großer Namen gleicherweise wie die Freude am Befragen von Bildern auf dem Konto von Kunstinteresse abzubuchen. Spektakuläre Publikumserfolge bergen die Gefahr, daß die Problematik der Zugänglichkeit von der Oberfläche gelungener Neugierbefriedigung verdeckt wird. Die Durchlaufgeschwindigkeit von Besucherströmen steht gewiß nicht in direktem, sondern eher in umgekehrtem Verhältnis zu der Intensität der Auseinandersetzung mit den Exponaten. Beim Schieben und Geschobenwerden durch die Ausstellungsräume, das dem Besucher nur die Aufsummierung flüchtiger und halbverstellter Eindrücke gestattet, kann leicht der Gedanke suggeriert werden, daß eine längere Verweildauer, weil kaum möglich, auch nicht vorgesehen und nicht nötig sei. Gegenteilige Aufforderungen in oft teuren Begleitkatalogen erreichen wiederum nur die kaufwillige Minderheit derer, die ein überdurchschnittliches Interesse ohnehin mitbringen.

Was ist zu tun? Sollen die Künstler eine andere Kunst machen? Die bequemste Lösung wäre zweifellos die Freisetzung des Marktprinzips von Angebot und Nachfrage in der Kunstpraxis, d. h. Produktion von Objekten, die sich den ästhetischen Bedürfnissen und kognitiven Bereitschaften des Betrachterdurchschnitts anpassen. Jedermann weiß, wohin das führt; denn die Anwendung dieses Prinzips gibt sich bei der in Kaufhäusern stapelweise erhältlichen 'Kunst' ohne falsche Rücksichtnahme zu erkennen, wo die Konterfeis heißblütiger Zigeunerinnen und entzückender Kleinkinder letzte Sozialinstinkte des *homo sapiens* am Ersatzobjekt befriedigen.

Gewiß ist die Interessenlage potentieller Abnehmer auch in der 'hohen Kunst' nicht ganz ohne Wirkung. Es gibt Belege für die Einflußnahme von Auftraggebern nicht nur auf Inhalte künstlerischer Gestaltungen, sondern auch auf deren Stil, ja sogar auf epochale Kunststile. Zu den frühesten bekannten gehören die Eingriffe des Pharao Echnaton und anschließend der revoltierenden Priester des Amun-Kultes in die Stilentwicklung des alten Ägypten im 14. Jh. v. Chr.; auf andere Weichenstellungen z. B. seitens der mittelalterlichen Kirche macht Hofmann aufmerksam (80, S. 23 f.).

Doch sind dies Ausnahmen. Es ist nicht nur der Stolz des Handwerkers, der sich vom Laien nicht sagen lassen will, was er besser zu machen hat, was im Künstler Widerwillen gegen die Anpassung an den Publikumsgeschmack erregt. Der Widerstand erwächst aus immanenten Forderungen der Kunst selbst. Kunst ist fortgesetzte Gewinnung von Neuland jenseits bestehender Erfahrungshorizonte und duldet daher keine Anpassung.

Hieraus ergibt sich zugleich, daß Kommunikationsschwierigkeiten für das Publikum zwangsläufig bestehen *müssen*. „Es ist ganz in Ordnung, daß wir zeitgenössische Kunst nicht ohne weiteres verstehen oder daß die Zugänge zu ihr beschwerlich sind. Die eigentliche Frage mag also lauten: Wie finde ich Zugang zu einem Ding, das mir in vielen Aspekten unbekannt, ungewohnt, fremd und unzugänglich ist?" (L. von Arseniew, 10, S. 9).

Kunstwerke implizieren einen Vorlauf gegenüber dem Betrachter auf der Ebene der Wirklichkeitserfahrung, den einzuholen kaum weniger Anstrengung abverlangt als seine Vorgabe. Diese Mühe dem Betrachter als Anreiz zuzumuten, ist unabdinglich, und sie findet bei entsprechenden Voraussetzungen durch ihren Erfolg die Belohnung, die einen Teil der Freude an Kunst ausmacht. Es scheint allerdings, daß gegenwärtig für viele das Ausmaß des Vorlaufs entmutigend unerreichbar geworden ist und seine Richtung angesichts der Vielfalt dessen, was auf den Nenner 'Kunst' gebracht wird, verwirrend unbestimmbar.

In dieser Situation sind die Hilferufe nach Kunstkommentar unüberhörbar, und zwar nach einem Kommentar, der bestehende Unklarheiten nicht durch eigene potenziert. Kunsthistorisch fundierte Kommentare lassen in ihrer Fachterminologie oft den Bezug zur Erlebniswirklichkeit des Betrachters vermissen, den sie gerade herstellen sollten, sofern sie auf einen breiten Adressatenkreis gerichtet sind. Manche soziologisch orientierte Interpretationen wiederum beschränken sich darauf, Bildinhalte selektiv der Interessenlage bestimmter Betrachtergruppen anzudienen und verstellen das Werk selbst mit einem Zweckgedanken, der zumeist nicht intendiert ist. Die Künstler selbst sind meistens schweigsam, wenn sie ihre Werke sprechen lassen. Denn sie „haben gute Gründe, wenn sie sich davor hüten, über die im Kunstwerk ausgedrückten Ideen zu diskutieren. Jede verkürzende Umschreibung droht ein Werk in seiner eigenen Kompliziertheit zu ersetzen und droht so, den Künstler zu lähmen und den Betrachter blind zu machen" (Arnheim, 6, S. 21).

Dies schließt nicht aus, daß eine „öffnende" Umschreibung und eine allgemeine Vorstrukturierung des Problembereichs möglich und sinnvoll ist, und Arnheim selbst hat wie viele andere Interpreten Beispiele hierfür geliefert. Hinführung zur Kunst im Sinne einer Befähigung zur Auseinandersetzung ist notwendig, denn die befürchtete Blindheit besteht ja bereits als so häufige wie unbemerkte Abart jener „Seelenblindheit", bei der der Kranke zwar alles erblicken, aber nichts erkennen kann. Gewiß gibt es Objekte in der Kunst, die nichts außer ihrem Dasein erkennen lassen. Sie enthalten einen meditativen Aufforderungscharakter, der allerdings nicht so plakativ ist, daß der Betrachter nicht erst für ihn sensibilisiert werden müßte. Gewiß gibt es Objekte, die außer Sinneskitzel und flüchtigen Überraschungseffekten nichts zu entdecken haben; der Betrachter muß jedoch erst in den Stand gesetzt werden, diese von anderen zu unterscheiden. Gewiß gibt es Objekte, die Erkundungsexperimente des Möglichen und als solche auch für den Künstler selbst vorläufig und frag-würdig sind. „Wo diese Möglichkeiten mit unseren Werten in Konflikt geraten, müssen wir eben imstande sein, auch ruhig ‚nein' zu sagen", rät Gombrich wohl mehr in Richtung auf den Künstler, trägt damit aber Eulen in das Athen vieler Kunstkonsumenten (58, S. 117).

Was vor allem häufig fehlt, ist die Bereitschaft, „ja" zu sagen zum Unvertrauten, die Bereitschaft zur Auseinandersetzung und der Mut zum Verzicht darauf, den Bereich außerhalb bestehender Horizonte als Tabuzone zu betrachten. Diese Bereitschaft aus der Kenntnis menschlichen Erlebens heraus wecken zu helfen, ist eine der praktischen Hauptaufgaben der Kunstpsychologie.

„Vielleicht", so urteilt Hofmann, „sollte man sich besser damit zufriedengeben, nicht die Kunst zugänglich, sondern uns der Kunst zugänglich zu machen" (80, S. 21).

Kunst stellt vor Augen. Kunstpsychologie kann, im Verein mit anderen Disziplinen der Kunstwissenschaft, zu sehen helfen. Notwendig dazu ist allerdings, daß sie aus der Situation, in der sie sich heute als empirische Ästhetik befindet, zunächst selbst zum Kunstwerk zurückfindet.

II. ÄSTHETISCHES ERLEBEN UND GESTALTEN

1. Anfänge empirischer Ästhetik

Im Jahre 1839 schreibt ein geheimnisvoller Dr. Mises in einer seiner kunstkritischen Schriften zur Charakterisierung eines Bildwerks: „Was unmöglich scheint zu vereinbaren, ist hier so verbunden, daß es unmöglich scheint, es zu trennen" (138, S. 448). Obwohl auf ein zwischenzeitlich in Vergessenheit geratenes Werk bezogen, trifft Mises mit seiner Formulierung im Vorgriff auf Einsichten der Gestaltpsychologie die allgemeine Eigenart dessen, was 'Komposition' bedeutet: die Konkretion eines zuvor nicht existenten Zusammenhangs zu prägnanter Gestalt. Wäre er der Kunstkritiker Mises geblieben, dann wären heutige Psychologie und Ästhetik jeweils andere; denn hinter diesem Pseudonym verbarg sich niemand anderes als Gustav Theodor Fechner, Geistes- und Methodenvater der heutigen experimentell orientierten Psychologie und Ästhetik.

Drei Jahrzehnte nach Erscheinen seiner zitierten Schrift bemühte sich Fechner eine Zeitlang um die Klärung der Echtheitsfrage zwischen zwei Holbein d. J. zugeschriebenen Madonnenbildnissen, deren Gegenüberstellung in Dresden 1871 erhebliches Aufsehen erregte.

Von diesen Versuchen ging Fechner wieder ab und unternahm statt dessen eine Meinungsbefragung beim Ausstellungspublikum über den im beiderseitigen Vergleich der Gemälde „vorteilhafteren, ansprechenderen Eindruck auf den Beschauer". Die Frucht dieser Bemühungen fiel recht dürftig aus, wenn man bedenkt, daß Fechner unter mehreren tausend Ausstellungsbesuchern nur 17 bewegen konnte, sich im Sinne seiner Fragestellung auf das Wagnis einer Meinungsäußerung über Kunst einzulassen (s. Schönpflug, 166).

Dennoch, die Abkehr von der Echtheitsfrage zur Wohlgefälligkeitsfrage hatte Folgen von weitreichender Bedeutung und zwiespältigem Wert. Einerseits war die Möglichkeit gewonnen, das Problem des Ästhetischen zumindest teilweise aus metaphysischer Unzugänglichkeit in empirische Zugänglichkeit zu überführen. Den ersten Schritt in diese Richtung hatte Fechner bereits 1865 in

Untersuchungen zum Goldenen Schnitt unternommen. Die ganze Fülle der geschaffenen Möglichkeiten legte er 1876 in seiner ›Vorschule der Ästhetik‹ vor. Andererseits vollzog sich mit der Hinwendung zum Betrachter eine Abkehr von der Auseinandersetzung mit dem Kunstwerk als individuellem Sinnganzem, unter der die Kunstpsychologie in ihrer Identifizierung mit empirischer Ästhetik noch heute leidet.

Unter diesem Aspekt wirft Fechners 'experimentale Ästhetik' nicht nur Methodenfragen zur Gewinnung und Verarbeitung von Aussagen über den Wohlgefälligkeitseindruck auf (s. Schönpflug, 166, Vukovich, 180), sondern auch die Frage nach dem Sinn der Sammlung und Auswertung solcher Gefallensurteile in bezug auf Kunstwerke selbst.

Bei Fechner besteht dieser Sinn noch nicht darin, philosophisch-spekulative Ästhetik durch eine rein empirische zu ersetzen, den Gedanken eines absolut Schönen durch das für schön Befundene. Er möchte vielmehr „die Ästhetik von Oben und von Unten" in Beziehung und in Einklang bringen, wobei er bestrebt ist, „Ästhetik von Unten" aus Bedingungszusammenhängen zwischen wahrgenommenem Objekt und Betrachtereindruck zu ermitteln, dagegen „das wahre Schöne, was also wert ist Gefallen zu wecken, in höchster Instanz aus Gott abzuleiten" (46, S. 17). Die Empirie dient zur Feststellung eines Ist-Zustandes zur Erreichung eines Soll-Zustandes: „Nun aber *soll* nicht Alles gefallen, was gefällt, es gibt nicht bloß Gesetze, nach denen sich Gefallen und Mißfallen tatsächlich richten…, sondern auch *Forderungsgesetze* des Gefallens und Mißfallens, darauf bezügliche Regeln des guten Geschmacks, und davon abhängige Regeln der Erziehung des Geschmacks" (46, S. 16).

Fechners Sinnbezug ist in der Kunstpsychologie zwischenzeitlich weitgehend verlorengegangen, wenn man von Ausnahmen wie F. Mayer-Hillebrand (131) absieht. Von seiner Problemstellung ist neben methodischer Wegweisung lediglich verblieben, was Hahn und Schuster unter „Fortschritte der Kunstpsychologie" formulieren als „die Frage, welche Bedingungen der menschlichen Informationsverarbeitung Wohlgefallen bzw. Ablehnung herstellen" (74, S. 1). Der Fortschritt beinhaltet besonders die Beschränkung auf das empirisch Faßbare, zugleich aber auch eine Aspekteingrenzung, die mehr als einer additiven Ergänzung bedarf, und eine Kluft gegenüber dem Künstlerischen.

Die auffällige Armut an Rückfragen beim Künstler in der ›Vorschule der Ästhetik‹, die durch den Anschluß an eine transzendentale Ästhetik Rechtfertigung findet, erweist sich nunmehr, seit dieser Bezug gelöst ist, als um so deutlicherer Mangel. Denn Kunst hat sich von der Verpflichtung gegenüber der Idee eines absolut Schönen nicht entbunden, um statt dessen Wohlgefallen herzustellen, also im Sinne eines Gleichklangs dem zu entsprechen, was der empirischen Ästhetik verblieben ist, nachdem auch diese nicht mehr nach dem absolut Schönen fragt. 'Das Gute' und 'das Wahre', in deren Zusammenhang nach klassischer Auffassung 'das Schöne' seinen Wert erhält, sind aus der Kunst nicht ersatzlos verschwunden, sondern treten säkularisiert in Begriffen wie 'Qualität' und 'Authentizität' als nicht weniger wertbestimmend auf und entheben das Kunstwerk dem Mittelmaß, der Beliebigkeit und vor allem der Gefälligkeit. Kunstpsychologie, will sie ihren Namen rechtfertigen nicht allein daraus, daß sie neben visuelle Muster aller Art auch Kunstwerke stellt, muß ihre Akzente aus diesem Zusammenhang beziehen.

Man braucht nicht lange zu suchen, um die Notwendigkeit dieser Zusammenschau zu belegen. Sie läßt sich schon am Paradigma des erwähnten Fechnerschen Vergleichs zwischen den beiden Madonnenbildnissen auf der Dresdner Ausstellung von 1871 aufweisen (s. Tafel 2 und 3):

Die Frage nach der Wohlgefälligkeit als entscheidendem Präferenzkriterium stellt Original und Fälschung auf die Ebene des bloßen Anscheins. Sie suggeriert den Rang einer Gleichberechtigung, die nicht besteht.

Denn im einen Fall begegnet dem Betrachter das Ergebnis der intensiven Auseinandersetzung mit einem Gestaltungsproblem in Beziehung zur Glaubenswirklichkeit des beginnenden 16. Jahrhunderts. Dabei ist bedeutsam, daß die relative Größe der eingebrachten Stifterfiguren im Gegensatz zu den Forderungen mittelalterlicher Raumsymbolik Madonna und Beter auf der Ebene des Menschlichen einander nahekommen läßt, unterstützt durch Gestalt und Ausdruck eines Madonnenantlitzes, das jenseits aller Idealisierung ebenfalls Menschlichkeit vermittelt. Im anderen Fall begegnet der Betrachter lediglich einer äußerlichen Repetition der fertigen Lösung des Gestaltungsproblems, die der Kopist durch eine Veredelung und Vergeistigung der Mariendarstellung offensichtlich verbessern zu müssen glaubte. Man achte etwa auf die schlankere Stirnpartie oder auf die distanzierende Nuance des Ausdrucks, die sich aus der stärkeren Betonung von Augenbrauen und Nasenflügel ergibt. Man beachte auch die Rücknahme der fallenden

Mantellinie, die im Original die linke Gruppe einschließt, die Einbringung strenger Vertikalität in die architektonischen Elemente und nicht zuletzt die weitgehende Reduzierung der materialhaften Plastizität der rückwärtigen Muschelform, die die Mariengestalt nunmehr einem körperlosen Raum zuordnet. Damit aber wird der Sinngehalt des Bildes tiefgreifend verfälscht: zwischen Mariengestalt und Stifterfiguren stellt der Kopist eben die Scheidung wieder her, die Holbein überwunden hatte. Dagegen werden die Größenrelationen der Figuren beibehalten, was zur Veränderung anderer Relationen in Widerspruch steht und somit der Gesamtkomposition die Schlüssigkeit nimmt.

Das Beispiel zeigt die Sachfremdheit eines Präferenzurteils in der Kunst, das der 'vorteilhafteren Wirkung', der Wohlgefälligkeit des bloßen Anscheins folgt und die Frage der Authentizität, die sich von der Oberfläche des Bildes her nicht ohne weiteres beantwortet, außer acht läßt.

Fechner selbst hat den Wert der Wohlgefälligkeitsfrage kritischer beurteilt als mancher seiner Nachfolger, und seine eigene künstlerische Auffassung, die sich z. B. gegen alle falsche Idealisierung wendet, klingt an manchen Stellen ausgesprochen modern.

Der Hauptgewinn seiner ›Vorschule‹ besteht für die Psychologie weniger in inhaltlichen Erkenntnissen als in den hierbei entwickelten Methoden, die gemeinsam mit denen seiner ›Elemente der Psychophysik‹ aus dem Jahre 1860 weitreichende Bedeutung erlangen sollten. Für die Ästhetik besteht der Hauptgewinn darin, ästhetische Werte als erlebte Werte zu behandeln und dadurch nach einer Bedingtheit forschen zu können, die unter der Annahme unbedingter Gültigkeit des Schönen nicht erfragt werden konnte. Daß allerdings die empirische Ästhetik inzwischen zur Spielwiese für Methodiker geworden ist, entspricht gewiß nicht der Intention ihrer ›Vorschule‹.

2. Vermessung des Ästhetischen

Versucht man, den Problembereich empirischer Ästhetik auf eine kurze Formel zu bringen, so könnte sie heißen:

$$AE = f (M_O, M_B, M_R).$$

Gefragt wird, in welcher Form und warum ästhetische Erlebnisse, Zustände oder Urteile (AE) von welchen Objekteigenschaften (M_O) abhängen, von welchen Eigenschaften und Fähigkeiten des Betrachters (M_B) und von welchen gleichzeitigen oder vorangegangenen Rahmenbedingungen (M_R).

Drei Extrempositionen lassen sich dadurch kennzeichnen, daß in diese Konzeptformel entweder nur die Objekteigenschaften M_O als unabhängige Variable eingehen (was einer Allgemeinverbindlichkeit des Schönen entspricht, die individuelle Abweichungen nur ins Dekadente zuläßt), daß die Betrachtermerkmale M_B alleinentscheidend fungieren (was ästhetische Wertung zur persönlichen Geschmackssache erklärt) oder daß AE lediglich mit den Rahmenbedingungen M_R variiert (was der Ansicht entspricht, daß Schönheit nur Sache von Konvention, Mode und kunstmarktpolitischen Eigengesetzlichkeiten sei). Einseitigkeiten innerhalb der empirischen Ästhetik sind oft Ausdruck der zugrunde gelegten psychologischen Theorie; denn ästhetische Theorie entwickelt sich selten aus ihrem Gegenstand heraus (eine Ausnahme bildet Birkhoff, 17), sondern ist fast immer Bestandteil einer allgemeinen Theorie, der gegenüber sie sich ebenso zu Widerspruchslosigkeit verpflichtet wie gegenüber den empirischen Befunden. Diese Einbindung beinhaltet den Vorzug, fundierte Erklärungen zu ermöglichen und scheinevidente Ad-hoc-Erklärungen zu vermeiden, aber auch die Gefahr einer verengten Perspektive, die manch Offensichtliches nicht einbezieht. So sind z. B. informationstheoretische Ansätze vorrangig objektorientiert, differentialpsychologische Ansätze vorrangig personorientiert und sozialpsychologische Ansätze auf Rahmenbedingungen orientiert. Hierbei hat Einseitigkeit durchaus Methode mit der Begründung, daß jede Theorie bis auf die Grenzen ihrer Tragfähigkeit geprüft werden muß, statt sie voreilig zu verwerfen.

Die folgenden Darstellungen, die der Mehrgliedrigkeit der obigen Konzeptformel folgen, erheben nicht den Anspruch auf Vollständigkeit. Insbesondere wird der gestaltpsychologische Ansatz zunächst ausgeklammert, um später gesondert behandelt zu werden. Übersichten mit je unterschiedlichen Akzenten geben in neuerer Zeit z. B. I. L. Child (27), M. Schuster u. H. Beisl (167), J. Bortz (20), H. Kreitler u. S. Kreitler (118), G. Ch. Rump (161), K. P. Sprinkart (174).

a) Wohlgefällig, harmonisch oder interessant?

I. L. Child (27) formuliert die Ausgangsfrage ästhetischer Theorien sehr einfach: "Why do people enjoy or seem to enjoy percep-

Abb. 1: Vorlagenpaar aus einer frühen Version des VAST (aus 66, S. 797, mit freundlicher Genehmigung des Verfassers K. O. Götz).

tual experience itself?" Wie kommt es, daß man sich anscheinend über Wahrnehmungserlebnisse als solche freuen kann? Die Freude wird zum Problem, sobald sie als abhängige Variable in einem möglichst kontrollierten Bedingungsgefüge operationalisiert werden soll, denn sie entzieht sich der direkten Messung. Was gemessen werden kann, sind Wahlentscheidungen, Präferenzrangreihen, Urteilshäufigkeiten, Schätzungen. Für alle muß eine geeignete Kategorie gefunden werden, nach der der Urteiler sich richten soll und an die er sich dann auch tatsächlich hält. Geeignet ist die Kategorie dann, wenn sie dem theoretischen Konstrukt, in diesem Fall der 'Freude' oder dem 'hedonic value', möglichst eindeutig entspricht. Schlechte Erfahrungen mit der Kategorie 'Wohlgefälligkeit' haben etliche Forscher veranlaßt, implizit oder explizit verschiedene Urteilskategorien einem systematischen Vergleich auszusetzen. Dabei zeigte sich beispielsweise, daß die Kategorien 'aesthetic pleasure' oder 'attractiveness' gegenüber der Kategorie 'interest' bei der gleichen Reihe dargebotener Objekte zu teilweise gegensätzlichen Präferenzen führte (s. D. E. Berlyne, 14, J. Kirkland, 107, D. H. Saklofske, 162).

Der Verfasser unternahm einen diesbezüglichen Erkundungsversuch anhand der jüngsten Fassung des ›Visual Aesthetic Sensitivity Test VAST‹ von K. O. Götz (67). Bei diesem Test handelt es sich um 42 Bildpaare, von denen gemäß Validierung durch eine Gruppe von Künstlern je ein Paarling als ausgewogen, der andere als unausgewogen gilt (Abb. 1 zeigt ein Vorlagenpaar aus einer früheren Version des VAST). Der Proband hat anzugeben, welchen Paarling er jeweils als ausgewogener beurteilt. Die Zahl der Übereinstimmungen mit dem Ergebnis der Eichung gilt als Maß für 'ästhetische Sensitivität'.

Im vorliegenden Erkundungsversuch beurteilten eine Gruppe von 21 Kunsterzieherstudenten und eine Gruppe von 26 Kunsterziehern die Bildpaare getrennt nach drei Kategorien: nach Ausgewogenheit, Interessantheit und Gefälligkeit. In Übereinstimmung mit den zitierten Befunden ergab sich annähernd polares Urteilsverhalten bei den beiden ersten Kategorien; demgegenüber korrelierte Gefälligkeit mit beiden anderen Kategorien in fast gleicher Höhe.

Zwar läßt sich diese Unterschiedlichkeit zum Teil als Methodenartefakt deuten (s. Kirkland, 109), sie gewinnt jedoch einen bemerkenswerten Akzent im Zusammenhang mit einem anderen Befund, den der Verfasser unter Mitarbeit von W. Schmitz erheben konnte und der auf den ersten Blick skurril anmutet:

Die anweisungsgemäße Durchführung des VAST, bei dem die Paare nur unter der Kategorie 'ausgewogen' zu beurteilen sind, ergab sowohl bei Kunststudenten wie bei Kunsterziehern für 'ästhetische Sensitivität' Werte, die innerhalb des Bereichs zwischen Zufallserwartung (21) und Maximalwert (42) im Durchschnitt recht niedrig lagen (bei 27,8 bzw. 28,0). Demgegenüber ergaben sich für 14- bis 20jährige Schüler an verschiedenen Schultypen Durchschnittswerte, die überwiegend zwischen 28 und 34 lagen, am höchsten mit 34,7 bei einer Hauptschülergruppe im 9. Jahrgang.

Die Exploration des Urteilsverhaltens ergab bei den künstlerisch geschulten Probanden, daß sie von der vorgegebenen Kategorie 'Ausgewogenheit' von vornherein oder im Laufe des Versuchs mehr oder weniger unwillkürlich zur Kategorie 'künstlerische Qualität' übergegangen waren, die durch 'Ausgewogenheit' nicht abgedeckt wird, sondern über die Akzentuierung des Neuen, Ungewohnten auch in enger Beziehung zum 'Interessanten' steht. Die scheinbar geringe 'ästhetische Sensitivität' läßt sich somit als Effekt einer bestimmten künstlerischen Interessenlage interpretieren. Die Bereitschaft und Fähigkeit der von den Testkonstrukteuren zur Validierung herangezogenen Künstlergruppe, scharf zwischen 'Ausgewogenheit' und 'künstlerischer Qualität' zu differenzieren und sich im Urteil streng auf erstere zu beschränken, lag in diesen Fällen offenbar nicht im gleichen Umfang vor, während für die Schüler die Voraussetzungen für diesen Konflikt kaum bestanden.

Die Beispiele verdeutlichen die Schwierigkeiten, zu bestimmen, was eigentlich auf die linke Seite der obigen Konzeptformel gehört. Der gordische Knoten zieht sich vollends zusammen, wenn man Wassily Kandinskys bekanntem Spruch von 1912 folgt: „Gegensätze und Widersprüche – das ist unsere Harmonie" (97, S. 109). Die Polyvalenz aller Kunst spiegelt sich in der Polyvalenz des Schönheitsbegriffs und seiner Verwandten. Das macht ihn so lebendig in den Gefilden der Kunst und so unpraktisch in den Labors der experimentellen Ästhetik.

b) Zur Frage ästhetischer Objekteigenschaften

Läßt sich Schönheit objektivieren? Daß diese Gretchenfrage der Ästhetik empirisch nicht ohne Klärung der soeben angesprochenen Fragen angegangen werden kann, ist bereits am Prinzip der Widerspruchslosigkeit ersichtlich, das G. Th. Fechner besonders betont. Denn dieses Prinzip mag gelten oder nicht, je nachdem, ob man 'ästhetisch' im klassischen Sinne oder etwa im Sinne Kandinskys faßt. Dies gilt zunächst für die 'innere Wahrheit', die Widerspruchslosigkeit der Teile im Objektganzen. Noch zwiespältiger ist das Fechnersche Prinzip der 'äußeren Widerspruchslosigkeit', die Stimmigkeit in bezug auf die 'äußere Wirklichkeit', mit dem die gesamte *mimesis*-Problematik aufgeworfen wird.

Die empirische Ästhetik umgeht die Unwägbarkeit des Prinzips der Widerspruchslosigkeit, indem sie Fechners Differenzierung teilweise rückgängig macht und die innere Widerspruchslosigkeit einem anderen seiner Hauptprinzipien subsumiert, dem der „einheitlichen Verknüpfung des Mannigfaltigen", das seinerseits entscheidend revidiert wird. Der radikale Schritt besteht darin, dieses bis auf den Aristotelischen Entelechiegedanken zurückweisende Prinzip in zwei getrennte Variablen zu zerlegen und in einen formalisierten Zusammenhang zu bringen.

Bis heute nicht entschieden ist der Streit darüber, welcher Formalismus beide Variablen so definiert und miteinander verbindet, daß er beobachteten Beziehungen zwischen Objekteigenschaften und ästhetischem Eindruck optimal entspricht. Fechner behauptet, „daß die Wohlgefälligkeit um so mehr wächst, ein je intensiveres oder deutlicheres Gefühl der Einheit sich durch eine je größere Mannigfaltigkeit durch erstreckt" (46, S. 76), ohne sich auf eine mathematische Spezifizierung dieser Verknüpfung festzulegen. Doch kommt sie dem Charakter einer Produktformel sehr nahe, wie auch – immer noch ohne algebraische Schreibweise – 1916 bei Christian v. Ehrenfels, der das Merkmal der 'Gestalthöhe' als „Produkt von Einheit und Mannigfaltigkeit" beschreibt (184, S. 44).

Das Wagnis zur Erstellung einer Funktionsgleichung unternimmt erstmalig 1931 der Mathematiker G. D. Birkhoff. Er geht allerdings von der Annahme aus, daß das „ästhetische Maß M" eines

Abb. 2: Beispiele für Birkhoff-Polygone.

beliebigen Objekts mit seinem Ordnungsgrad O zunehme und mit seiner Komplexität C abnehme:

$$M = O/C$$

Dies bedeutet, daß ein gleich hohes ästhetisches Maß immer dann zustande kommt, wenn Ordnungsgrad und Komplexität in gleichem Verhältnis zueinander stehen. Birkhoff wendet seine Formel auf verschiedenste Materialien an, insbesondere auf systematisch variierte Polygone, die er als mögliche Umrisse von Schmuckstücken verstanden wissen möchte (s. die Beispiele in Abb. 2), aber auch auf Fliesenmuster, Vasen, Gedichte und Musikstücke. Er macht die Formel unwiderleglich mit der Forderung, O und C je nach Objektklasse so zu definieren, daß ihr Quotient tatsächlich das ästhetische Maß ergibt; und die vorläufige Überprüfung am ästhetischen Urteil einer Gruppe von Studenten liefert ihm befriedigende Bestätigung (17).

Aber die Formel wird dennoch angefochten, nicht zuletzt aus dem Grunde, daß die Definitionen in mancher Hinsicht willkürlich scheinen. So definiert er beispielsweise als Komplexitätsmaß C für Polygone die notwendige Zahl von Geraden für ein Gitter, in dem das jeweilige Polygon vollständig enthalten ist. Andere Größen wählt er für Fliesenmuster und Vasen, und für Musikstücke und Gedichte ermittelt er die Zahl von Tönen bzw. Silben. Das Ordnungsmaß O setzt er für visuelle Objekte additiv aus Maßzahlen u. a. für Spiegel- und Radialsymmetrie, für Gleichgewicht und Orthogonalitätsgrad fest. Durch die Quotientenbildung von O und C ergeben sich für die Polygone in Abb. 2 danach die Werte M = 1,5 für das Quadrat, 1,2 für das gleichseitige Dreieck und je 0,5 für die beiden übrigen Figuren.

H. J. Eysenck (38) unterwirft Birkhoffs Formel anhand dessen Polygone einer eingehenden empirischen Untersuchung und kommt zu dem Schluß, daß sie den Daten nicht gerecht wird. Er setzt der Formel eine Alternative im Sinne Fechners und v. Ehrenfels' entgegen, wonach das ästhetische Maß nicht nur zum Ordnungsgrad, sondern auch zum Komplexitätsgrad proportional wächst:

$$M = C \times O$$

Damit behauptet er, daß Objekte von hoher Komplexität bei geringem Ordnungsgrad das gleiche ästhetische Maß ergeben wie Objekte von geringer Komplexität bei hohem Ordnungsgrad. Wird lediglich die Komplexität erhöht, so muß hiernach M zunehmen, während Birkhoff für den gleichen Fall eine Abnahme von M voraussagt.

Trotz ihrer Unterschiedlichkeit können die Formeln von Birkhoff und Eysenck innerhalb gewisser Grenzen zu ähnlichen Vorhersagen führen. Der Verfasser ließ eine Gruppe von 14 Designstudenten Paare von Polygonen im Sinne von Schmuckstückumrissen entwerfen, von denen jeweils ein Bestandteil ästhetisch, der andere nicht ästhetisch sein sollte. Für alle Formen wurden den Meßvorschriften Birkhoffs entsprechend O und C ermittelt und sowohl in Birkhoffs Quotientenformel wie in Eysencks Produktformel eingesetzt. Abb. 3 zeigt die Entwürfe von 10 Studenten zusammen mit den ermittelten Maßzahlen.

Wie das Größenverhältnis der jeweils nebeneinanderstehenden Werte für O/C zeigt, entspricht Birkhoffs Vorhersage der Richtung nach in allen Fällen (auch, bis auf einen Gleichheitsfall, in den aus Platzgründen nicht abgebildeten Fällen) dem von den Studenten intendierten Verhältnis. Der Vergleich der Eysenckprodukte zeigt ebenfalls, daß der größere Wert – mit einer Ausnahme – auf seiten des 'ästhetischen' Polygons zu finden ist. Auffällig ist allerdings, daß gerade bei dem Objekt mit dem höchsten Komplexitätsgrad (C2) Eysencks Vorhersage nicht zutrifft, also dort, wo die Unterschiedlichkeit beider Formeln am stärksten durchschlägt. Was hier als Ausnahmefall wirkt, erhält Bedeutung im Zusammenhang mit der Eigenart ästhetischer Präferenzen bei gestalterisch tätigen Personen, wovon an anderer Stelle noch zu sprechen sein wird.

Wie Bortz (20) in einer Übersicht zahlreicher Einzelstudien zeigt, beschreibt bei systematischer Variation des Komplexitätsgrades vorgegebener Objektformen keine der beiden Formeln die beobachteten Veränderungen des ästhetischen Urteils in adäquater Weise; weder fallen noch steigen die Werte kontinuierlich mit zunehmender Komplexität. Auch entsprechen die Befunde nicht der Vorhersage, die aus dem Konzept Berlynes hervorgeht, einem dritten Hauptvertreter der experimentellen Ästhetik:

D. E. Berlyne entwickelt seine Annahmen im Rahmen einer allgemeinen psychobiologischen Aktivierungstheorie (14, 15).

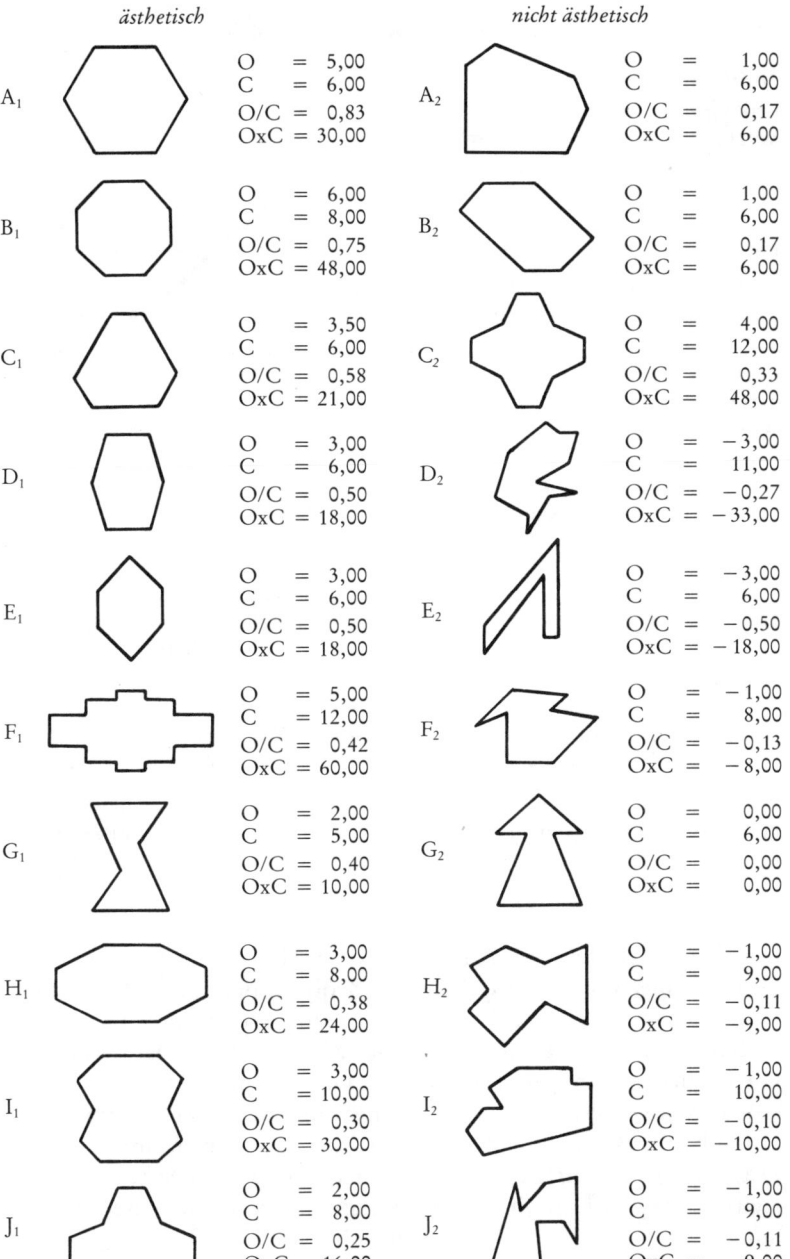

Abb. 3: Experimentelle Entwürfe von 10 Designstudenten für 'ästhetische' und 'nichtästhetische' Polygone.

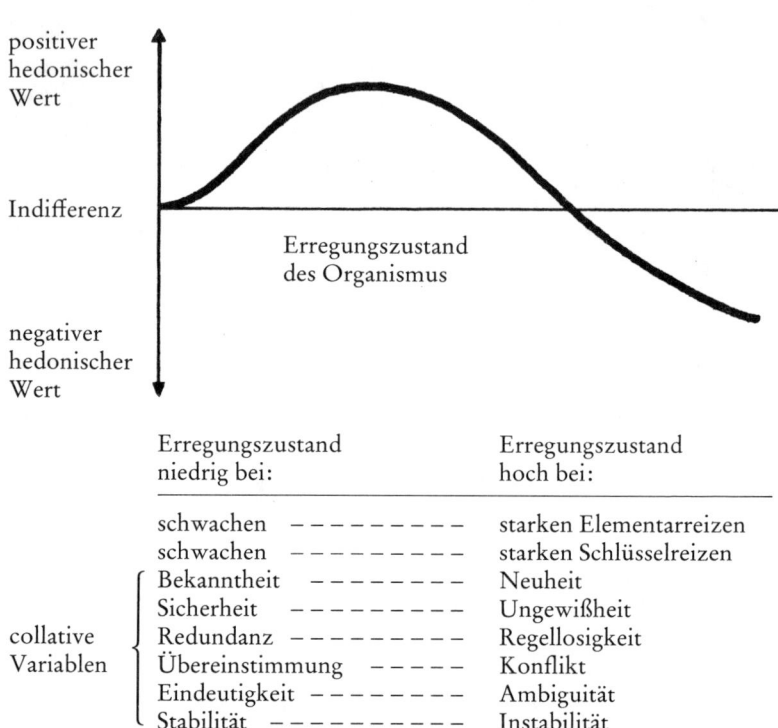

positiver
hedonischer
Wert

Indifferenz

Erregungszustand
des Organismus

negativer
hedonischer
Wert

Erregungszustand niedrig bei:		Erregungszustand hoch bei:
	schwachen – – – – – – – –	starken Elementarreizen
	schwachen – – – – – – – –	starken Schlüsselreizen
	Bekanntheit – – – – – – –	Neuheit
	Sicherheit – – – – – – – –	Ungewißheit
collative Variablen	Redundanz – – – – – – – –	Regellosigkeit
	Übereinstimmung – – – – –	Konflikt
	Eindeutigkeit – – – – – – –	Ambiguität
	Stabilität – – – – – – – – –	Instabilität

Abb. 4: Darstellung des aktivierungstheoretischen Funktionsschemas von Berlyne im Zusammenhang mit den „collativen Variablen" (nach Berlyne, 14, S. 89 u. 141 ff.).

Darin erhalten frühere Annahmen von W. Wundt und G. Th. Fechner eine Neubelebung. Aus der Beobachtung, daß sehr starke Reize ebenso wie sehr schwache unangenehmer empfunden werden als Reize von mittlerer Intensität, leitete Wundt die Annahme einer umgekehrt U-förmigen Funktion ab. Dementsprechend setzt Berlyne den positiven bzw. negativen 'hedonischen Wert' bestimmter Variablen in Beziehung zum allgemeinen Aktivierungsniveau des Organismus und nimmt an, daß durch das antagonistische Zusammenspiel zweier hypothetischer biologischer Systeme diese Beziehung einer umgekehrt U-förmigen Funktion folgt. Das heißt: mit zunehmendem Erregungszustand des Organismus nimmt zunächst der hedonische Wert positiv zu ('Lust'), um nach Überschreiten eines Maximums abzunehmen und bei weiter anwachsendem Erregungszustand in einen negativen Wert ('Unlust') überzugehen (s. Abb. 4).

Der Erregungszustand seinerseits verändert sich a) mit der Intensität von Elementarreizen (z. B. Lautstärke, Helligkeit, Farbigkeit), b) mit dem Ausprägungsgrad von verhaltenssteuernden Schlüsselreizen (z. B. Sexualmerkmalen), c) mit der Veränderung der sog. collativen Variablen. Letztere bezeichnen einen Komplex von Objektmerkmalen, die mehrfach bipolar gekennzeichnet sind, bes. durch Bekanntheit – Neuheit, Sicherheit – Ungewißheit, Redundanz – Regellosigkeit, Übereinstimmung – Konflikt, Eindeutigkeit – Ambiguität, Stabilität – Instabilität (14). Damit stellt Berlyne auf psychobiologischer Ebene einen Zusammenhang neu her, den Fechner so begründete:

„Nach angeborener Einrichtung bedarf der Mensch, um sich bei aktiver oder rezeptiver Beschäftigung mit einem Gegenstand wohl zu fühlen, eines gewissen Wechsels der Tätigkeitsmomente oder Eindrücke, wozu der Gegenstand die Gelegenheit in einer Mannigfaltigkeit von Angriffspunkten bieten muß. Fehlt es an der erforderlichen Gelegenheit in dieser Hinsicht, so macht der Gegenstand den mißfälligen Eindruck der *Monotonie, Einförmigkeit, Langweiligkeit, Leere, Kahlheit, Armut,* und treibt dadurch zum Übergange zu anderen Gegenständen. Nach ebenso angeborener Einrichtung aber verlangt der Mensch, um sich wohl zu fühlen, daß für die ganze Dauer der Beschäftigung mit einem Gegenstande alle sich in der Zeit und dem Raume folgenden Momente der Beschäftigung durch Punkte der Gemeinsamkeit zusammenhängen oder, wie man kurz sagt, *einheitlich* verknüpft sind; widrigenfalls entsteht das mißfällige Gefühl der *Zerstreuung, Zersplitterung, Zusammenhangslosigkeit,* oder selbst des *Widerspruchs,* was ebenfalls zum Übergang zu anderen Gegenständen treibt." (46, S. 53 f.)

Der Fortschritt seit Fechner besteht in der Art der Begründung des Zusammenhangs, in der Möglichkeit des Einbezugs psychobiologischer Erkenntnisse sowie in der Weiterentwicklung einer Methodik, die eine Formalisierung gestattet.

Den Erfolg letzterer zieht allerdings Bortz in Zweifel. Zu den zahlreichen Untersuchungen im Gefolge der Theorie von Berlyne bemerkt er: „Es fällt nicht schwer, durch entsprechende ex post Beschreibungen der Beschaffenheit der bereits untersuchten Reize praktisch jede beliebige Beziehung zwischen den collativen Merkmalen und dem ästhetischen Erleben als theoriekonform zu bezeichnen. Die Theorie ist in dieser Form nicht falsifizierbar" (20, S. 489).

Statt Komplexität und Ordnung am Reizmaterial objektivieren zu wollen, nehmen Vertreter einer kognitiven Ästhetik an, daß das Ästhetische wesentlich aus dem informationsverarbeitenden *Prozeß* heraus zu verstehen ist. Ästhetische Befriedigung entsteht nach dieser Auffassung durch den kognitiven Prozeß der Umwandlung einer Mannigfaltigkeit in Ordnung und ist um so stärker, je schwieriger die erbrachte Organisationsleistung ist (D. Dörner u. W. Vehrs, 31).

Hieran anknüpfend definiert K. P. Sprinkart 1982 u. a.: „Ästhetische Zustände können als kognitive Bewertung des Verlaufs sensorischer Informationsverarbeitungsprozesse angesehen werden. Ästhetisches Wohlgefallen entspricht dabei einer spezifischen Form des Verlaufs sensorischer Verarbeitungsvorgänge, die gekennzeichnet ist durch ein Gleichgewicht zwischen Strukturierungs- und Differenzierungsprozessen, die das zu beurteilende Reizmuster als einheitlich gestaltete Mannigfaltigkeit erscheinen lassen" (174, S. 180).

Dabei kommt „kognitiven Schemata, Bezugssystemen und begrifflichen Klassifikationsmöglichkeiten", die u. a. in Abhängigkeit von jeweiligen gesellschaftlichen Bedingungen erworben werden, entscheidende Bedeutung zu. Ferner wird das Zustandekommen 'ästhetischer Zustände' von der Realisation einer bestimmten kognitiven Orientierung, der 'ästhetischen Einstellung' seitens des Betrachters abhängig gemacht, die in einer vorbehaltlosen Offenheit besteht.

Das Konzept der kognitiven Ästhetik, in das im übrigen auch gestaltpsychologische Grundannahmen eingearbeitet sind, genießt den Vorzug, daß es sowohl in rezeptiver wie in gestalterischer Hinsicht gegenüber den vorgenannten Konzepten künstlerischen Phänomenen am ehesten zu entsprechen scheint. Zugleich entfernt es sich von einer rein formalästhetischen Betrachtungsweise, was für die Anwendung auf Kunstwerke unerläßlich ist. Die etymologische Wurzel von 'schön' liegt im germanischen 'skau-ni', das 'schauenswert' bedeutet (Hoffmeister, 79, S. 543). Der Schönheitsbegriff bezieht sich ursprünglich also nicht allein auf formalästhetische Eigenschaften, sondern verweist auf den Wertbegriff im allgemeinen Sinne. Kunstwerke sind nicht notwendig harmonisch, interessant oder wohlgefällig, sie sind skau-ni.

Die Verwirklichung des Anliegens empirischer Ästhetik, Gegenstandseigenschaften zu objektivieren, die einem ästhetischen Eindruck entsprechen bzw. einen ästhetisch befriedigenden Prozeß auslösen können, scheint in weite Ferne gerückt, wahrscheinlich weniger aufgrund unzureichender Methodik als aufgrund inadäquater Fragestellung.

c) Zur Bedeutung von Persönlichkeitsfaktoren

Ein Teil der Differenzen in der Diskussion um die Frage, was als ästhetisch gilt, läßt sich nach wie vor darauf zurückführen, daß in vielen Untersuchungen „in höchst grober Weise mit einem einheitlichen Subjekt des Kunstgenießens gerechnet wird, einem *Typus Mensch,* den es überhaupt nicht gibt" (R. Müller-Freienfels, 143, I, S. 91).

Müller-Freienfels selbst sucht 1923 das Problem in Anlehnung an die Typik von W. Stern und L. Klages dadurch zu lösen, daß er verschiedene Grundtypen des Kunstgenießens postuliert, deren Unterscheidung er den größten Teil des 1. Bandes seiner ›Psychologie der Kunst‹ widmet: Sensoriker, Motoriker, Imaginative, Reflektierende, Emotionale, Kompensationstypen Adlerscher Prägung und Mischtypen. Abgesehen davon, daß die Differenzierung des 'Typus Mensch' in 'Menschentypen' das Problem individueller Geschmacksunterschiede nicht löst, sondern die von Müller-Freienfels kritisierte Pauschalisierung lediglich auf Teilmengen verlagert, ist sein Versuch unausweichlich von einem Mangel der frühen Differentiellen Psychologie betroffen: der methodisch unzureichenden Legitimation einer Typeneinteilung, die sich je nach zugrundeliegender Charakterologie verändert.

Zu diesen Gliederungen gehört auch die von C. G. Jung in die beiden Typenpaare 'extravertiert und introvertiert', 'stabil und labil'. Diese Einteilung ist allerdings durch den Einsatz der Faktorenanalyse, einem Verfahren zur Reduktion und Klassifikation von Merkmalszusammenhängen, in den Rang zweier voneinander unabhängiger Persönlichkeitsfaktoren überführt worden, deren jeweilige Ausprägung sich durch entsprechende Tests relativ genau bestimmen läßt.

Unter Bezug auf diese Typen bzw. Faktoren kommen 1939 Cyril Burt und auf ihn sich berufend 1958 Jean Cardinet anhand unterschiedlichen Bildmaterials und unterschiedlicher Persönlichkeitstests zu Ergebnissen, die sich zum großen Teil gegenseitig stützen und ergänzen. Eine vergleichende Übersicht, die den Darstellungen von Cardinet (23) folgt, ist in Abb. 5 mit dem Faktorenschema von

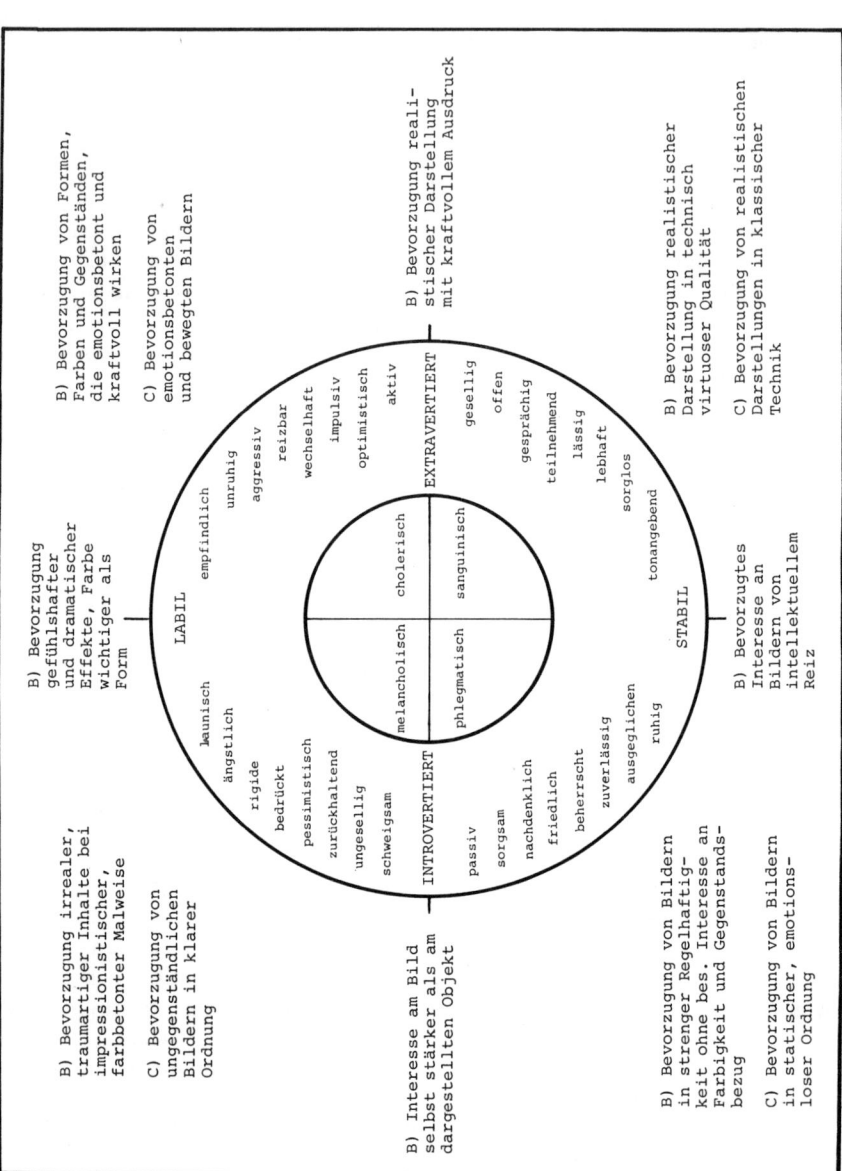

B) Bevorzugung von Formen,
Farben und Gegenständen,
die emotionsbetont und
kraftvoll wirken

C) Bevorzugung von
emotionsbetonten
und bewegten Bildern

B) Bevorzugung reali-
stischer Darstellung
mit kraftvollem Ausdruck

B) Bevorzugung realistischer
Darstellung in technisch
virtuoser Qualität

C) Bevorzugung von realistischen
Darstellungen in klassischer
Technik

B) Bevorzugung
gefühlshafter
und dramatischer
Effekte, Farbe
wichtiger als
Form

B) Bevorzugung irrealer,
traumartiger Inhalte bei
impressionistischer,
farbbetonter Malweise

C) Bevorzugung von
ungegenständlichen
Bildern in klarer
Ordnung

B) Interesse am Bild
selbst stärker als am
dargestellten Objekt

B) Bevorzugung von Bildern
in strenger Regelhaftig-
keit ohne bes. Interesse an
Farbigkeit und Gegenstandsbezug

C) Bevorzugung von Bildern
in statischer, emotions-
loser Ordnung

B) Bevorzugtes
Interesse an
Bildern von
intellektuellem
Reiz

LABIL

empfindlich
unruhig
aggressiv
reizbar
wechselhaft
impulsiv
optimistisch
aktiv

EXTRAVERTIERT

gesellig
offen
gesprächig
teilnehmend
lässig
lebhaft
sorglos

launisch
ängstlich
rigide
bedrückt
pessimistisch
zurückhaltend
ungesellig
schweigsam

INTROVERTIERT

passiv
sorgsam
nachdenklich
friedlich
beherrscht
zuverlässig
ausgeglichen
ruhig

tonangebend

STABIL

cholerisch   sanguinisch

melancholisch   phlegmatisch

Abb. 5: Ästhetische Präferenzen in Abhängigkeit von Persönlichkeitsfaktoren nach C. Burt (B) und J. Cardinet (C)
(Zusammenstellung nach Cardinet, 23, und Eysenck, 39).

Cattell, Guilford und Eysenck (39), das seinerseits einen etwas gewagten Bezug zur Hippokratischen Temperamentenlehre herstellt, in Zusammenhang gebracht.

Studien, die auf der Grundlage anderer Persönlichkeitstheorien ästhetische Präferenzen differentiell untersuchen, referiert I. L. Child (26). Die Ergebnisse sind heterogen. Verallgemeinernd läßt sich nur sagen, daß die Charakteristik der bevorzugten Bilder nach Gesichtspunkten wie Ordnungsgrad, Ausdrucksstärke oder Bewegtheit im allgemeinen gut mit den Eigenschaften übereinstimmen, mit denen die jeweiligen Persönlichkeitsfaktoren bzw. -typen gekennzeichnet werden (s. auch Hahn, 74, Einschränkungen bei Eye u. Wiedl, 36).

Ein von Müller-Freienfels vermuteter 'Kompensationstypus' (z. B. Bevorzugung lebhafter Bilder bei ruhiger Persönlichkeit) scheint sich nicht abzuzeichnen. Allerdings können die ermittelten Präferenzen nur als Schwerpunkte in einem breiten Interessenfächer gewertet werden, die auf Durchschnittsbildungen beruhen, in die 'kompensatorische' Bevorzugungen möglicherweise vereinzelt und daher unauffällig Eingang gefunden haben.

Widersprüche zwischen den Untersuchungen, wie sie auch zum Teil Abb. 5 zu entnehmen sind, lassen sich ebenso wie Übereinstimmungen teilweise als Methodenartefakte interpretieren, besonders aufgrund der Selektionswirkung des jeweils vorgelegten Bildmaterials. Auch mit der Anzahl von über 600 Bildpostkarten, die Cardinet jeder seiner Versuchspersonen vorlegte, kann die grenzenlose Vielfalt künstlerischer Objekte, deren jedes ein Individuum ist, selbst bei sorgfältigster Klassifizierung nicht adäquat repräsentiert werden.

Neben verschiedenen Persönlichkeitsmerkmalen, die mit Neigungen zur einen oder anderen Art ästhetischer Objekte zusammenhängen, scheint es einen Faktor genereller Art zu geben, der die Fähigkeit zum ästhetischen Erleben selbst als individuell verschieden ausgeprägt beschreiben läßt. Allerdings führt der Weg, der Eysenck 1940 zur Annahme eines solchen Faktors geführt hat, nicht zwingend zu diesem Schluß. Eysenck stellt seinen Gedankengang folgendermaßen dar (40):

Einer Gruppe von Versuchspersonen wird eine Reihe von Bildern eines Künstlers mit der Bitte vorgelegt, sie nach ihrem Gefallen zu beurteilen. Die Gesamtheit der Urteile wird zusammengefaßt, etwa in der Bildung einer gemeinsamen Rangreihe. Diejenigen, deren Urteile mit dieser Gesamtheit übereinstimmen, nennt Eysenck

„gute Beurteiler", die anderen „schlechte Beurteiler". Wenn nun die gleiche Gruppe eine Reihe von Bildern eines beliebigen anderen Künstlers beurteilt und sich dort die gleiche Teilgruppe wie zuvor als im genannten Sinne „gute Beurteiler" erweist, läßt sich diese Konstanz nur durch die Annahme eines Faktors interpretieren, der – „ästhetische Sensibilität" genannt – bei den „guten Beurteilern" stärker ausgeprägt ist als bei den übrigen.

Das Problem besteht darin, daß es für das Ergebnis gleichgültig ist, ob sich die Beurteiler an wesentlichen oder unwesentlichen Bildeigenschaften orientieren. Gesetzt den Fall, einem Teil würden ohne jede Berücksichtigung des Bildgehalts nur die jeweils kleineren Formate gefallen (weil sie sich so hübsch zu Dekorationszwecken eignen), und der andere Teil würde unabhängig vom Format das Interesse verschieden streuen (was auch unter Experten nicht ungewöhnlich wäre), so würden nach der Methode Eysencks die Liebhaber des Kleinformats zu 'ästhetisch Sensitiven' avancieren, während die Kunstinteressierten auf der Strecke blieben. Natürlich sucht Eysenck solche Fehler zu vermeiden. Doch seine Forderung, zur Vermeidung inadäquater Beurteilungskriterien das Bildmaterial so auszuwählen, daß keine anderen Unterschiede als solche des ästhetischen Werts bestehen, ist praktisch nicht realisierbar und auch in den von ihm verwendeten Birkhoffpolygonen nicht verwirklicht. Der Vorschlag, Kunstwerke eines Künstlers als Testmaterial zu verwenden, ist inadäquat deswegen, weil angenommen werden muß, daß oberhalb der ästhetischen Mindestforderungen, die der Künstler selbst an seine Exponate stellt, das Bezugssystem ungeschulter Betrachter nicht fein genug differenziert, um sachgerecht zwischen verschiedenen, aber per se guten Arbeiten ein und desselben Künstlers unterscheiden zu können.

Die Orientierung am Betrachterdurchschnitt zur Ermittlung eines Faktors und zugleich Maßstabes für 'ästhetische Sensitivität' ist vielfach kritisiert (s. I. L. Child, 26) und von Eysenck selbst inzwischen relativiert worden (s. 43), denn sie gestattet keine Unterscheidung von Konsensfähigkeit und ästhetischem Urteilsvermögen. Daher wird heute versucht, die Gültigkeit des Konzepts 'ästhetische Sensitivität' und darauf beruhender Tests an dem Urteil von Experten zu überprüfen. Dies ist anhand früherer Verfahren wie dem Maitland Graves Design Judgment Test (69) mit dem Ergebnis geschehen, daß sie oft nicht hinreichend zwischen Experten und Nichtexperten diskriminieren (Eysenck, 41, Götz, 63), oder als künstlerisch irrelevant von Experten abgelehnt werden.

Mit dem bereits skizzierten VAST von Götz, Eysenck et al. (66, 67) wurden neue Entwicklungen in Gang gesetzt, die noch nicht zum Abschluß gelangt sind. Der Künstler K. O. Götz entwarf hierzu Hunderte von Bildpaaren, von denen diejenigen 42 als Testvorlagen ausgewählt wurden, innerhalb derer am Unterscheidungskriterium 'Ausgewogenheit' eine Expertengruppe von acht Künstlern hundertprozentige Übereinstimmung erzielte. Als Maß für 'ästhetische Sensitivität' wird der Grad der Übereinstimmung mit diesem Expertenurteil gewertet.

Bei interkulturellen Vergleichen an Kindern und Studenten in England, Japan, Hongkong und Deutschland haben sich hohe Übereinstimmungen ergeben, was die Autoren zu der Überzeugung veranlaßt, 'ästhetische Sensitivität' als einen angeborenen Faktor werten zu können, der im übrigen weitgehend unabhängig von anderen Persönlichkeitsfaktoren und kulturellen Einflüssen besteht (Iwawaki et al., 91, Chan et al., 24).

Die Befunde täuschen allerdings nicht über die verbleibenden Probleme des Tests hinweg. Eine Schwierigkeit scheint sich paradoxerweise aus dem Vorzug zu ergeben, daß die Bildpaare von einem Künstler gestaltet sind. In Abb. 1, die ein Vorlagenpaar aus einer früheren Testversion zeigt, ist der linke Paarling zweifellos in einheitlicherer Ordnung und insoweit 'ausgewogener' gestaltet als der rechte. Dennoch entscheiden sich nach Feststellung des Verfassers viele künstlerisch geschulte Probanden für den rechten, und zwar nicht zufällig, sondern deshalb, weil die eingebauten 'Formfehler' offenbar zu gut sind insofern, als sie die dynamischen Verhältnisse innerhalb der Figur dramatisieren und so zu dessen Wahl verleiten. Dieser Fall ist, wie auf S. 13 erläutert, paradigmatisch; denn das dem Urteil der Probanden zugrundeliegende Vergleichskriterium kann nicht ohne weiteres mit dem von der Instruktion intendierten gleichgesetzt werden. Eine Lösungsmöglichkeit bestünde vielleicht darin, im vorgelegten Bildmaterial je ein vom Künstler gestaltetes 'Original' der nicht allzu ungeschickten 'Kopie' eines Nichtkünstlers paarweise gegenüberzustellen. Die Testfrage nach dem Original würde zugleich die Problematik des Urteilskriteriums vermindern.

'Ästhetische Sensitivität' beschreibt je nach theoretischem Konzept einen Persönlichkeitsfaktor, eine Fähigkeit oder Bereitschaft. Während Götz, Eysenck et al. sich mit dieser Bezeichnung auf die Bildung eines formalästhetischen Urteils beziehen, verstehen mehrere andere Forscher, insbesondere I. L. Child, sie im Sinne eines kognitiven Stils, einer besonderen Art der Auseinandersetzung mit der Wirklichkeit, wie sie für den Künstler charakteristisch ist.

d) Zum Einfluß von Rahmenbedingungen

Dr. Mises alias G. Th. Fechner glossierte im Jahre 1839 den Kunstgeschmack seiner Zeitgenossen in folgender Weise und nahm dabei zugleich auf jene Marmorgruppe Bezug, die nach ihrer Ausgrabung wie kaum ein anderes Werk der Antike die Kunst nach 1500 beeinflußt hat:

„Um zu wissen, auf welchem Standpunkt der Kunstansicht jemand steht, reichen zwei bis drei einfache Fragen hin, wovon eine der am besten gewählten die obige ist: ‚was er vom Geschrei des Laocoon halte'. Sagt er: ‚er schreit mir zu wenig', so ist es ein roher Naturalist, mit dem man von Kunst weiter nicht spricht. – Sagt er: ‚er schreit mir zu viel', so ist es einer der verständigen Kenner, die ihre Anschauungen gut zu nutzen wissen, indem er es einigen alten Bildern bald abgelernt hat, wie viel ein ideales Wesen schreien darf, und hiernach nun die andern alten Bilder zu belehren weiß. Sagt er: ‚er schreit mir gerade recht', so ist es auch ein Kenner, der sich aber von dem vorigen darin unterscheidet, daß er den anderen Teil der alten Bilder, unter welchem der alte Schreier selber ist, zu Lehrern gehabt und sich daher an sein Geschrei gewöhnt hat. Genau so viel Laocoon schreit, gestattet er daher auch ihm selbst und im äußersten Falle einem anderen zu schreien; aber nur ja nicht mehr. Wollte Laocoon jetzt noch seinen Mund um ein Haarbreit mehr öffnen, so würde jener noch ärger darüber schreien, als Laocoon selber schreit; jetzt ist es zu spät; hätte er es eher getan; wer weiß, er hätte ihn noch eine Linie weiter öffnen dürfen" (138, S. 424 f.).

Damit stieß Fechner mit spitzer Feder an die schon schwankenden Festen einer Kunstauffassung, die den ästhetischen Wert von Kunstwerken an vermeintlich absolut gültige Regeln und Vorbilder band. Wenn Fechner auch mit seinem ästhetischen Spätwerk wieder verbindliche Ordnung suchte, so stellte er doch mit der Respektlosigkeit des 38jährigen Mises das Wertungsproblem in den Rahmen individueller Erfahrungen und kulturspezifischer Bedingungen.

Welche Rahmenbedingungen inwieweit und wie das ästhetische Urteil beeinflussen, ist allerdings eine Frage, die zwischenzeitlich mehr durch Einsicht in die Komplexität der Problemstellung als durch Problemlösungen gekennzeichnet ist.

Dabei schien anfänglich alles ganz einfach. Zur experimentellen Überprüfung des gelegentlich sich einstellenden Verdachts, daß die Wertschätzung von Kunstwerken der Suggestivkraft großer Namen – wie auch immer sie groß geworden sein mögen – zu verdanken ist, ließen 1929 Farnsworth u. Beaumont zwei Gruppen von Studenten eine Reihe ausgestellter Bilder, die jeweils mit beiläufigen Erläuterungen versehen waren, nach ihrem Gefallen beurteilen. Die Erläuterungen waren in dem Sinne fingiert, daß ein Teil der Bilder – und zwar für die erste Beurteilergruppe ein anderer als für die zweite Gruppe – fälschlicherweise bekannten Künstlern zugeschrieben und ihre Wertschätzung durch Experten erwähnt wurde. Erwartungsgemäß differierten beide Beurteilergruppen ganz im Sinne der 'Suggestion': die Präferenzen galten eindeutig den prestigegewaltigen Künstlern (44). Dieses Experiment beweist allerdings nicht viel mehr, als daß eine Untersuchung, die wider allen Kunstverstand angelegt ist, auch im Ergebnis keinen Kunstverstand beweisen kann. Die Versuchspersonen hatten in ihrer Unkenntnis keinen Grund, die Verläßlichkeit der Informationen anzuzweifeln und gaben ihrem Urteil möglicherweise eine komplexere Grundlage, als dies aus dem Ergebnis zu sprechen scheint.

Da nicht wenige Studien zu Suggestionswirkungen auf das ästhetische Urteil ähnlich konzipiert wurden, lohnt es sich, an dieser Stelle hierauf näher einzugehen.

Es ist ein immer wieder genährter Irrtum zu glauben, ein Kunstwerk müsse in jedem Fall für sich allein sprechen; und wo dies seitens mancher Kenner und Künstler (z. B. von Pablo Picasso) behauptet wird, geschieht dies aus der Perspektive dessen, der die unabdingliche Voraussetzung für ein Werturteil ohnehin stets im Blickfeld hat: das Œuvre des Künstlers und dessen Bezug zum aktuellen und historischen künstlerischen Kontext. Es ist z. B. wichtig zu wissen, ob das schwarze Quadrat auf weißem Grund, das ich betrachte, von Malewitsch stammt oder von einem oberflächlichen Nachahmer, der dessen gedanklichen Kontext des Suprematismus und den formalen Durchbruch nicht entwickelt hat, durch die das Werk erst seine Bedeutung erhält. Ästhetische Wertung, soll sie dem Bild als Kunstwerk gerecht werden, muß dessen Ort im Konzept des Künstlers berücksichtigen, andernfalls werden Imitationen in den Rang der Originale erhoben. Anders gesagt: formalästhetische Sensitivität allein – ihr Bestehen vorausgesetzt – reicht zur Wertung von Kunstwerken nicht hin. Bestimmte Rahmenbedingungen, und dazu gehören Informationen über den Urheber, sind unerläßliche Voraussetzung für eine adäquate Stellungnahme, und es ist falsch, sie unter den Aspekt der Beliebigkeit und der Suggestion zu stellen. Fehlinformationen schaffen inadäquate Verhältnisse zwischen Faktoren, die in der Kunstwirklichkeit einen sinnvollen Komplex bilden, dessen kognitives Äquivalent pars pro toto mit aufgerufen wird, wenn nur ein Teil – z. B. der Künstlername – genannt wird. Ob die obigen Befunde als blinde Reaktionen auf Suggestion oder als mißlungener Versuch, nach bestem Vermögen Zusatzinformationen in das Meinungsbild zu integrieren, interpretiert werden müssen, bleibt daher offen.

Eine Reihe ähnlich angelegter Versuche mit ähnlichen Effekten, die aus fälschlichen Behauptungen über die Herkunft jeweiliger

Kunstwerke hervorgehen, referieren v. d. Bussche (22) und Child
(26). Eine 1977 in Indien durchgeführte Untersuchung belegt den
Einfluß der vermeintlichen Mehrheitsmeinung über Bilder (Mohan
u. Kumar, 139). Child zitiert Nachweise dafür, daß fingierte
Einflüsse mit zunehmender Sachkompetenz der Beurteiler an Wirksamkeit verlieren, sowie auch dann, wenn ausdrücklich gefordert
wird, zu einem persönlichen Urteil zu gelangen. Bemerkenswerte
und zugleich bedenkliche Aspekte liefern einige z. T. langfristige
Untersuchungen von Helga v. d. Bussche (22). Handelt es sich bei
den auf Photos gezeigten Objekten auch überwiegend um Innen-
einrichtungsgegenstände, so sind Verfahren und Ergebnis im vorliegenden Zusammenhang doch aufschlußreich:

Mehrere Gruppen von Erwachsenen hatten zunächst die Objekte
nach persönlichem Gefallen und nach einer Reihe verschiedener Eigenschaften zu beurteilen. Drei Tage danach wiederholte sich das
Verfahren an den gleichen Gruppen mit dem Unterschied, daß
fingierte Informationen über die Ansicht anderer Beurteiler gegeben wurden. Diese 'Informationen' waren gleichartig bis auf folgende Unterschiede: der 1. Gruppe wurde die angebliche Einschätzung der Gruppenmehrheit genannt, der 2. Gruppe die einer Werk-
stätte für Innendekoration, der 3. Gruppe die einer Herstellerfirma;
die 4. Gruppe erhielt keinen Hinweis auf die Quelle der Fremd-
schätzungen, die 5. Gruppe wurde darüber informiert, daß es sich
um einen Suggestionsversuch handele und daß man sich von der
Fremdeinschätzung nicht unkritisch beeinflussen lassen solle.

Bei den Gruppen 1 bis 4 erfolgte eine nahezu gleichartige Ver-
schiebung der Werturteile im intendierten Sinn, wobei die angebliche Majoritätsmeinung noch stärkere Effekte als die angebliche
Expertenmeinung zeigte. Und selbst die 'aufgeklärte' Gruppe 5
tendierte deutlich, wenn auch in geringerem Maße, in Richtung auf
die willkürlich gesetzten Wertungsinformationen. Nach weiteren
drei Tagen wurden die Versuchspersonen erneut befragt, diesmal
ohne weitere 'Suggestion'. Dennoch zeigte sich, daß die intendierte
Tendenz sich zwischenzeitlich verstärkt hatte. Schließlich wurden
die Versuchspersonen allesamt aufgeklärt und gebeten, unabhängig
von den Irreführungen ihr endgültiges Urteil abzugeben. Wie sich
erschreckenderweise zeigte, fanden die Probanden nicht mehr zu
ihrem eigenständig gebildeten Urteil zurück; vielmehr hatte sich der
willkürlich gesetzte Fremdeinfluß zum ununterscheidbaren Teil der
eigenen Meinung entwickelt.

Bemerkenswert sind einige Untersuchungsdetails: Stärkster Veränderung unterlag die Bewertung von Stoff- und Tapetenmustern, mittlerer die von Tischlampen und geringster die von Elementarformen wie Kreis und Rechteck. Der Betrachter ist offenbar zu raschesten Geschmacksänderungen bei solchen Objekten bereit, wo die Mode die bekanntermaßen kurzlebigsten Akzente setzt, während er gegenüber Objekten, die wie Kreis und Rechteck den Charakter des Unwandelbaren an sich tragen, an seiner Meinung festhält.

Wurden angebliche Expertenmeinungen in krassen Widerspruch zu den persönlichen Wertungen der Beurteiler gesetzt, so änderte sich nicht nur deren Wertungsverhalten, sondern auch das Gefüge anschaulicher Objekteigenschaften. Hier allerdings gab es unerwartete Unterschiede: während die Einschätzung von formalen Objekteigenschaften wie kompliziert–unkompliziert sich erheblich verändern ließ, blieben Anmutungsqualitäten mit hoher Ichbeteiligung wie 'Freude bzw. Unlust bereitend', 'bedrückend–lösend' relativ konstant. Die Art, wie der Betrachter sich von visuellen Objekten persönlich betroffen fühlt, zeigte sich gegenüber Fremdeinfluß auffallend resistent.

Unter weiteren Aspekten bestätigte die Untersuchung Befunde früherer Autoren: je mehrdeutiger die Vorlage, um so wahrscheinlicher ist die Wirkung von Fremdeinflüssen; zudem ergab sich, daß beiläufige Hinweise einen nicht geringeren Effekt hatten als massierte.

Weitere Befunde referierte v. d. Bussche zum Geschmackswandel über einen Zeitraum von 12 Jahren. Bewertungen und Eigenschaftsprofile aus dem Jahre 1964 wurden solchen gegenübergestellt, die an den gleichen Objekten im Jahre 1952 gewonnen worden waren. Auch hier zeigte sich hohe Konstanz in Wertung und Beschreibung von Elementarformen, doch herrschten massive Umbrüche im Bereich von Design vor. Ein Beispiel demonstriert Abb. 6, worin der Umriß einer von v. d. Bussche gewählten Lampe sowie ihre „Geschmacksnoten" und häufig zugeschriebene Eigenschaften wiedergegeben sind.

Obwohl aufgrund der ursprünglich werbepsychologischen Intention von der Autorin wohl nicht beabsichtigt, enthalten diese Untersuchungen indirekte Hinweise darauf, wodurch unerwünschte Manipulation des persönlichen Urteils gegenüber visuellen Objekten etvtl. vermindert werden kann:
– durch Fundierung und Übung der eigenen Urteilsfähigkeit, insbesondere im Umgang mit vieldeutigen Objekten,

Jahr	Häufig zugeschriebene Eigenschaften	Note
1952	langweilig, kalt, brutal	4,1
1964	beruhigend, harmonisch großzügig	2,0

Abb. 6: Beispiel für den zeitlichen Wandel in Bewertung und Beschreibung einer Lampenform (nach v. d. Bussche, 22).

– durch Orientierung an einfachen, prägnanten Formen,
– durch betonte Beachtung von Objekteigenschaften, die persönlich stark anmuten.

Viele wird es nicht wundern, diese drei Aspekte besonders in der Beschäftigung mit Kunst wiederzufinden. Der kunstpädagogische Bezug ist offensichtlich.

Einen anderen Zugang zur Klärung von Rahmenbedingungen beschreiten vergleichende Studien, die die ästhetischen Präferenzen verschiedener Bevölkerungsgruppen oder Angehöriger verschiedener Kulturen ermitteln.

Genannt sei eine Untersuchung von W. Horn (83), der den ästhetischen Geschmack Jugendlicher aus Elternhäusern unterschiedlicher sozialer Schichten miteinander verglich. Beispielsweise legte er Abbildungen von Kapitellen dorischer, ionischer und korinthischer Säulen vor und ließ auswählen, welche am besten gefalle. Tab. 1 spiegelt ein Ergebnis.

Die stärkere Vorliebe für Formenreichtum bei Kindern aus einfachen Verhältnissen bestätigte sich auch beim Präferenzvergleich an verschiedenen Ornamenten und Textilmustern. Sie läßt sich als jene 'kompensatorische' Präferenz interpretieren, wie sie von Müller-Freienfels als möglich vermutet wurde, nicht aber als Gegensatz zur eigenen Persönlichkeitsstruktur, sondern zur Dürftigkeit und Unscheinbarkeit der Lebensverhältnisse in ihrer Wirkung auf das Selbstwertgefühl. Dem entspricht der Befund von Knapp et al. (112), daß Jugendliche der Unterschicht gegenüber denen der Mittelschicht lebhaft gefärbte Muster bevorzugen, während sie kom-

Tab. 1: Schichtspezifische Präferenzen in bezug auf griechische
Säulenkapitelle (nach Horn, 83)

	Bevorzugte Säulenkapitelle		
	dorisch	ionisch	korinthisch
Akademikerkinder	30 %	28 %	41 %
Hilfsarbeiterkinder	5 %	13 %	82 %

plexe Muster in gedeckten Farben ablehnen. Daß beide Untersuchungen in den Ergebnissen hinsichtlich der Formkomplexität
nicht übereinstimmen, ist wohl weniger ein Widerspruch als ein
Hinweis auf die fragliche Bedeutung des Merkmals 'Komplexität',
das in zahlreichen Untersuchungen der experimentellen Ästhetik
als unabhängige Variable eingeführt wird.

Interkulturelle Vergleiche ästhetischer Präferenzen haben wiederholt überraschende Ähnlichkeiten ergeben (s. Iwawaki, Eysenck
u. Götz, 91, Chan, Eysenck u. Götz, 24), die allerdings geringer
ausfielen, wenn einzelne Kunstwerke nach Gefallen zu beurteilen
waren (Ford, Prothero u. Child, 48, in einem Vergleich zwischen
Griechen, Amerikanern und Bewohnern der Fiji-Inseln, s. auch
Ross, 160, mit einem Vergleich zwischen US-amerikanischen Kindern, Kindern von Navajo-Indianern, Israelis und Costaricanern).
Auch im Vergleich von Expertenurteilen ergaben sich zwar nicht
überwältigende, aber doch signifikante Übereinstimmungen zwischen Amerikanern und Japanern (Iwao u. Child, 90).

Selten werden bei solchen Vergleichen Kunstwerke aus der Dritten Welt verwendet. Eine Ausnahme bildet die Untersuchung von
Monica Lawlor (122), die acht westafrikanische Schnitzmuster von
Westafrikanern und Engländern beurteilen ließ. Hier überwogen
Unterschiede. Die Westafrikaner zeigten eine von den Engländern
nicht geteilte Vorliebe für Muster aus gleichartigen einfachen Elementen in streng regelmäßiger Anordnung, während sie ein Muster
aus frei gestalteten Formen in freier Anordnung ablehnten, das von
den Engländern am häufigsten bevorzugt wurde (s. die Nachzeich-
nungen in Abb. 7).

Ähnlich wie in vergleichbaren Untersuchungen sind die beobachteten Unterschiede, wie Lawlor selbst eingesteht, kaum interpre-
tationsfähig. Denn es bleibt offen, ob und wie sie durch die Verschiedenheit der Kulturbedingungen zustande kommen, ob diese

a   b

Abb. 7: Westafrikanische Schnitzmuster. (a) Von Westafrikanern bevorzugt und von Engländern abgelehnt, (b) von Westafrikanern abgelehnt und von Engländern bevorzugt (nach M. Lawlor, 122).

Einflüsse zeitlich bedingt oder relativ überdauernd, also Modeeffekte oder langfristige Kultureffekte sind, ob sie unterschiedliche Persönlichkeitsstrukturen widerspiegeln oder ein Zusammenwirken mehrerer Faktoren.

Nur selten ist der Zusammenhang so evident wie in einer Untersuchung von Maslow u. Mintz (129), die eine Rahmenbedingung im engeren Sinne untersuchten: Gesichter auf Bildern, die in einem gefällig möblierten Zimmer nach Einschätzung der Betrachter Energie und Wohlbefinden ausdrückten, wirkten in armseliger Umgebung müde und kränklich.

Effekte dieser Art sind jedem Künstler vertraut, den nichts so in Weißglut versetzt wie Deplazierungen seiner Exponate durch den Aussteller. Und welchen Einfluß der Rahmen im allerengsten Sinne auf die Wirkung von Bildern hat, weiß jedermann aus eigener Erfahrung.

Hie und da enthalten die Schubladen der empirischen Ästhetik auch einige Scherzartikel. F. Hussain (85) stellte fest, daß Jugendliche verschiedener Nationalität unter mehreren listig ausgewählten ungegenständlichen Malereien, deren Herkunft nicht verraten wurde, vielfach derjenigen eines Schimpansen gegenüber denen verdienter Künstler den Vorzug gaben. Hier ging als stillschweigend vorausgesetzte 'Rahmenbedingung' die erworbene Erwartung ein, daß alle Arbeiten aus der Hand von Künstlern stammten, wodurch auch die Hinterlassenschaft anthropoider Funktionslust in den wertbestimmenden Kontext einer zwar unbekannten, nichtsdestoweniger aber unzweifelhaften künstlerischen Konzeption transzendiert wurde.

Auf dem Wege zur Klärung der hypothetischen Funktionsgleichung $AE = f(M_O, M_B, M_R)$ hat die empirische Ästhetik zwar zahlreiche Fragenbereiche erschlossen, manche überraschenden Entdeckungen gemacht und manche Vermutung zu einer Entscheidung führen können, aber auch feststellen müssen, daß das Ziel weiter hinter dem Horizont liegt, als das Birkhoff angesichts seiner schönen Formel meinte, die sich, zumindest vorläufig, als Fata Morgana erwiesen hat. Noch besteht die Gleichung aus lauter Unbekannten:

Ein spezifischer Eindruck, Wert oder Zustand, der sich bislang nicht eindeutig und verbindlich definieren läßt, ist abhängig von Gegenstandseigenschaften, die sich am Objekt selbst nur zum geringsten Teil ausmessen lassen, abhängig von Persönlichkeitsfaktoren, deren Existenz umstritten ist, und abhängig von Rahmenbedingungen, die ins Unüberschaubare gehen.

Doch der Forscher nimmt es mit Gelassenheit, daß das scheinbare Chaos nur allmählich Struktur annimmt. In der festen Überzeugung, daß nichts ohne meßbare Wahrscheinlichkeit geschieht, vermag er eine zunehmende Anzahl allgemeiner Zusammenhänge unabhängig von den Unwägbarkeiten der Kunstszene zunehmend exakter zu bestimmen. Müller-Freienfels wählt das Bild vom „wirren Wirbeltanz der Schneeflocken", der bei allem Durcheinander doch allgemeinen Gesetzen unterworfen ist (143, 2, S. 2). Für den Kunstpsychologen stellt sich allerdings in jedem Fall die Frage, wieweit die von einer 'exakten Ästhetik' beschriebenen Gesetzmäßigkeiten in Sinnzusammenhang mit seinem Problemfeld stehen, ob die Art der Fragestellung dem Verständnis künstlerischer Phänomene dient oder sie unkenntlich macht. Um im Bilde zu bleiben:

„Auch für dich", sagt der Wissenschaftler zur Schneeflocke, die gerade wieder nach oben wirbelt, „gilt das Fallgesetz $s = 1/2\ g\ t^2$." „Also halte dich daran", ergänzt der Dogmatiker, der den Wissenschaftler nicht richtig verstanden hat, „denn Gesetz ist Gesetz."

„Meinetwegen", erwidert die Schneeflocke, tanzt, glitzert, wächst, schrumpft, schmilzt und verflüchtigt sich.

3. Untersuchungen zur künstlerischen Persönlichkeit

Während dem Betrachter ästhetischer Objekte das volle Interesse der Forschung gilt, steht der Künstler halbvergessen abseits. In gewisser Weise zu Recht. Denn dieser läßt sich weniger gern als der Laie sagen, unter welchen Aspekten er ästhetische Objekte beurteilen soll. Was der Laie als Orientierungsstütze erfährt, wird für den Künstler zum falschen Korsett. Das Problem ist am geringsten dann, wenn als Versuchsmaterial etwa die 90 von Birkhoff entworfenen Polygone vorgelegt werden, die von vornherein keinen künstlerischen Anspruch erwecken. Und so ist die mit eben diesem Material arbeitende englische Untersuchung von 1970 interessant, in der H. J. Eysenck u. Maureen Castle die Wertungen von 777 Kunststudenten mit denen von 356 Studenten anderer Fächer miteinander vergleichen (43):

Die Studenten beurteilten jedes Polygon auf einer siebenstufigen Skala nach dem Kriterium 'aesthetic pleasingness'. Unter 'Kunststudenten' wurden Studenten verschiedener Fächer zusammengefaßt: Freie Kunst (Malerei und Plastik), Grafikdesign, Modedesign, Architektur und andere. Studenten aus juristischen, technischen und anderen Fächern bildeten die Kontrollgruppe.

Die durchschnittliche Bewertung der Gesamtheit aller Polygone war bei beiden Gruppen annähernd gleich, ebenso der Grad der Übereinstimmung innerhalb beider Gruppen. Doch ergaben sich deutliche Präferenzunterschiede zwischen beiden Gruppen. Nach Maßgabe der größten Bewertungsunterschiede ließen sich zwei Polygongruppen zusammenstellen, die die relativen Präferenzen der Kunststudenten gegenüber der Kontrollgruppe zeigen. Abb. 8 gibt hiervon eine Auswahl wieder. Der Leser möge sich das Vergnügen gönnen, sich über beide Polygongruppen ein eigenes Urteil zu bilden, bevor er weiterliest.

Wie die Gegenüberstellung veranschaulicht, lagen die Präferenzen der Kunststudenten (Gruppe A) deutlich auf seiten einfacher Polygone in klarer Ordnung, während die Kontrollgruppe (B) komplexere Polygone bevorzugte. Freimütig räumen Eysenck u. Castle ein, daß das Urteil der Kunststudenten etwas besser zu den Vorhersagen paßt, die sich aus Birkhoffs Formulierung des ästheti-

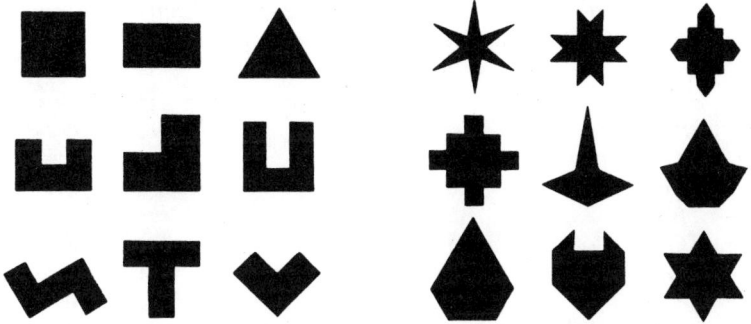

Von Gruppe A relativ
bevorzugte Polygone

Von Gruppe B relativ
bevorzugte Polygone

Abb. 8: Relative Präferenzen für Birkhoff-Polygone bei Kunststudenten
und einer Kontrollgruppe (nach Eysenck u. Castle, 43).

schen Maßes ergeben, als zu denen aus Eysencks eigener Formulierung. Exemplarisch ist, daß von den Kunststudenten u. a. die ersten
beiden Figuren aus Abb. 2 bevorzugt wurden, für die, wie erwähnt,
Birkhoff ein M von 1,5 bzw. 1,2 ermittelte, während die beiden
letzten, denen jeweils ein M von 0,5 zufiel, unter den bevorzugten
Polygonen der Kontrollgruppe zu finden sind. Eysenck sieht sich
jedoch insoweit bestätigt, als die Kontrollgruppe sich ähnlich verhielt
wie die Gruppe (von Nichtkünstlern), mit der er 1941 Birkhoffs
Formel überprüfte, und deren Urteilsverhalten ihn veranlaßte, die
Quotientenformel durch eine Produktformel zu ersetzen.

Wie schwer sich allerdings diese Befunde verallgemeinern lassen,
zeigt der Vergleich mit einer 1952 durchgeführten Untersuchung
von Barron u. Welsh (12). Hierin wurde der Figur-Präferenztest
von Welsh, ursprünglich im Rahmen psychopathologischer Dia-
gnostik entworfen, zu einem Test entwickelt, der 'künstlerische
Wahrnehmung' erfassen soll. Das Validierungsverfahren erbrachte
bei diesem Test, in dem eine Reihe bildlicher Vorlagen auf Gefallen
und Nichtgefallen beurteilt wird, daß Künstler vorwiegend die
komplexen und asymmetrischen Vorlagen bevorzugten, Nicht-
künstler dagegen die einfachen und symmetrischen.

Eine Untersuchung mit der Barron-Welsh-Skala durch J. C. Rosen (159) enthält die Behandlung einer Frage, die von Eysenck u.
Castle ausdrücklich offengelassen werden muß: Sind die unterschiedlichen Präferenzen bei Künstlern und Nichtkünstlern als

Tab 2: (a) Farbpräferenzen bei Kunststudenten und einer Kontrollgruppe nach Götz u. Götz (62), (b) Präferenzrangreihen für Farben nach
Eysenck (42)

Kunststudenten	Universitätsstudenten		Männer	Frauen
+ Rot	+ Rot		Blau	Blau
+ Blau	+ Blau			
+ − Grün	+ Orange		Rot	Rot
+ − Gelb	+ − Gelb			
+ − Weiß	+ − Grün		Grün	Grün
+ − Braun	+ − Weiß			
+ − Violett	+ − Braun		Violett	Violett
+ − Ocker	+ − Schwarz			
+ − Orange	− Violett		Orange	Gelb
+ − Schwarz	− Ocker			
− Grau	− Pink		Gelb	Orange
− Pink	− Grau			

(a)	(b)

Trainingseffekt zu deuten oder als Anzeichen einer Begabung, die
bereits zum Zeitpunkt der Aufnahme des Kunststudiums bestand?

Rosen testete mit besagter Skala 'künstlerische Wahrnehmung' an
22 Studienanfängern im Fach Kunst, 22 fortgeschrittenen Kunststudenten und 8 Künstlerlehrern. Als Durchschnittswerte für das
geprüfte Merkmal ergaben sich mit 39,0, 40,7 und 41,1 für die drei
Gruppen kaum nennenswerte Unterschiede. Dagegen erhielt eine
Vergleichsgruppe aus Nichtkünstlern mit 22,1 einen wesentlich
ungünstigeren Wert. Rosen schließt daraus, daß das gemessene
Merkmal vom Kunststudium nahezu unberührt bleibt. Zusätzlich
ließ Rosen die künstlerischen Arbeiten der Studenten von ihren
Lehrern auf Originalität hin bewerten und setzte die Meßwerte mit
den Testdaten in Beziehung. Dabei ergab sich ein positiver Zusammenhang zwischen 'künstlerischer Wahrnehmung' und Originali-
tätsgrad der Arbeiten.

Während die genannten Untersuchungen sich auf figurale Präferenzen bezogen, verglichen Götz u. Götz 1974 die Farbpräferenzen
von Kunststudenten gegenüber Studenten anderer Fächer. Dabei
ergaben sich für vorgestellte Farben, für die also keine Muster
gezeigt, sondern nur Farbnamen genannt wurden, die in Tab. 2(a)
gezeigten Rangreihen.

Bevorzugte Farben sind mit +, abgelehnte Farben mit −, neutral gewertete Farben mit + − gekennzeichnet. Auffällig sind besonders die Ähnlichkeiten zwischen beiden Reihen (beiderseits Bevorzugung von Rot und Blau, Ablehnung von Grau und Pink). Signifikante Unterschiede ermittelten Götz u. Götz für die Bewertungen von Orange, Ocker und Violett.

Eine Vergleichsuntersuchung anhand vorgegebener Farbtafeln erbrachte ähnliche Präferenzverteilungen für Kunststudenten mit dem Unterschied, daß Gelb und Orange in der Wertskala aufrückten.

Bedeutsam scheint, daß Künstler Farben vor allem in ihrem kompositionellen Wechselverhältnis sehen, in dem auch Farben, die andernorts als 'unmöglich' beurteilt werden, eine unverzichtbare Bedeutung erhalten können. Unter diesem Gesichtspunkt ist interessant zu bemerken, daß die Wertungen für die Farben insgesamt bei den Kunststudenten dichter beieinanderlagen als bei der Kontrollgruppe, was sich z. B. in der unterschiedlichen Breite des neutralen Mittelfeldes bemerkbar macht. (Eysenck hat 1981 die Präferenzrangreihen von 7378 Männern und 6247 Frauen aus den Ergebnissen von 17 Einzelstudien zusammengefaßt, die der Frage nach Farbbevorzugungen galten. Sie sind in Tab. 2[b] zum Vergleich dargestellt.)

Weitere Untersuchungen von Götz u. Götz zielten auf die Überprüfung von Zusammenhängen zwischen Persönlichkeitsstruktur und künstlerischer Begabung ab. Anknüpfend an die Typologie von C. G. Jung, wonach der produktive Künstler dem introvertierten intuitiven Typ mit neurotischer Tendenz zugerechnet wird, und im Anschluß an die auf Jung bezogene Persönlichkeitstheorie Eysencks führten die Autoren zunächst 1973 folgendes Verfahren durch (61):

Sie baten die Künstlerlehrer der Düsseldorfer Kunstakademie, einige 'begabte' und einige 'unbegabte' Studenten zu benennen. Als Kriterien dienten dabei Phantasie, Originalität, Unabhängigkeit, Selbstverwirklichung, Leistungsmotivation und technische Fähigkeit. Als Voraussetzung für die Beurteilung wurde eine mindestens zweijährige Beobachtungszeit gefordert. Götz u. Götz unterzogen die Studenten dem Persönlichkeitstest MPI von Eysenck, der die Ausprägung der Faktoren 'extravertiert' vs. 'introvertiert' und 'stabil' vs. 'labil' mißt.

Nach Maßgabe der Lehrerurteile teilten die Untersucher die Studenten in zwei Gruppen zu je 50 Begabten und Unbegabten auf und

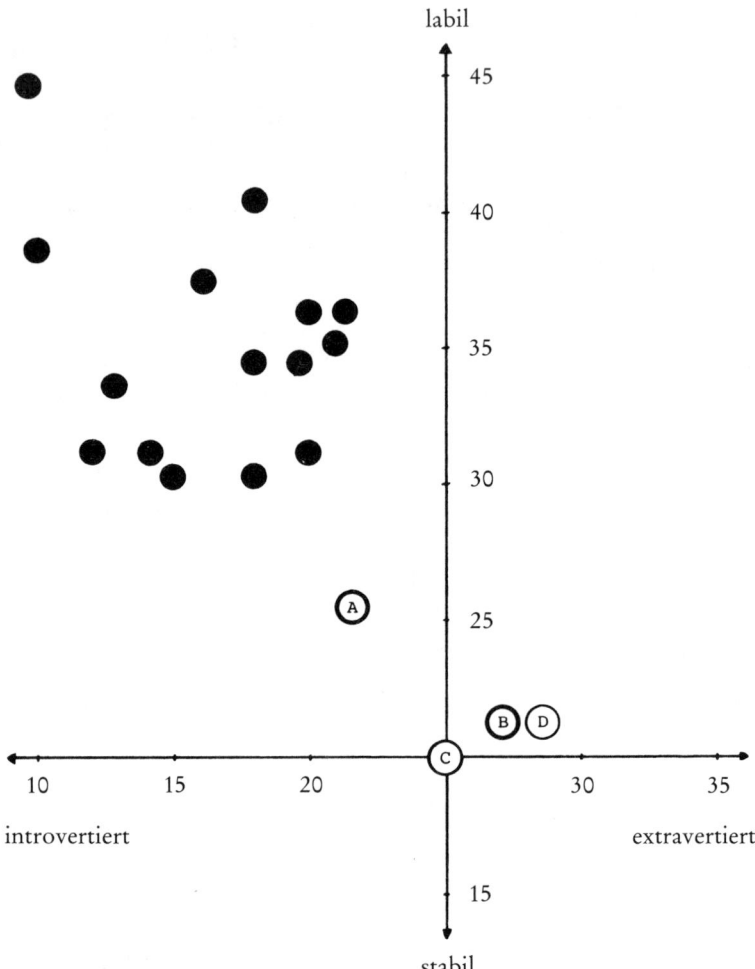

Abb. 9*(a):* Darstellung der Persönlichkeitswerte von 15 hochbegabten Kunststudenten (●) im Vergleich mit dem Durchschnitt von weniger begabten (A) und dem Durchschnitt von unbegabten (B). Dazu im Vergleich Durchschnittswerte von Briten (C) und Amerikanern (D) (nach Götz u. Götz, 61).

stellten die jeweils durchschnittliche Ausprägung der erfaßten Persönlichkeitsmerkmale fest. Hauptbefund: die begabten Studenten erwiesen sich sowohl als signifikant stärker introvertiert als auch labiler als die unbegabten, d. h., als stärker introspektiv, ruhig, zurückgezogen, überlegt, kontrolliert, zuverlässig und eher pessimistisch, ebenso als stärker emotional bestimmt, ängstlich, gespannt, von geringerer Frustrationstoleranz, geringer Streßbelastbarkeit und von einem Interessenspektrum, das mehr in eine bestimmte Richtung als in die Breite geht.

Die Autoren gingen noch weiter. Sie ließen die Gruppe der Begabten von den Lehrern in Hochbegabte und weniger Begabte einteilen. Dem Ergebnis nach besaß die Gruppe der Hochbegabten die festgestellten Merkmale in jeweils noch ausgeprägterem Maße als die Begabtengruppe insgesamt. Abb. 9(a) veranschaulicht diese Befunde und setzt sie in Beziehung zu den Werten einer Bevölkerungsstichprobe bei Briten und Amerikanern.

1979 berichtete das Künstlerehepaar über eine Anwendung des EPQ auf professionelle Künstler. Das "Eysenck Personality Questionnaire" erfaßt nicht nur die Faktoren Neurotizismus (labil–stabil) und Extraversion (extravertiert–introvertiert), sondern zudem den vom Autoren 1975 eingeführten Faktor 'Psychotizismus'. Hohe Werte hierfür ergeben sich nach Eysenck bei Personen, die einzelgängerisch, schwierig im Umgang, wenig sensibel gegenüber Mitmenschen und leicht aggressiv sind, sich mit ungewöhnlichen Dingen umgeben und selbst in allerlei Hinsicht auffällig sind (ob die Bezeichnung dieses Faktors, der sich von den beiden anderen als unabhängig erwiesen hat, sehr glücklich ist, sei dahingestellt).

Von 337 an bundesdeutsche Künstler verschickten Fragebögen erhielten Götz u. Götz immerhin 257 zur Auswertung zurück. Es ergaben sich im Vergleich der 147 Künstler und 110 Künstlerinnen mit einer Gruppe von 300 Nichtkünstlern folgende Ergebnisse (s. Abb. 9(b)):

Die männlichen Künstler erwiesen sich als hochsignifikant introvertierter und labiler als die männliche Kontrollgruppe und erhielten ebenso hochsignifikant höhere Werte für 'Psychotizismus'. Die Künstlerinnen unterschieden sich von der weiblichen Kontrollgruppe signifikant nur durch einen höheren Wert 'Psychotizismus'; gegenüber den männlichen Kollegen waren sie wesentlich stärker extravertiert.

Für eine zusätzliche Analyse (65) ließen Götz u. Götz von vier Kunstexperten aus den 257 Malern und Bildhauern die 60 bekanntesten auswählen. Diese 60 wurden von 18 Experten beurteilt 1. nach ihrem erfolgreichen Auftreten in Ausstellungen, Veröffentlichungen usw., 2. nach ihrem Beitrag zur Entwicklung zeitgenössischer Kunst.

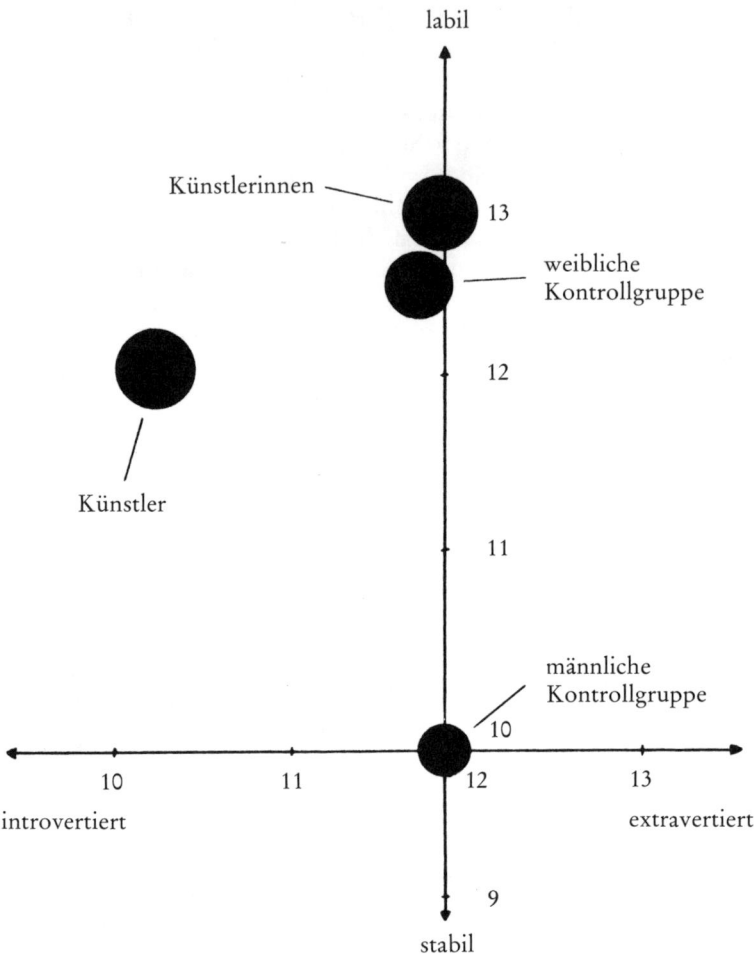

Abb. 9(b): Darstellung der Persönlichkeitswerte von Künstlern und Nichtkünstlern hinsichtlich Extraversion, Neurotizismus und Psychotizismus. Höhere Werte im letzten Faktor sind durch größere Kreise gekennzeichnet (nach Götz u. Götz, 64).

Im Vergleich der 'sehr erfolgreichen' mit den 'weniger erfolgreichen' Künstlern machte sich weder hinsichtlich Neurotizismus noch Extraversion ein nennenswerter Unterschied bemerkbar; dagegen wiesen die erfolgreicheren aber erheblich höhere Werte in 'Psychotizismus' auf. Demgegenüber ließ sich kein Zusammenhang der Werte des EPQ mit der geschätzten Bedeutung der Maler und Bildhauer für die Gegenwartskunst erkennen, obwohl die Experten gerade unter dieser Fragestellung unerwartet hoch übereinstimmten. Wohl zu Recht tendieren die Autoren zu der Ansicht, daß der Faktor 'Psychotizismus' zwar karrierewirksam sein kann (weil er dem Image vom widerborstigen Sonderling entspricht), aber für sich noch keinen großen Künstler ausmacht. Im übrigen steht dieser Faktor teilweise in Widerspruch zu manchen Eigenschaften, die die Kreativitätsforschung erarbeitet hat, weil er einen Mangel an Sensibilität und geringes Einfühlungsvermögen behauptet.

Die Kreativitätsforschung, besonders in ihrer seit 1950 betriebenen und seither im anglo-amerikanischen Raum stark expandierten Form richtet sich zwar weniger auf den Künstler als auf Wissenschaftler und Erfinder, doch kommt J. P. Guilford, Initiator der neueren Kreativitätsforschung, zu dem Ergebnis, daß die von ihm herausgearbeiteten Faktoren auch bei Künstlern in hohem Maße gegeben sind, wobei er sich allerdings in erster Linie auf Schriftsteller bezieht (72):

1. Wortgeläufigkeit (Fähigkeit, rasch viele Wörter zu bilden),
2. Assoziationsgeläufigkeit (Fähigkeit, z. B. Synonyme zu bilden),
3. Ideengeläufigkeit (Fähigkeit, Bedeutungszusammenhänge zu stiften),
4. visuelles Gedächtnis,
5. auditives Gedächtnis,
6. Ausdrucksgeläufigkeit (Fähigkeit, Ideen in Worte umzusetzen),
7. Spontane Flexibilität (Fähigkeit, gegebenes Material umzufunktionieren),
8. adaptive Flexibilität (Fähigkeit, ein bestimmtes Problem durch ständigen Aspektwechsel zu lösen),
9. Originalität (Fähigkeit zur Bildung ungewöhnlicher Sinnzusammenhänge),
10. Visualisierung (Fähigkeit zu Umstrukturierungen an gesehenem oder vorgestelltem Material),
11. Evaluation (Fähigkeit, Gegenstände realitätsgerecht und nach Maßgabe eigener Erfahrungen beurteilen zu können).

Unabhängig von Guilford, der seine Faktorentheorie an Wissenschaftlern und Technikern entwickelte, kam Viktor Lowenfeld zu einem bis in die Wortwahl hinein ganz ähnlichen Faktorenkatalog. Als Leiter eines kunstpädagogischen Instituts konnte er seine Annahmen aus Befunden entwickeln, die er an Künstlern und Kunststudenten gewonnen hatte. Er faßte die Ergebnisse mit der Unterscheidung von acht Kriterien zusammen, die für Kreative kennzeichnend sind (127):

1. Sensitivität für Probleme (ungewöhnliche Empfindsamkeit für alles, was zu sehen, zu hören, zu berühren ist; zugleich Fähigkeit, sich in andere Menschen einzufühlen),
2. Geläufigkeit (Ideenfluß, der sich u. a. in der Vielfalt zeigt, in der Gestaltungsmittel gehandhabt werden),
3. Flexibilität (Fähigkeit, sich rasch auf neue Situationen einzustellen, Anpassung im Sinne einer Umstellung der Gestaltungsabsicht bei unerwarteten Materialproblemen),
4. Originalität (Gegensatz zu Konformität in Denk- und Ausdrucksweise, Ungewöhnlichkeit von Lösungen, die der eigenen geistigen Auseinandersetzung mit Problemen entspringt und nicht einer stereotypen Anwendung von Angelerntem),
5. Umdefinierung und Umstrukturierung (Fähigkeit, Gegenstände entgegen ihrem üblichen Gebrauchszweck umzufunktionieren),
6. Analyse (Fähigkeit, ein einheitliches Ganzes auf seine Details hin zu untersuchen),
7. Synthese (Fähigkeit, aus unabhängigen Elementen ein sinnvolles Ganzes zu kombinieren, z. B. bei Collagen),
8. Kohärenz der Organisation (Prinzip der Harmonie und Stimmigkeit von Kompositionen).

Alle von Guilford und Lowenfeld genannten Faktoren gelten nach Auffassung der Autoren gleicherweise für Künstler wie für Wissenschaftler und Ingenieure. Auch der Faktor 'Kohärenz der Organisation', mit dem Lowenfelds Konzept über das von Guilford hinausgeht, ist nicht allein für Künstler spezifisch. Lowenfeld verwies selbst auf das Bemühen des Mathematikers, möglichst 'elegante' Lösungen zu finden. Judith Wechsler (182) hat ein Buch ›On Aesthetics in Science‹ herausgebracht, worin Vertreter verschiedener wissenschaftlicher Disziplinen die Bedeutung prägnanter und in ihrer Form überzeugender Problemlösung und -darstellung hervorheben.

Es scheint, daß innerhalb des Rahmens, in dem es legitim ist, von 'dem Künstler' zu sprechen, die Gemeinsamkeiten mit 'dem Wissenschaftler' und 'dem Ingenieur' größer sind, als die divergent entwickelten Ergebnisse ihrer Tätigkeit vermuten lassen. Der Gedanke der griechischen 'téchnē', der ihre Künste als Einheit faßt, ist im Ursprung der Tätigkeit immer noch oder wieder neu erkennbar und verweist darauf, daß die wechselseitige Entfremdung trotz aller

Unterschiedlichkeit in der Wirklichkeitsinterpretation und -gestaltung keine zwangsläufige zu sein braucht (vgl. G. Kepes, 103, 105, H. W. Franke, 49).

4. Die Frage nach Ursprung und Dynamik bildnerischen Schaffens

Das Unerforschliche allein durch seine Wirksamkeit zur Geltung kommen lassen zu können, ist einer der Vorzüge, die der Künstler dem Wissenschaftler voraus hat. Dieser sucht vielmehr die bestehenden Zusammenhänge möglichst vollständig zugänglich zu machen und begrifflich zu fassen und ist erst sehr spät bereit, „das Unerforschliche ruhig zu verehren".

Was die Kunstpsychologie in ihrer Frage nach dem künstlerischen Schaffensprozeß betrifft, so scheint sie allerdings von dieser Bereitschaft nicht allzuweit entfernt zu sein.

Auf die Frage, was die Künstler eigentlich warum tun, ist schon aufgrund unübersehbarer Vielfalt keine Antwort zu erwarten, die im Sinne allgemeiner Prinzipien befriedigend zu formulieren wäre. So nimmt es nicht wunder, daß die Kunstpsychologie sich vor dem kreativen 'Wirbeltanz der Schneeflocken' zunehmend in sichere Unterstände zurückgezogen hat, nachdem Richard Müller-Freienfels ihn 1923 mit einer Analyse des Inspirationsbegriffs nicht recht bändigen konnte. Eine Ausnahme in jüngerer Zeit macht 1966 Franziska Mayer-Hillebrand, allerdings in einer Orientierung an klassischer Ästhetik, die ihr den Neuschnee über den Kopf wachsen läßt.

Beiträge zum Verständnis des Gestaltungsprozesses und seiner Voraussetzungen werden gegenwärtig aspektweise in die Kunstpsychologie eingebracht, aus verschiedenen und sich teilweise überschneidenden allgemeinen psychologischen Forschungsfeldern. Keiner dieser Beiträge kann den Anspruch erheben, künstlerischen Prozessen vollständig gerecht zu werden. Doch sie können teilweise dazu verhelfen, das Problemfeld zu strukturieren und den Einzelfall sinnvoll zu befragen.

a) Zum kreativen Prozeßverlauf

Die neuere Kreativitätsforschung ist besonders durch die zwischenzeitlichen Anwendungen in der Pädagogik, der Erwachsenenbildung und der Psychotherapie fruchtbar geworden. Bemühungen um das Verständnis künstlerischer Prozesse sind zugunsten dieser Anwendungsorientierung und anderer Fragestellungen in den Hintergrund getreten. Doch sind die allgemeinen Grundlagen relativ früh in Untersuchungen an Wissenschaftlern und Künstlern mehrfach und zum Teil unabhängig voneinander gewonnen worden und sollen daher hier genannt werden.

Die vielfältigen Vorschläge zur Beschreibung kreativer Prozesse, die von manchen Autoren synonym mit Problemlösungsprozessen behandelt werden, gliedert Erika Landau (121) nach zwei Möglichkeiten, der des organisierten und der des inspirierten Zugangs. Zweifellos zu Recht vertritt sie im Gegensatz zu Arnold (9) die Annahme, daß diese Zweiteilung nicht Wissenschaftler und Künstler voneinander trennt, sondern daß beide Zugangsformen in beiden Gruppen anzutreffen sind.

1. Der Prozeßverlauf bei *organisiertem Zugang* beginnt nach Arnold (9) mit einer Vorbereitungsphase, die durch die Analyse des Problembereichs und der darin enthaltenen Variablen gekennzeichnet ist. In ihr wird durch eine schärfere Fassung des Problems, hier des bildnerischen Problems, seine Lösung erleichtert. Karl Duncker, einer der zu Unrecht halbvergessenen Pioniere der Kreativitätsforschung, unterscheidet zwischen der Situationsanalyse, in der Problem und Material auf ihren Konfliktgehalt bzw. ihren Funktionswert untersucht werden, und der Zielanalyse, in der durch Präzisierung des eigentlich Geforderten hinderliche Fixierungen abgebaut werden sollen (33). Die zweite, die produktive Phase wird von Arnold als bewußte Assoziierung von Ideen zu wechselnden Neukombinationen beschrieben. Im gestaltpsychologischen Kontext Dunckers geschieht hier eine fortlaufende Umstrukturierung der psychologischen Gesamtsituation oder von Teilbereichen. Dabei wechselt das 'Betontheitsrelief' der Situation, d. h., daß zuvor unthematische Teile oder Aspekte figurhaft vordergründig und, wenn sie der Zielvorstellung entsprechen, hauptthematisch werden können.

In der dritten, der Entscheidungsphase, werden Lösungsmöglichkeiten gegeneinander gewichtet, erprobt und realisiert. Sie ist durch Einsicht bzw. Evidenz der entscheidenden Zusammenhänge gekennzeichnet.

2. Der Prozeßverlauf bei *inspiriertem Zugang* wird im allgemeinen vier- oder fünfteilig beschrieben, so z. B. von Guilford (73) mit den Perioden oder Phasen Präparation – Inkubation – Inspiration – Evaluation – Verifikation.

Die Präparationsphase ist durch die Sammlung von Informationen und Material gekennzeichnet. Sie kann je nach Fall zeitlich begrenzt direkt auf das Problem hin erarbeitet sein oder auch unspezifisch als die bestehende Erfahrungsgesamtheit des Individuums unter Bezug auf ein aktuelles Problem gesehen werden. In der Inkubationsphase, deren Benennung sinnigerweise der medizinischen Bezeichnung für den äußerlich unsichtbaren Prozeß zwischen Infektion und Ausbruch einer Krankheit entspricht, geschieht nicht nur äußerlich kein Lösungsfortschritt, sondern auch erlebnismäßig ist von diesem „Ausbrüten" nicht mehr gegeben als ein beklemmendes Gefühl der Unruhe und Frustration. Währenddessen, so die Annahme, vollziehen sich im Vorbewußten weitläufige Verknüpfungs- und Strukturierungsprozesse, deren hypothetische Natur sich bislang jedem empirischen Zugriff entzieht. In der Inspirationsphase tritt als Ergebnis dieser vorbewußten Prozesse im Bewußtsein das in Erscheinung, was K. Bühler 1906 das „Aha-Erlebnis" genannt hat, eine Bezeichnung, die seither nicht nur im deutschen Sprachschatz Verbreitung gefunden hat. Diese plötzlich und unfreiwillig auftauchende Einsicht oder Idee drängt sich unter starker Gefühlsbetonung oft gerade dann auf, wenn der Betreffende sich mit ganz anderen Dingen beschäftigt ('Einfall'). Ihre emotionale Tönung wirkt stark motivierend in Richtung auf unmittelbare Realisierung. Gegenüber visuellen Objekten entwickelt sich das 'heureka' oft aus der bloßen Betrachtung heraus, wo unwillkürlich vollzogene Umstrukturierungen die anfängliche 'Blindheit' (Fixierung an gewohnte oder vordergründige Strukturen) in Einsicht verwandeln können (vgl. Poincaré, 152, Wertheimer, 190).

In der Evaluation und Verifikation wird der Einfall auf seine Tauglichkeit und Realisationsmöglichkeit geprüft, wobei sich u. U. Scheinevidenzen entlarven oder Realitätswiderstände herausstellen, die erneut in eine Präparations- oder Inkubationsphase hineinführen. Hauptziel der Verifikationsphase ist, den Einfall oder die Idee in das jeweilige Kommunikationsmedium (Sprache, Bild) adäquat zu übertragen.

Für das Verständnis künstlerischen Arbeitens sind solche Gliederungen nur nützlich, wenn man sie nicht im Sinne linearer Abfolgen, sondern im Sinne vernetzter Funktionskreise faßt. Die Arbeit an der Staffelei oder im Atelier des Bildhauers schafft mit jedem Eingriff in das entstehende Werk neue Ausgangsbedingungen, die neben das bildnerische Gesamtproblem zahlreiche Einzelprobleme stellen. Diese verlangen je für sich und unter Bezug auf das Ganze

der Komposition eine Behandlung, die unter den Aspekt einer Pha-
senabfolge zu bringen letztlich nicht möglich ist. Hinzu kommt,
daß häufig nicht nur die „Inkubationsphase", sondern der gesamte
künstlerische Prozeß einschließlich der Verifikation ausdrücklich
als Ereignis verstanden wird, das sich außerhalb der bewußten Kontrolle vollzieht. Dies trifft insbesondere für Spielarten der informel-
len Malerei zu, bei denen der Intention gemäß der Arbeitsverlauf bis
zur Fertigstellung des Produkts nicht geplant und nicht rational gesteuert wird. Solche Werke lassen sich als reine „Inkubationsobjek-
tivierungen" auffassen. In diesem Sichtbarwerden von Spuren dessen, was nicht direkt beobachtbar, auch nicht selbst-beobachtbar
ist, liegt ein künstlerischer Wert, der der semiotischen Betrachtungsweise leicht verschlossen bleibt.

In vielen Selbstzeugnissen von Künstlern wird dem Nicht-, Vor-
oder Unbewußten eine maßgebliche Rolle zugesprochen, so z. B.
nach den Ergebnissen einer Fragebogenaktion unter Künstlern
durch O. Kankeleit (101). Doch sind Verallgemeinerungen schwer
möglich. Es besteht das grundsätzliche Problem, daß persönliches
Für-wahr-Halten nicht als Funktionsbeweis gelten kann, erst recht
nicht bei suggestiver Fragestellung, die das Unbewußte im Sinne einer realen Instanz voraussetzt (Frage 1 bei Kankeleit: „In welchem
Ausmaß führen Sie den schöpferischen Prozeß auf das Unbewußte
zurück?"). Selbstzeugnisse von Künstlern sind in untrennbarer
Einheit mit ihrem künstlerischen Konzept zu sehen. Sie sind oft
Spiegel ihrer Intentionen, wenn nicht angelesener Literatur, und
nicht gleichzusetzen mit der Beschreibung funktionaler Zusammenhänge innerhalb des Psychischen. Nicht *wie* und *woher* aus Be-
reichen außerhalb des Bewußten dem Künstler Einfälle zufließen,
vermag er selbst uns zu sagen; nur *daß* er Einfälle hat und *was* ihm
einfällt, kann er zuverlässig mitteilen, und das wiederum am besten
in seinem Medium, seinen Werken.

b) Zu den Motiven kreativen Handelns

Die Frage, was den Künstler zu seinem Schaffen bewegt, läßt sich
nur zu einem geringen Teil unmittelbar auf äußere Bedingungen wie
den allgemeinen künstlerischen Kontext zurückführen. Es liegt in
der Natur des Themas, daß sich seiner in besonderer Weise die Tiefenpsychologie angenommen hat, vorrangig die Psychoanalyse.
Sigmund Freud hat sich eingehend mit inhaltlichen und motiva-

tionalen Fragen zur künstlerischen Kreativität befaßt. Schlüsselbegriff ist die „Sublimation". Er umschreibt die Annahme, daß innerhalb des drei Instanzen umfassenden hypothetischen Gesamtgefüges (Es – Ich – Überich) das Ich unbewußte Triebe und Wünsche des Es, die nicht direkt erfüllt werden können oder dürfen, in einer Form in Erscheinung treten läßt, die nach Maßgabe sozialer Normen, vertreten durch das Überich, zulässig und wertvoll sind. Die im Kunstwerk sichtbaren Inhalte sind somit Symbole in dem beschränkten Sinn, daß sie stellvertretend libidinöse Regungen bei Künstler und Betrachter erfüllen (s. z. B. 51, Bd. XI, S. 390f.).

Eine Schrift Freuds (1910) über Leonardo da Vinci bildet den Auftakt zu mehr als 300 Psychobiographien kreativer Persönlichkeiten, die zwischenzeitlich aus der psychoanalytischen Schule hervorgegangen sind (s. die Übersicht bei Cremerius, 28).

Dort nimmt Freud einige wenige Negativäußerungen Leonardos und theoriekonform gedeutete Kindheitserinnerungen zum Ausgangspunkt, Leonardos hochaktive Forscher- und Künstlertätigkeit weitgehend als Sublimation ungestillter Libidowünsche zu interpretieren. Konkret wird Freud am Beispiel des Gemäldes ›Heilige Anna selbdritt‹. Er interpretiert das Gemälde besonders in seiner interpersonalen Struktur als mischeinheitlichen Niederschlag von Leonardos Kindheitserlebnissen mit Mutter, Stiefmutter und Großmutter. Unter Berufung auf Pfister beschreibt er im Bilde das Vexierbild eines Geiers, den er wiederum in Beziehung zu einer frühkindlichen Traumerinnerung Leonardos oralerotisch deutet. Wo Widersprüche zu seiner Deutung auftreten, werden auch diese in Bestätigung verkehrt: das mütterliche Lächeln der heiligen Anna interpretiert er schlicht als Überdeckung von Neid (51, Bd. VIII, S. 121–211).

Solche Deutungen des kreativen Prozesses sind nicht nur aufgrund der unzureichenden Befragung der künstlerischen Problemstellung samt ihrem kulturhistorischen Hintergrund unbrauchbar. Sie sind auch wegen der Willkürlichkeit, mit der Passendes theoriekonform selegiert und offenkundig Unpassendes als Verhüllung deklariert wird, ohne wissenschaftliche Stringenz, da mit gleicher Methode am gleichen Objekt ebensogut jede beliebige andere Grundannahme belegt werden könnte (vgl. die Kritik bei Lützeler, 128, und Arnheim, 6).

Auch innerhalb der neueren Psychoanalyse ist der Ansatz Freuds zur Erhellung kreativer Prozesse stark umstritten. Einen Überblick über jüngere Entwicklungen verschafft die umfangreiche Aufsatz-

sammlung von Hartmut Kraft (117). Die Neuansätze lassen sich mit
U. Rauchfleisch (117, S. 328) danach unterscheiden, ob die Betonung stärker auf Es- oder Ich-Funktionen gelegt wird.

1. Es-psychologische Annahmen:
In der frühen Psychoanalyse kommt dem 'Ödipus-Komplex'
eine Zentralstellung zu. Verdrängte sexuelle Wünsche gegenüber
der Mutter in Verbindung mit Todeswünschen gegen den Vater (die
Freud erstmals bei sich selbst entdeckte) äußern sich, wenn nicht im
neurotischen Symptom, in kreativer Leistung. Im Anschluß an
diese klassische Auffassung deutet noch in neuerer Zeit Anita
Eckstaedt eine Kinderzeichnung von Paul Klee (117, S. 254 ff.). In
Zusammenhang mit dem ödipalen Dreieckskonflikt sehen einige
Analytiker den Neid des Mannes auf die Frau als Lebensspenderin
als unbewußtes Motiv für den Wunsch, Werke zu erschaffen
(P. C. Kuiper, W. Muensterberger, H. Müller-Braunschweig und
Th. Auchter, in 117). Kuiper vermutet zudem eine 'Reparationstendenz': Todeswünsche und Eifersucht gegenüber den Eltern führen hiernach zu Schuldgefühlen, die ihrerseits behoben werden sollen durch etwas, das 'heil' gemacht wird. Ein weiteres Motiv für
künstlerische Leistungen sieht er in dem unbewußten Wunsch, in
einer sublimierten Form des Exhibitionismus phallische Potenz zu
beweisen. Auch auf die „anale Phase" der Kindheitsentwicklung
nimmt Kuiper Bezug. Er nimmt an, daß anale Ausscheidung vom
Kind dem Gebären analog und als elementarer Schöpfungsakt erlebt
wird. Anders die Bezugnahme auf diese Phase bei früheren Theoretikern. Malen und Plastizieren wurden gelegentlich als Musterbeispiel für Sublimation genannt, nämlich als späte Ersatzbefriedigung
des während der Reinlichkeitserziehung unterdrückten Wunsches,
mit Kot zu spielen (s. z. B. Ch. Brenner, 21, S. 118).
    Winnicott (117, S. 64 ff.) und Muensterberger (117, S. 78 ff.)
verweisen auf frühkindliche Verlusterlebnisse als Anstoß zu Schöpfertum und Symbolbildung, wobei sie bis auf die „orale Phase" zurückgreifen. So wie das Kind den Zipfel der Decke zum vorübergehenden Ersatz oder „Übergangsobjekt" für die Mutterbrust macht,
so schafft der Künstler später Objekte, die eng mit seinen Wunschvorstellungen verbunden sind. Nach Th. Auchter (117, S. 206 ff.)
wird das lebenslange Erleben von Verlusten und die damit verbundene Trauerarbeit im Zusammenhang mit dem Wunsch nach muttergleichem Gebären zum Ursprung kreativen Schaffens.
    Der Mangel an empirischer Überprüfung läßt es zu, daß der Ur-

sprung künstlerischen Schaffensdrangs innerhalb der psychoanalytischen Theorien in allen Kindheitsphasen – ob oral, anal, phallisch oder ödipal – mit gleicher Plausibilität vermutet werden kann. Nur für die Künstlerinnen ist in manchen theoretischen Versionen kein rechter Platz, besonders bei W. Muensterberger (117, S. 78ff.), der den schöpferischen Prozeß als eine gegen Kastrationsangst gerichtete Vorkehrung auffaßt. (Die dennoch existierenden Künstlerinnen werden vermutlich leicht verschmerzen, bei der Entlarvung von Beweggründen nicht hinreichend berücksichtigt worden zu sein.)

Doch nicht nur solche Theorielücken führen innerhalb der Tiefenpsychologie zu selbstkritischen Bedenken. Auf das „Unbehagen in der Kultur" (Freud) scheint nun ein Unbehagen in der Psychoanalyse zu folgen, das sich gegen eine inadäquate Anwendung der eigenen Methoden auf Künstler und Kunst richtet. Gegen Patho-Biographien wie die Leonardo-Studie Freuds wird geltend gemacht, daß hier eine „Analyse ohne Patient" durchgeführt und damit das dialogische Grundprinzip der Psychoanalyse verletzt wird. Auch ist die Einseitigkeit von Untersuchungen, die die bevorzugten Themen eines Künstlers nur in Beziehung zu den biographischen Daten interpretieren, als Gefahr erkannt worden (U. Rauchfleisch im Sinne von Chasseguet-Smirgel, 117, S. 326). Die Einseitigkeit wird verstärkt dadurch, daß sich in der Art, wie manche Analytiker sich mit Kunst beschäftigen, offenbar eigene Probleme niederschlagen, z. B. unbewußter Neid auf den Künstler oder Voyeurismus (Anmerkungen hierzu s. Kuiper, 117, S. 60f. und Kraft, 117, S. 348). Das Unbehagen verstärkt sich vielleicht auch dadurch, daß manche Annahmen zur Konsequenz haben, daß der Erfolg psychoanalytischer Aufklärung zu Lasten der Kunst gehen müßte: Wenn neurotisches Symptom und künstlerisches Werk gleichermaßen der Abwehr unbewußter Triebansprüche dienen, so wird im Zuge einer Analyse, die der Bewußtmachung und damit Entschärfung unbewußter Vorgänge dient, nicht nur dem neurotischen Symptom, sondern auch dem Werkschaffen der Nährboden entzogen. Anders gesagt: Wenn das Werkschaffen als diffizile Maskierungsarbeit des Ich gegenüber Ansprüchen des Es verstanden wird, müßte es bei Demaskierung zum Erliegen kommen (zumindest die Gefahr von Verarmungen sieht Müller-Braunschweig, 117, S. 142). Doch die Tatsache, daß trotz weiter Verbreitung psychoanalytischen Gedankenguts (nicht zuletzt unter Künstlern) Kunst heute so lebendig ist wie je, weist darauf hin, daß die entscheidenden Motive zum Kunst-

schaffen nicht in psychodynamischen Abwehrmechanismen gegenüber verbotenen Triebwünschen zu suchen sind.

2. Ich-psychologische Annahmen:
Nicht zuletzt ist es der Mangel an einer Theorie der Form, der gegen die klassische Psychoanalyse aufgeführt wird und die Entwicklung von einer Es-Psychologie zu einer Ich-Psychologie der Kunst
befördert hat. Freud klammerte das Formproblem aus seinen Be-
trachtungen gänzlich aus. Nach O. Rank (153) ist die Form das Mittel des Künstlers zur Bannung chaotischer Kräfte in seinem Innern.
Nach A. Ehrenzweig (35) sind bereits im Unbewußten, im 'Pri-
märprozeß', Ordnungskräfte wirksam, die allerdings nicht im
Sinne logischer Operationen fungieren, wie sie den 'Sekundärpro-
zeß' (bewußte und vorbewußte Vorgänge) kennzeichnen. Sie entsprechen vielmehr der synkretistischen Sehweise des Kindes, wonach alogische, traumartige Zusammenhänge als Einheit erfahren
werden. Diese Ordnungscharakteristik sieht er besonders in der
Mehrdeutigkeit vieler Kunstwerke verwirklicht.
Sich vorübergehend unbewußten Prozessen überlassen zu können, ohne von ihnen beherrscht zu werden, hält E. Kris für eine entscheidende Fähigkeit des Kreativen (119). Er nennt sie „Regression
im Dienste des Ich" und deutet damit die Dominanz des Ich im
Schaffensprozeß an. Nach P. Noy „umfaßt das Formerschaffen die
ganze Skala psychischer Funktionen, die mit der Kontrolle und der
Abfuhr unbewußter Wünsche und Motive, der Regulierung und
Anpassung innerer Bedürfnisse an die Erfordernisse der Realität,
der Beherrschung von Gefühlen und Erfahrungen – kurz, mit allen
Funktionen, die wir Ich-Funktionen nennen – zu tun haben" (117,
S. 184). Als „gute Form" bezeichnet er diejenige, die im Sinne
Freuds den latenten Inhalt (unbewußte Konflikte, verpönte Triebansprüche) so geschickt laviert, daß seine Bedeutung die intrapsy-
chischen Zensurstationen bei Künstler und Betrachter möglichst
unverändert passiert (117, S. 187ff.).
Weniger orthodox wertet M. Bush die Ich-Funktionen erheblich
weiter auf. Er vertritt im Anschluß an H. Hartmann und S. O. Les-
sor die Ansicht, daß Ich-Interessen sich gegenüber den Gesetzen
des Es relativ eigenständig entwickeln können. Das Ich hat nicht
nur in Abhängigkeit von Triebansprüchen des Es ordnungstiftende
und damit formschaffende Funktion, sondern die Ausübung dieser
Funktion selbst wird positiv erlebt und bedarf damit keines weiteren Antriebs. Die Fähigkeiten, wahrzunehmen und zu erkennen,

zu strukturieren und umzustrukturieren, zu synthetisieren und
Probleme zu lösen sind in ihrer Betätigung und Vervollkommnung
lustvoll und führen zu einem „auf Kompetenz beruhenden Selbstwertgefühl" (Bush im Anschluß an R. W. White, 117, S. 172). Darüber hinausgehend nimmt Bush an, daß die Wertmaßstäbe, die der
Künstler an sein Werk legt (z. B. Sparsamkeit der Mittel), letztendlich den Idealprinzipien seiner eigenen Ich-Funktionen entsprechen: „Kurz gesagt, die formale Bewältigung des Kunstwerks wird
zur Verkörperung von Ich-Werten, die auf den Grundprinzipien
und -apparaten des Funktionierens des Ichs beruht und uns erkennen läßt, daß etwas von unserem eigenen Wesen zur Vollendung
gelangt ist" (117, S. 177).

Psychoanalytische Auffassungen gehen von der unbezweifelba-
ren Feststellung aus, daß im Bewußtsein nicht sämtliche Bedingungen anzutreffen sind, die für das Handeln, hier das Bildschaffen,
verantwortlich sind. Die Annahme personalisierter „Instanzen des
Innern" aber, die ein konfliktreiches Rollenspiel treiben, ist nicht
zwingend. Es reicht hin zu akzeptieren, daß es nichtbewußte Prozesse und Inhalte gibt wie besonders die Gesamtheit latenter Ge-
dächtnisinhalte (nach Freud das „Vorbewußte"), von denen jeweils
nur Ergebnisse bzw. Bruchteile im Bewußtsein aktualisiert werden
(vgl. Graumann, 68). Z. B. läßt sich die Bildung von Synkretismen
aus Gedächtnisinhalten und aktuell Wahrgenommenem im Zuge
des Gestaltungsprozesses (von manchen Künstlern durch ein Dro-
gen-Doping befördert) im Rahmen dieser Annahme ohne großen
spekulativen Aufwand verstehen.

Mehrfach ist im Gefolge der analytischen Psychologie von C. G.
Jung und H. Prinzhorns Analyse der „Bildnerei der Geisteskran-
ken" versucht worden, „Bilder aus dem Unbewußten" verständlich
werden zu lassen. Beispiele liefern J. Jacobi (92) und C. G. Jung,
M.-L. v. Franz u. a. (95). Schlüsselbegriff ist hierbei das Konstrukt
der 'Archetypen'. Jung bezeichnet damit latent vorhandene verhal-
tensrelevante Strukturmuster des „kollektiven Unbewußten". Im
Ursprung unspezifisch, manifestieren sie sich nach Jung vor allem
in Religionen, Mythen, Märchen und Sagen, tauchen in Träumen
und Wahnvorstellungen auf (94, Bd. IX). Es sind die unbewußten
Archetypen, die ordnungstiftend wirken besonders dort, wo das
Bewußtsein verwirrt ist. Als einen Ausdruck solcher regulierender
Kräfte sieht Jung die in vielen Kulturen auftretenden Mandalafor-
men an, die wiederum rückwirkend Harmonisierungs- und Hei-
lungsfunktionen für die gestörte Psyche des meditierenden Betrach-

ters erfüllen. Unter diesem Gesichtspunkt gilt der Beitrag der analytischen Psychologie C. G. Jungs nicht nur inhaltlichen, sondern auch formalen Aspekten der Kunst, indem nämlich geordnete Gestaltung als Realisation und Erfüllung tiefverwurzelter Verhaltensmuster und existentieller Bedürfnisse interpretiert wird.

In inhaltlicher Hinsicht stellen die Archetypen einen Komplex dar, der seiner hypothetischen Natur nach rational-begrifflich schwer zu differenzieren ist, und Zuordnungsversuche zu konkreten Bildwerken bleiben stets anfechtbar. Dies gilt auch für den reich bebilderten Sammelband ›Der Mensch und seine Symbole‹ (95). Dort werden zahlreiche Beispiele als Belege für die Wirksamkeit von Archetypen in der Bildenden Kunst angeführt: Symbole für Anima (die Repräsentation weiblicher Eigenschaften in der Psyche des Mannes), für Animus (die Repräsentation männlicher Eigenschaften in der Psyche der Frau), für die Gestalt des Helden, für das Kindhafte, das Mütterliche, das Tierhafte, für das Schöpferische, das Paradiesische, das Transzendente und mehr. Die Hauptproblematik der Archetypenlehre ergibt sich mit der Frage nach dem Ursprung des „kollektiven Unbewußten", über den sich Jung wenig dezidiert äußert, wenn er auch gelegentlich die Archetypen als „Manifestationsformen der Instinkte" bezeichnet. Seine Theorie wurzelt in einer stark transzendental ausgerichteten Weltanschauung, die die Quelle der Archetypen dem Zugriff der Empirie letztlich entzieht.

Der von Jung angedeutete Bezug zwischen Symbolverständnis und Instinktforschung wird aus humanethologischer Sicht von G. Ch. Rump (161) verfolgt. Er, der gegenüber milieutheoretischen Alleinansprüchen den Part vertritt, auf den Bestand ererbter Grundstrukturen hinzuweisen, macht auf die mögliche Rolle von angeborenen Auslösemechanismen für die Wirksamkeit von Darstellungen kleiner Kinder, von Imponiergehabe, von Drohstarren, von sexuellen Inhalten u. a. aufmerksam. Wieweit dieser Aspekt zum Verständnis der Genese von Bildwerken beitragen kann, ist schwer abzuschätzen, wenn man von seiner unbestreitbaren Rolle bei der Herstellung von Kitsch und Pornographie absieht.

Gegenüber Annahmen, die die eigentlichen Motive des Schaffensprozesses in dem Konstrukt einer Tiefenperson lokalisieren, sind Forscher wie Carl R. Rogers davon überzeugt, daß Motiv und Ziel kreativen Handelns in der „Selbstverwirklichung" liegen: "man's tendency to actualize himself, to become his potentialities" (157, p. 66). Es ist das Bedürfnis, die eigenen Möglichkeiten und

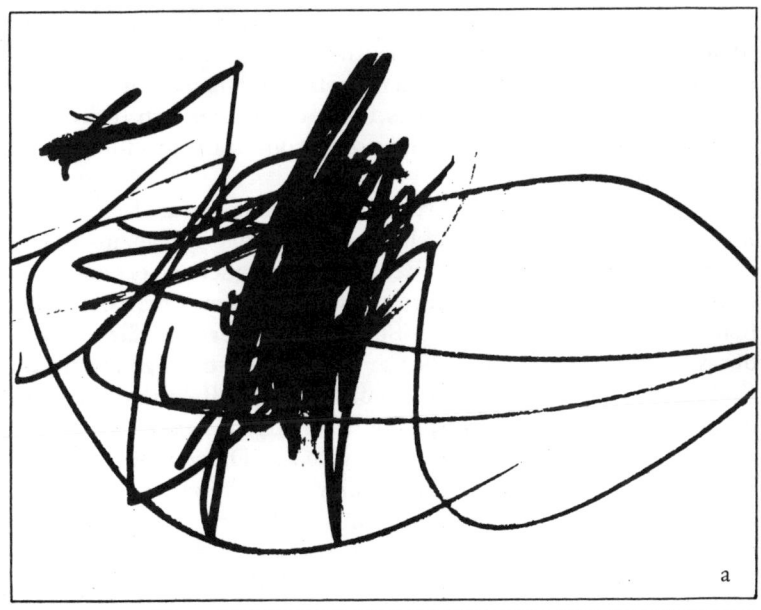

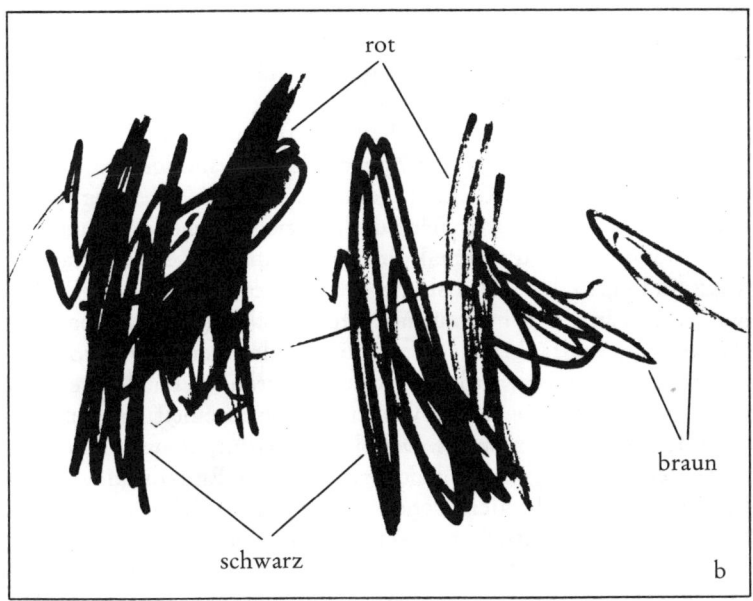

Abb. 10: Zeichnungen eines sechsjährigen Schimpansen.
(Zoo der Stadt Münster, 1982.)

Fähigkeiten zur Geltung zu bringen, das latent Vorhandene, das ohne Aktivierung verkümmern würde, in Objektivationen zu realisieren und dadurch weiterzuentwickeln. Rogers sieht hierin einen der elementarsten Antriebe alles Lebendigen, der sich beim Menschen mit dem Bewußtsein seiner selbst und seiner Stellung in der Welt verbindet.

Als primitive Vorstufe läßt sich verstehen, was Karl Bühler im Rahmen seiner Entwicklungspsychologie mit dem Begriff „Funktionslust" bezeichnet hat, das spielerische Vergnügen an bewegungsbetonter Realisierung eigener sensumotorischer Möglichkeiten. Dieser Terminus läßt sich besonders auf die Anfänge der Kinderzeichnung anwenden und wohl ebenso auf zeichnerische Betätigung von Schimpansen, die ohne weitere Belohnung sich bei gebotener Gelegenheit ausgiebig mit Kritzeleien beschäftigen, ohne dabei allerdings an das Niveau einer Darstellungsintention heranzureichen (s. D. Morris, 141). Abb. 10 zeigt zwei Produkte eines 'zeichnerisch geübten' sechsjährigen Schimpansen, die in der Kritzelei elementarste Ordnungsschemata erkennen lassen: a) gemeinsame Zentrierung von zwei verlaufsverschiedenen Kritzeleinheiten, b) drei Paare von je farbgleichen und verlaufsähnlichen Kritzeleinheiten.

Die Auffassung, daß schöpferische Tätigkeit keines gesonderten Antriebs und keiner gesonderten Belohnung bedarf, sondern allein von der Problemstellung her gelenkt wird und sich in deren Erfüllung belohnt, ist in der Gestaltpsychologie besonders unter pädagogischem Aspekt fruchtbar gemacht worden (Metzger, 132). Auch seitens behavioristischer Psychologie wurde beobachtet, daß es Aktivitäten gibt, die ohne Lohn und Strafe sich selbst bestärken, was zum Begriff der „intrinsischen Motivation" führte (s. z. B. Berlyne, 14, Hunt, 84). Hierauf nehmen Daucher (30) und Sprinkart (174) Bezug, die das kreative Verhalten bei der Herstellung von Objekten gleicherweise wie das explorative Verhalten bei der Betrachtung ästhetischer Objekte als Geschehen beschreiben, das befriedigend durch sich selbst wirkt. Dabei wird betont, „daß eine Bedürfnisbefriedigung nicht erst bei Erreichen des Endzustandes einer Aktivität eintritt, sondern schon durch die Aktivität selbst" (30, S. 125). Für die Triftigkeit dieser Annahme spricht nicht nur ihre auffallende Übereinstimmung mit dem ichpsychologischen Konzept der Neoanalyse und anderer vorgenannter Annahmen. Die spezifische Verwandtschaft von Realisation und Rezeption, die Verbindung von Zweckungebundenheit und freier Entfaltung in

einem weitgehend autonomen Prozeß entspricht einem Ästhetikbegriff, der zugleich dem Selbstverständnis vieler Künstler nahe-
kommt.

c) Zur prokreativen Rolle der Wahrnehmung

Während die Geheimgänge der menschlichen Seele nach Ur-
sprüngen künstlerischer Kreativität ausgeforscht wurden, ist die
Bedeutung des Haupteingangs fast übersehen worden: die Art und
Weise, wie die menschliche Wahrnehmung Wirklichkeit vermittelt.
Es ist ein Verdienst Conrad Fiedlers, eines bedeutenden Kunst-
mäzens und Kunsttheoretikers des ausgehenden 19. Jahrhunderts,
1887 auf ihre allgemeine Rolle für das Kunstschaffen aufmerksam
gemacht zu haben. Seine Hauptschrift ›Der Ursprung der künstlerischen Tätigkeit‹ erschien zufällig im Todesjahr von G. Th. Fechner
und thematisierte, was dessen ›Vorschule der Ästhetik‹ fehlte, um
als Begründung neuerer Kunstpsychologie gelten zu können. Fiedlers Methode war keine experimentelle, dennoch weithin empirische in der analytischen Beobachtung, die ihm sein enger Kontakt
zu Künstlern wie v. Marées und Hildebrand ermöglichte.
Was sich weithin wie eine Auseinandersetzung mit erkenntnis-
theoretischen Grundlagen der Wahrnehmungspsychologie liest, ist
die Reflexion dessen, wovon künstlerische Tätigkeit fortlaufend
ihren Ausgang nimmt, dem psychischen Gegebensein von Wirklichkeit. Nachdrücklich betont er, „daß alle Wirklichkeit uns einzig
und allein bekannt wird in den sich in uns und durch uns vollzie-
henden Vorgängen, deren Anfänge wir in den Sinnesempfindungen
voraussetzen, deren Resultate wir da erfassen, wo sie sich zu bestimmten Formen entwickeln" (47, S. 138). Hieraus leitet er vor-
ausschauend die Bedeutung der Wahrnehmungspsychologie ab,
obwohl sie zum damaligen Zeitpunkt noch ausgesprochen elementaristisch geprägt war: „die Einblicke, die man ihr in die Vorgänge
verdankt, in denen das Wahrnehmungs- und Vorstellungsleben auf
den verschiedenen Sinnesgebieten besteht, sind nicht hoch genug
anzuschlagen" (47, S. 150). Fiedler begreift das Sehen als aktive Leistung und stellt dadurch den entscheidenden Bezug zum Gestaltungsvorgang her, der „nunmehr nicht jenen inneren Vorgängen, in
denen sich das Leben des Gesichtssinnes abspielt, gegenübertritt,
sondern sich unmittelbar an diese Vorgänge anschließt, sich als
seine auf das Gebiet äußeren Tuns verlegte Fortsetzung desselben
darstellt" (47, S. 183).

Damit, daß schon das Sehen keine Spiegelung von Wirklichkeit, sondern ein Neuschaffen von Wirklichkeit ist, ist es auch die tätige Weiterentwicklung dessen, was das Auge liefert, durch die Hand. Damit vollzieht sich zugleich ein geistiger Prozeß: „Nicht in der Emanzipation sogenannten geistigen Tuns vom leiblichen kann irgendein Fortschritt vor sich gehen, vielmehr lediglich und ausschließlich durch die Entwicklung sinnlich-körperlicher Tätigkeit zu immer greifbarerem Vorhandensein, zu immer steigender Bestimmtheit und Deutlichkeit" (47, S. 187 f.). Das Werk des Künstlers ist nicht einfach als Abbild seines Innern zu fassen, vielmehr: „All seine Begabung, all seine Genialität entwickelt sich erst in diesem äußerlich wahrnehmbaren Tun, in dem sich nicht die Darstellung, sondern die Entstehung der künstlerischen Vorstellungswelt vollzieht" (47, S. 196).

Damit trifft Fiedler den Kern künstlerischer Tätigkeit in einer Gültigkeit, die weit über seine Zeit hinausreicht. Daß Kunst sich erst im Wechselprozeß von Wahrnehmung und Gestaltung zwischen entstehendem Werk und Künstler zu Kunst entwickelt und nicht nach Maßgabe eines fertigen Vorstellungsbildes, geschweige denn eines Naturvorbildes, ist eine Sichtweise, die für manche der heutigen Kunstformen noch augenfälliger gilt als für solche aus der Zeit Fiedlers.

Wahrnehmen, Vorstellen, Erinnern und gestaltende Tätigkeit verschmelzen vor dem entstehenden Werk zu einer Einheit, die in der Zeit nach Fiedler M. Palágyi in seiner Theorie der Phantasie (146) und V. v. Weizsäcker mit seinem Begriff des 'Gestaltkreises' (185) beschrieben haben. Als Motiv teilt der Künstler gemäß Fiedlers Auffassung mit dem Forscher den „Trieb, die Welt, in der er sich befindet, sich anzueignen, das enge, kümmerliche, verworrene Bewußtsein des Seins, auf das er sich zunächst beschränkt sieht, tätig zur Klarheit und zu Reichtum zu entwickeln" (47, S. 200). Diese Auffassung wird nicht weiter psychologisch begründet, liegt aber auf der Linie, auf der etwa J. Piaget seine Entwicklungspsychologie ausführt, speziell hinsichtlich der Assimilation von Wirklichkeit durch tätige Auseinandersetzung (151).

Wie stark auch immer die Bezogenheit des jeweiligen Künstlers auf Objekte außerhalb seines Werkes sein mag – in jedem Fall muß die schöpferische Eigenleistung der Wahrnehmung als wesentlicher Anteil des Gestaltungsprozesses angesehen werden, nicht nur in der Wahrnehmung eines gegenständlichen Modells, sondern vor allem in der rückwirkenden Wahrnehmung des entstehenden Werkes selbst.

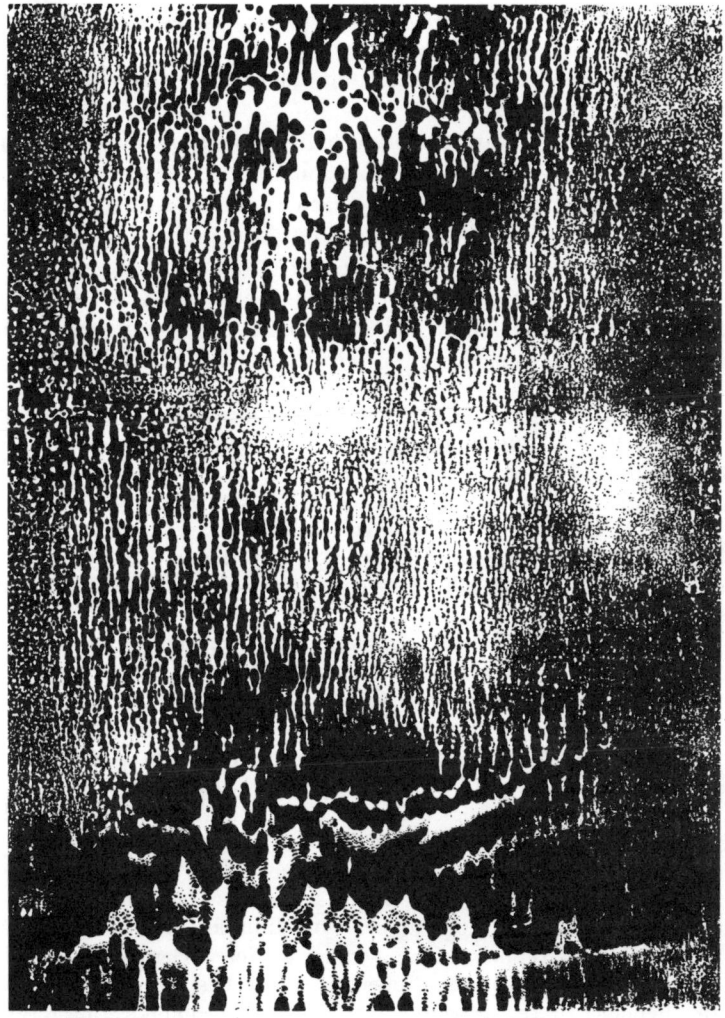

Abb. 11: Beispiel eines Zufallsmusters.

Wie weitgehend Wahrnehmung als eine Art prokreativer Prozeß wirksam ist, wurde erst nach Fiedler aufgedeckt. Besonders die Gestaltpsychologie analysierte eine Reihe von Prinzipien, nach denen die Sinne reizmäßig gegebenes, objektiv nicht selten ungeordnetes Material strukturieren, differenzieren und gruppieren. Diese vornehmlich von Max Wertheimer (189) formulierten und besonders von Wolfgang Metzger (135) weithin bekanntgemachten 'Gestalt-gesetze' erweisen sich überall, aber am offenkundigsten dort als wirksam, wo das Sichtbare aufgrund einer offenen Struktur alternative Fassungen zuläßt.

Das sei an einem Beispiel verdeutlicht. Abb. 11 ist durch flüchtiges Überwalzen einer weißen Fläche mit Druckerschwärze entstanden. Der 'objektiv' eingestellte Betrachter registriert lediglich eine unregelmäßige, schlierige Farbverteilung, die nichts darstellt. Der 'sensitiv' eingestellte Betrachter dagegen kann in einem solchen Zufallsmuster wie in einer Landschaft auf Entdeckungen ausgehen, und die Arbeitsweise des visuellen Systems, das man meint, wenn man kurzerhand vom 'Auge' spricht, leistet die ganze Vorarbeit:

Was sich beim Betrachter von Abb. 11 auf dem Augenhintergrund als Verteilung von Leuchtdichteunterschieden abbildet, wird zunächst auf 150 Millionen Einzelrezeptoren aufgerastet, die auf die jeweilige Lichtmenge mit elektrischen Impulsfolgen reagieren. Diese wirken in 'rezeptiven Feldern' derart zusammen, daß Konturen gebildet und verschärft werden. In einer Hierarchie von einheitsbildenden Strukturierungsprozessen bilden sich zunehmend komplexe Teilbereiche heraus, die zueinander in Beziehung gesetzt werden.

Von diesen Elementarprozessen merkt der Betrachter gar nichts. 'Bewußtheitsfähig' werden erst psychophysische Prozesse der höheren Ebenen des visuellen Systems. Dort findet nach älterer gestalttheoretischer Auffassung in Wechselwirkung elektrischer Felder, nach neuerer Auffassung in Wechselwirkung von Systemen neuronaler Muster das statt, dessen phänomenales Äquivalent die 'Gestaltgesetze' deskriptiv erfassen (s. S. 101 f.). 'Das Auge' gruppiert figurale Einheiten nach Maßgabe räumlicher Nähe, nach Farbe, Größe oder Form zu wechselnden Einheiten. Es figuriert schwarze Flecken auf weißem Grund, dann weiße Flecken auf schwarzem Grund, versucht eine Synthese, findet sie etwa in der Schattierung, trennt kompakte Formationen von diffusen, bündelt dynamisch gleichgerichtete Gruppen, kombiniert zu größeren Ganzheiten, schafft Äquivalenzen und Gegensätze über räumliche Distanzen hinweg, läßt große Bereiche zu Textur werden, verwandelt Einzelpunkte zum Raster, das seinerseits neue Einheiten bildet. Weiter geht das Auge wieder ins Detail, blendet Einzelformen heraus, läßt schwarze Flecken zu wechselnden Kleingruppen zusammentreten, macht sie zu Löchern des Weißen, bildet Hell-Dunkel-Einheiten, läßt sich von selbstentdeckten dynamischen Richtungen in andere Bereiche lenken, bringt sie in unterschiedliche übergreifende Zusammenhänge, legt alle Figuren in die Fläche, staffelt dann alles in die Tiefe, läßt das Gesamtbild plastisch erscheinen, löst alle gefundene Ordnung auf, sucht eine neue. Kippt der Betrachter das Bild oder ändert er seine Entfernung zu ihm, dann beginnt das ganze Spiel von vorn.

Bei jedem, der sich darauf einläßt, verläuft der Prozeß in anderer Weise, bei jedem konkretisiert sich anderes. Großenteils verläuft der Prozeß spontan, d. h. ohne willkürlichen Eingriff; denn jede von der Wahrnehmung gebildete Organisation hat die Tendenz, ohne die Bestärkung durch neue Reizmuster sich bei längerer Dauer selbsttätig aufzulösen (Gestaltzerfall) und so anderen Ordnungsmöglichkeiten Raum zu geben. Vieles in diesem Prozeß wird kaum bewußt, bleibt „mitbewußt" oder nicht bewußt; vordergründig sind oft nur die wechselnden qualitativen Ergebnisse: Formationen von landschaftlichem, organischem oder prozessualem Charakter mit gegenständlichen Anspielungen, bizarr, rätselhaft, fließend. Die diese Qualitäten tragenden Strukturen erschließen sich oft erst der analytischen Betrachtung.

Um Mißverständnissen vorzubeugen: Für die Begegnung mit Kunstwerken ist eine solch betont subjektive Betrachtungsweise nur selten geeignet. Es sei denn, die Objekte sind wie Abb. 11 in einem weitgehend zufallsbestimmten Verfahren gewonnen, dessen Ergebnis die Phantasie des Betrachters evozieren soll, wie etwa die im Abklatschverfahren – 'Décalcomanie' – gewonnenen Muster des Surrealisten Oscar Dominguez, deren Technik auch Max Ernst anwendet.

Die scheinbar sinnlose Suche nach Ordnung in einem sinnlosen Fleckenkonglomerat hat ihren ursprünglichen Sinn in der permanenten und so auch hier erfüllten Aufgabe der Wahrnehmung, unter allen Umständen überlebensdienliche Orientierung zu schaffen. Im Bereich des Ästhetischen ist das Sehen von dieser Zweckfunktion weitgehend entbunden. Es geht nur noch darum, nein, es geht endlich darum, „das Sehen um seiner selbst willen zu treiben" (Fiedler, 47, S. 173), wobei 'Sehen' im allgemeinsten Sinne zu verstehen ist, angefangen bei spielerischer Sinnesfreude bis hin zu geistiger Erkenntnis.

In seinem vielbeachteten Buch ›Kunst und Illusion‹ belegt E. H. Gombrich, daß nachweislich seit der Antike zahlreiche Künstler der anregenden Wirkung an sich sinnfreier Gebilde gefolgt sind. Und er entdeckt in einer vor einem halben Jahrtausend verfaßten Schrift des Architekten und Kunsttheoretikers Leon Battista Alberti eine bemerkenswerte Stelle, in der der mögliche Ursprung der Kunst zwar spekulativ und wegen der Beschränkung auf den *mimesis*-Aspekt keinesfalls hinreichend, im übrigen aber recht einleuchtend erwogen wird:

„Ich glaube, daß die Künste, die danach streben, die Schöpfungen der Natur nachzuahmen, folgendermaßen entstanden sind: Man entdeckte eines Tages in einem Baumstamm, in einem Klumpen Ton oder sonst einem natürlichen Gegenstand gewisse Umrisse, die nur ganz weniger Veränderungen bedurften, um irgendeinem natürlichen Objekt verblüffend zu gleichen. Als sie das bemerkten, versuchten nun die Menschen, ob sie nicht durch Hinzufügen oder Wegnehmen eine vollkommene Ähnlichkeit herstellen könnten. Durch solches Verändern und Wegnehmen von Konturen und Flächen, wie sie der Gegenstand selbst zu verlangen schien, erreichten sie schließlich, was sie wollten, und fanden Gefallen daran. Von diesem Tag wuchs die Fähigkeit des Menschen, Bilder zu schaffen, rasch an, bis er imstande war, alles nachzuahmen, auch wenn im Material gar keine Andeutung mehr gegeben ist, die ihn leiten könnte" (zit. nach Gombrich, 57, S. 130).

Problematisch ist allerdings der vielfach in diesem Zusammenhang, so auch von Gombrich verwendete 'Projektions'-Begriff, der letztlich auf Theorien basiert, die ihre Wurzel in antiken Vorstellungen über den Wahrnehmungsvorgang haben. Er ist nicht nur phänomenologisch unrichtig, weil er als eine Hinausverlegung beschreibt, was der Betrachter als ein Bemerken erfährt (s. Metzger, 134, S. 276 ff.). Die Aussage, der Betrachter 'projiziere' in amorphes Material eine Gestalt, setzt überdies voraus, daß diese seitens des Betrachters bereits zuvor, z. B. als Erinnerungsbild, vollständig bestanden hat. Damit wird durch die Bezeichnung wieder zurückgenommen, worauf sie eigentlich verweisen will: auf die *Bildung* einer Form *durch* die Wahrnehmung. Daß in diese Bildung zugleich Schemata des visuellen Gedächtnisses *einbezogen* werden, steht außer Frage.

Die angesprochenen Verhältnisse gelten besonders für den bekannten Formdeutetest des Psychiaters H. Rorschach (158), dessen Klecksbilder zu 'Deutungen' anregen sollen. Auch hier zeigt sich, ganz unabhängig von allen tiefenpsychologischen Deutungsdeutungen, zunächst einfach: das amorphe Material wird von der Wahrnehmung individuell verschieden organisiert und erweckt dabei u. U. eine Vielzahl vorhandener Schemata, die sich in der gesehenen Form oft als synkretistische Einheit manifestieren (z. B. als Mensch-Tier-Gebilde). Flexibilität der perzeptiven Organisation einerseits und Reichhaltigkeit eines hochentwickelten Schatzes von Form- und Bedeutungsschemata andererseits bilden die Voraussetzungen dafür, daß künstlerisch Befähigte in solchen Formdeuteversuchen stets ein Höchstmaß an Kreativität bewiesen haben.

Nimmt man den Rorschachtest nicht in seiner zweifelhaften Funktion als Persönlichkeits- und Intelligenztest, sondern als

Werkzeug zur Erhellung eines Aspekts des kreativen Prozesses, so sind folgende Beobachtungen interessant: Künstlerisch Begabte entdecken im Vergleich zu anderen in den Klecksbildern sehr viele und selten beschriebene Figurationen und Zusammenhänge, geben alternative Deutungen nicht nur für Details, sondern auch für die jeweilige Gesamtvorlage an, schildern Bewegungsvorgänge in Sinnzusammenhang mit den jeweiligen Farben und Helldunkelwerten, binden Figur und Grund zu Bedeutungseinheiten zusammen. Trotz aller Vielfalt sind die Beschreibungen nicht konfus, sondern formgenau, beinhalten komplexe Kombinationen und Szenen (Bohm, 19, S. 199f.). Die Befunde bedeuten jenseits aller persönlichkeitsdiagnostischen Problematik vor allem, daß Kreativität sich nicht erst in Gestaltungsprodukten, sondern bereits in der Auffassung visuellen Materials äußert. Was Bohm als 'Weltfremdheit' klassifiziert, ist zuallererst das offene Sich-vertraut-Machen mit der Wirklichkeit der Phänomene.

Die 'Psychologie des schöpferischen Auges', die Rudolf Arnheim für das Verhältnis von 'Kunst und Sehen' entwirft (7), nimmt in erster Linie auf die Rezeption von Bildwerken Bezug, doch wird auch deutlich, daß den Vorleistungen des Auges eine maßgebliche Rolle im Schaffensprozeß zukommt. Es würde zu weit führen, die einschlägigen Leistungen der visuellen Wahrnehmung hier im einzelnen zu belegen. Einige der wichtigsten seien zumindest aufgelistet (vgl. auch S. 101 ff.):
- Visuelle Wahrnehmung verdichtet auf Wesentliches hin (z. B. Scheidung von Figur und Grund, Einheitsbildungen),
- wirkt selektiv, vermittelt je wechselnde Aspekte oder Teile des Erfahrbaren (s. z. B. die Rolle der Fixation; Akzentwechsel, unter dem z. B. beim Achten auf die Farbigkeit ein Bild ganz anders erscheint als beim Achten auf die Form),
- pointiert Unterschiede hinsichtlich Größe, Form, Verlauf, Raumrichtung, Farbe (Kontrasteffekte, Tendenz zur Rechtwinkligkeit),
- nivelliert Ungleichmäßigkeiten (gleicht z. B. Irregularitäten der Abbildung auf der Netzhaut großenteils aus),
- läßt konstante und homogene Reize unauffällig werden (Adaptionserscheinungen bei Dauerreizung),
- akzentuiert dagegen Neues und Andersartiges (Änderungsempfindlichkeit des peripheren Gesichtsfeldes, Figuration abweichender Elemente in einer Gruppe homogener Elemente),
- sucht Neues und Problematisches auf (unwillkürliche Blick-

bewegungen zu Veränderungen und komplizierten Strukturen im Gesichtsfeld),
- ergänzt Unvollständiges (bei Überdeckungen, am 'Blinden Fleck' des Augenhintergrunds, in der Peripherie),
- vereinfacht und klärt in Richtung auf größere Prägnanz (Bildung größtmöglicher Ordnung innerhalb des reizmäßig Gegebenen),
- schafft übergreifende Ganzheiten (figurale Gruppierungen gemäß unterschiedlicher Aspekte der Zusammengehörigkeit),
- ordnet Flächiges in den dreidimensionalen Raum hinein (die Flächigkeit des Netzhautbildes wird nicht bewußt),
- verändert Abbildungsunterschiede in Gleichartigkeit bei gleichzeitig tiefenräumlicher Verteilung (Form-, Größen-, Farbkonstanz),
- dynamisiert und kinetisiert (Spannungs- und Bewegungserscheinungen auch bei objektiv ruhendem Material).

Alle diese Leistungen des visuellen Systems sind, soweit man heute weiß, teils angelegt oder gereift, zugleich durch Lernprozesse modifizierbar (Vernon, 178) und ebenso in Grenzen durch bewußt vorgenommene Einstellungen veränderbar.

Gelegentlich zeigen sich solche Grenzen dort, wo man sie am wenigsten erwarten würde. Die Wahrnehmungspsychologie hat wiederholt gezeigt, daß es fast unmöglich ist, die Größenverhältnisse unterschiedlich weit entfernter Gegenstände so beurteilen zu können, wie es nach älterer Auffassung eigentlich am einfachsten sein müßte, nämlich den Abbildungsgrößen auf dem Augenhintergrund entsprechend. Die Größenkonstanzleistung der Wahrnehmung ist so stark und geschieht so weitgehend außerhalb unserer Kontrolle, daß Objekte kaum anders als in die Tiefe hinein verteilt gesehen werden können.

Zur Prüfung der gängigen Hypothese, daß häufige zeichnerische Darstellung räumlicher Gebilde einen Übungseffekt mit sich bringt, der es gestattet, das Gesichtsfeld gleichsam in die Fläche zu 'projizieren', unternahm der Verfasser wiederholt Versuche mit Kunststudenten. Dabei war ein in unterschiedlichen Entfernungen aufgestelltes Quadrat mit einer Reihe unterschiedlich großer Quadrate, die in gleichbleibender Entfernung gezeigt wurden, zu vergleichen a) auf ihre 'realen' Größen hin (als 'real' wird hier das anschaulich Wirkliche im 5. Sinn von Wirklichkeit nach Metzger bezeichnet, s. S. 135), b) auf ihre Abbildungsgrößen hin.

Während die 'reale' Größe äußerst präzise beurteilt wurde (obwohl sie sich unterschiedlich abbildet), zeigte es sich, daß die Kunststudenten nur geringfügig besser als andere in der Lage waren, Abbildungsgrößen zu beurteilen, wie sie den Größenverhältnissen auf der Netzhaut oder etwa auf einer Photographie entsprechen. Auch bei bester Absicht gingen die Urteile wie bei Ungeübten stark in Richtung auf die der Größenkonstanzleistung entsprechenden Verhältnisse.

Diesem Befund scheint die Fähigkeit zur perspektivischen Darstellung, zu der man durch Übung gelangen kann, zu widersprechen. Der Widerspruch läßt sich durch die Annahme auflösen, daß im Malvorgang nicht Bild und Realität gleichermaßen flächig, sondern gleichermaßen tiefenräumlich gesehen werden können, daß also nicht die Realität ihren Tiefencharakter verliert, sondern das Bild Tiefencharakter gewinnt.

Während die Gestaltpsychologie die autonomen Leistungen der Wahrnehmung betont, weisen andere Wahrnehmungstheorien darauf hin, daß das Reizmaterial selbst im allgemeinen nicht chaotisch ist, sondern durch invariante Beziehungen zwischen dem Netzhautbild und den dort projizierten Objekten ausgezeichnet ist (s. Klix, 111, Gibson, 55). Für eine umfassende Wahrnehmungstheorie ist dieser Aspekt sehr wichtig, weil sie den Orientierungswert der Wahrnehmungsfunktionen stärker berücksichtigt. Im vorliegenden Zusammenhang ist er insoweit von Bedeutung, als er implizit darauf aufmerksam macht, wie wenig eine allzu schablonisierte Umwelt dem Auge Gelegenheit bietet, seine prokreativen Möglichkeiten zur Geltung zu bringen. Zwar liefert eine schematisch strukturierte Umwelt ein Gerüst von Invarianzen und ist von daher zweckgerichteter Orientierung dienlich. Die 'Wahrnehmungsphantasie' wird aber nur von einem Reizmaterial angeregt, das eine Vielfalt nicht festgelegter Beziehungen und Auffassungsmöglichkeiten zuläßt. Daher das Interesse vieler Künstler an mehr oder weniger amorphen Strukturen, wie sie in natürlicher Landschaft oft zu finden sind, an einem Stück Baumrinde, einem Felsenstück, einer Erdscholle, einem hingeworfenen Tuch, einem Haufen Abfall, an Bizarrem und Veränderlichem, kurz, an allem nicht mehr oder noch nicht Geordneten.

Es wird deutlich, was die 'Sensitivität', der Lowenfeld und Guilford die Bedeutung eines wesentlichen Faktors für die kreative Persönlichkeit beimessen, heißen kann: nicht nur das Herausspüren verbindlicher Objekteigenschaften, sondern Offenheit für das Wirksamwerden der Wahrnehmungtätigkeit unabhängig von einschränkender Kanalisierung auf konforme 'Richtigkeit' hin. Ihr Gegenstück ist kein Begabungsmangel, sondern eine utilitaristische Einstellung, die Wahrnehmung nur in der zweckdienlichen Funktion rascher Orientierung und Identifikation zur Geltung kommen läßt. Sensitive bzw. utilitaristische Einstellung wirken wie Filter: In extremer, einseitig fixierter Ausprägung führen sie zum Verlust des

Realitätsbezugs bzw. zur Verödung der Erlebniswirklichkeit. Künstler verfügen im allgemeinen über die Fähigkeit, je nach Intention und situativer Forderung die Einstellung zu wechseln. Sensitive Einstellung ist nicht als feststehender Persönlichkeitsfaktor anzusehen, sondern als eine Weichenstellung im kreativen Prozeß, die der Künstler willkürlich oder unwillkürlich vornimmt. (Damit wird erneut die Unstatthaftigkeit deutlich, mit der aus gesteigerter Sensitivität, wie sie sich in Formdeuteverfahren beweist, auf 'Weltfremdheit' geschlossen werden kann.)

Was geschieht mit den sensitiv gewonnenen Wahrnehmungsinhalten? Während die Wahrnehmungsvorgänge selbst zu den von der Psychologie und Physiologie bestuntersuchten Prozessen gehören, sind die Modelle über die Weiterverarbeitung noch relativ ungesichert und entsprechend zahlreich. Einiges wurde bereits im Zusammenhang mit kreativitätstheoretischen Annahmen dargestellt. Darüber hinausgehende Vorstellungen entwickeln unter Bezug auf künstlerische Prozesse z. B. Arnheim (2, 4, 7) und Weber (181), vgl. auch Sprinkart (174).

Hieraus ergeben sich folgende Annahmen: Das visuelle Gedächtnis speichert Schemata bzw. 'Anschauungsbegriffe', die nicht an Konkret-Einzelnes gebunden, sondern von hohem Allgemeinheitsgrad sind. Ermöglicht wird dies dadurch, daß kognitive Prozesse in elementaren wie komplexen Funktionen gleicherweise von vornherein auf Abstraktion angelegt sind, also darauf, das Einzelne als Sonderfall eines Allgemeinen zu erkennen. Bereits grundlegende Sehprozesse sind von dieser Art.

Bedeutsam ist, daß sich Begriffsbildung auch im sprachfreien Raum vollzieht, zwar kanalisierbar durch sprachliche Bezeichnungen (was Sprinkart betont), aber nicht notwendig an diese gebunden. Zwar nimmt Visuelles im optischen Reizangebot stets eine konkrete Form an, in der kognitiven Repräsentation sind jedoch unspezifische Allgemeinvorstellungen nicht nur möglich, sondern die Regel (man suche sich beispielsweise vorzustellen, wen man zuletzt auf der Straße gesehen hat: man wird sich womöglich noch 'schematisch' an die 'Schlankheit' oder 'Gebeugtheit' der menschlichen Gestalt erinnern, nicht aber an die meisten konkreten Details, oft nicht einmal an die Farbe der Kleidung).

Für einfache visuelle Begriffe haben wir eindeutige verbale Bezeichnungen, die jeder versteht: 'rund', 'eckig', 'gezackt' usw. Jeder hat eine gestaltliche Allgemeinvorstellung vom 'Gezackten', obwohl es sich tausendfach verschieden konkretisiert. Dann gibt es anschauliche Begriffe etwas komplexerer Art, bei denen schon Probleme in der sprachlichen Bezeichnung auftreten können, so etwa bei 'barock' (im wörtlichen Sinne von 'schiefrund'), 'linear', 'arabesk', 'geometrisch', 'malerisch'. Die Bildung solcher Anschauungsbegriffe setzt bereits den häufigen Umgang mit Form- und Farbbeziehungen voraus, aus denen sich charakteristische herauskristallisieren und als solche gedächtnismäßig gespeichert werden – auch dann, wenn sie mit keinem Namen bezeichnet werden können. Beim Künstler und Kunstkenner setzt sich die anschauliche Begriffsbildung in Richtung auf höhere Komplexität und Differenzierung fort, wobei zugleich die Benennung zunehmend schwierig wird. Hochkomplexe anschauliche Begriffe schließlich sind sprachlich nicht mehr definierbar. Sie beweisen sich aber (sind 'operationalisierbar') z. B. darin, daß jemand das Œuvre eines Künstlers so gut kennt, d. h., sich hiervon einen Anschauungsbegriff gebildet hat, daß er ein einzelnes Werk von der Charakteristik her als zugehörig bzw. als Nachahmung erkennt, daß er in ihm eine Frühform oder Spätform, eine bessere oder schlechtere Realisierung des Konzepts erkennt. Die sprachlichen Bezeichnungen reduzieren sich auf Etikette wie 'Picasso der rosa Periode' oder 'später Mondrian' und sind nur für den verständlich, der anhand des gleichen Œuvres sich einen entsprechenden Anschauungsbegriff gebildet hat.

Der Künstler eignet sich solche Anschauungsbegriffe an der Realität, an der historischen und aktuellen Kunstwirklichkeit an und setzt sie miteinander in Beziehung, vor allem aber arbeitet er ständig in ihnen und an ihnen. Er prüft sie, modifiziert, reduziert, kombiniert oder verwirft sie und bildet neue. Dies geschieht weithin während des Schaffensprozesses selbst in der ständigen Rückmeldung und Anregung durch die Wahrnehmung.

Ein Beispiel sei genannt. Bevor Kandinsky 1910 sein erstes abstraktes Aquarell schuf, das vielfach als der eigentliche Beginn ungegenständlicher Malerei und damit einer ganzen Kunstepoche gewertet wird, hatte er mehrere Schlüsselerlebnisse. Er schilderte sie erst später, sie bergen damit die Problematik der Überzeichnung; doch spricht gerade die Unvergeßlichkeit für ihre Authentizität und Bedeutung.

Um 1895 – noch vor dem Entschluß des Juristen Kandinsky, Maler zu werden – faszinierte ihn auf einer Moskauer Ausstellung zutiefst ein 'Heuschober'-Bild von C. Monet, obwohl oder vielleicht gerade weil er dessen Gegenstandsbezug gar nicht erkannte, sondern es nur als Form- und Farbklang wahrnahm. Um 1909 – nach künstlerischen Studien in München und Paris, die einen klaren Gegenstandsbezug erkennen lassen, Form und Farbe aber zunehmend vordergründig werden lassen – hatte er ein weiteres aufwühlendes Erlebnis. Will Grohmann schildert es mit Kandinskys eigenen Worten:

„Er kommt eines Tages in der Dämmerung in sein Atelier und sieht plötzlich ‚ein unbeschreiblich schönes, von einem inneren Glühen durchtränktes Bild‘. Er sieht nichts als Formen und Farben, keinen Inhalt. Das Bild war von ihm. Am nächsten Tag ist der Zauber geschwunden, er erkennt peinlich deutlich die Gegenstände. ‚Ich wußte jetzt genau, daß der Gegenstand meinen Bildern schadet.‘ Er hatte ihn für notwendig gehalten, solange er nicht ahnte, daß ‚die Ziele (also auch die Mittel) der Natur und der Kunst wesentlich, organisch und weltgesetzlich verschieden sind‘“ (71, S. 54).

Die Art, wie Kandinsky sah, welche Folgerungen er daraus zog und welche epochalen Konsequenzen sich hieraus entwickelten, machen dieses Beispiel zum Ausnahmefall. Doch die Rückwirkung des Gestalteten auf den Gestalter in seinen nie vollständig vorhersehbaren und planbaren Eigenschaften enthält eine Bedeutung für Gestaltungsprozesse überhaupt, die schon C. Fiedler ahnte.

Als permanenten Kreisprozeß beschrieb den Gestaltungsvorgang erstmals wohl Arnold Gehlen: „Wenn der Künstler sich an der ‘Spur’ seines eigenen Handelns wieder zurückinspiriert, kommt es zu einem Kreisprozeß, der über das Bildwerk, die Hand und das Auge wieder zurückläuft, ein Kreis, der an jedem durchlaufenen Punkt variabel ist“ (52, S. 192).

Die außergewöhnliche Unmittelbarkeit der Ich-Umwelt-Interaktion, die im Verhältnis Künstler–Werk einen nicht mehr steigerbaren Grad erreicht, liefert die Grundvoraussetzung für jene von Fremdbestimmungen ungebrochene Konsequenz, Geschlossenheit und prägnante Charakteristik, die am Kunstwerk in Erscheinung treten.

Jedes Werk, das der Künstler vollendet, ist ein neuer potentieller Anschauungsbegriff, der keine Synonyme kennt. Und es ist erst vollendet, wenn es in diesem Sinn begriffliche Prägnanz gewonnen hat, d. h. operationalisiert, wenn jede weitere Änderung seine Unverwechselbarkeit vermindern würde.

Der Künstler benennt das Werk, nicht zur Erklärung, sondern zur Kennzeichnung mit einem Titel oder dokumentiert mit einem ‘o. T.’ die Namenlosigkeit, die das Werk mit allem teilt, was als neue Gestalt in den Erfahrungsbereich des Menschen tritt.

III. DAS BILDWERK
ALS GESTALT UND ALS STRUKTUR

1. Zur Problematik psychologischer Werkinterpretation

Bei Labyrinthen geht man in die Irre, wenn man den falschen Zugang wählt. Erst recht bei Kunstwerken, die wesentlich höhere Anforderungen an Auge und Verstand stellen. Alle Zugänge gestatten gewisse Ansichten, vielleicht auch Einsichten, doch nur wenige führen ins Zentrum zu einer Auffassung, die Eigenart und Individualität des Werkes in seiner ganzen Fülle und Geschlossenheit zur Geltung kommen läßt.

So kann auch in der Psychologie selbst bei bester Absicht, zum Werkverständnis beitragen zu wollen, der Zugang von falscher Seite gesucht werden. Dies ergibt sich zum Teil aus Konflikten zwischen wissenschaftsimmanenten und kunstimmanenten Forderungen.

Jede Wissenschaft bemüht sich um möglichst klare Definitionen oder Umschreibungen ihrer Begriffe. Gelegentlich sind diese klar, aber nicht sachgerecht und wirken in einer Weise kanalisierend, die an der Hauptsache vorbeiführt. Dies wird deutlich an Versuchen, den Begriff 'Kunstwerk' zu fassen.

Kreitler u. Kreitler definieren als Kunstwerk dasjenige Reizmuster, das einen bestimmten Kanon von Betrachterreaktionen hervorzurufen geeignet ist, wenn es beispielsweise „in dem Betrachter spezifische Spannungen hervorruft, die vielfältig genug sind, um sich mit den diffusen Restspannungen des Betrachters zu verbinden, und wenn es für diese Spannungen eine summative und angemessene, von Lust begleitete Entspannung bereitet" (118, S. 341). Eine solche Bestimmung ist aus der Perspektive der Kunstgenese verfehlt. Kunst hat in ihrer Entwicklung stets einen gewissen Vorlauf gegenüber dem Verständnis des Betrachters. Eine Definition von wie auch immer gearteten Betrachterreaktionen oder -erwartungen her ist eine Form der Fremdbestimmung, die der Autonomie des Künstlerischen im Kern widerspricht, und sie würde bei konsequenter Anwendung deren Entwicklung in inkompetenter Weise kanalisieren und nivellieren. Forderungen an die Kunst wie „die von uns als kunstnotwendig bezeichnete Kombination von psychischen Prozessen auszulösen" (118, S. 344) schränken das als Kunst zu Bezeichnende auf spezifische Publikumswirkungen ein, fixieren Erwartungshaltungen und erschweren damit den Zugang zu künstlerischen Innovationen, statt ihn zu erleichtern.

Unmittelbar sichtbar werden die Konsequenzen inadäquater Definitionen und Maßstäbe bei Franziska Mayer-Hillebrand. Sie stellt 1966 „für jedes Werk zu fordernde Grundkategorien" auf: „Das Gestaltete muß dem Darstellungsgegenstand und dem Seelenzustand des Schaffenden adäquat und es muß harmonisch sein" (131, S. 10). Im Wertkontext der von ihr vertretenen Weltanschauung hat die Gegenwartskunst, besonders die ungegenständliche, nach ihrer Auffassung keinen Platz. In einem Zuge disqualifiziert sie Kandinsky, Klee, Baumeister, Léger, Braque, Mirò, Mondrian, Hartung, Arp, Kricke und ist lediglich gegenüber Picasso unschlüssig (131, S. 234 f.). Kunst, das wird hier in aller Deutlichkeit sichtbar, verschließt sich dem, der nicht bereit ist zu erkennen und anzuerkennen, daß in ihr nicht nur die Gegenstände und Verfahren, sondern – vor allem im Gefolge künstlerischer Innovationen – auch die Maßstäbe einem weitgehenden Wandel unterliegen und besonders in neuer Zeit weit gefächert sind.

Die Konsequenz partieller Kunstentfremdung und -überfremdung, wie sie sich aus weltanschaulicher Theorieverpflichtung bei Mayer-Hillebrand ergibt, folgt nicht minder, nur mit anderen Schablonen, bei der Anbindung der Kunstpsychologie an andere Ideologien (etwa im Gefolge von Holzkamp, 82). 'Gesellschaftliche Relevanz' im Sinne allgemeinverständlicher Botschaft ist kein künstlerischer Maßstab, im Gegenteil: „Stutzt das gesellschaftliche Leben das Individuum aufs Einheitsmaß des statistischen Durchschnittsmenschen, sträubt Kunst sich sozusagen mit Händen und Füßen, mit Leib und Seele gegen das gleichmacherische Prokrustesbett des regierenden Realitätsprinzips, und zwar radikal" (Timm Ulrichs, 177, S. 12).

Kunst läuft dem Allgemeinverständnis voraus, sie läuft ihm nicht nach. Ihre „gesellschaftliche Relevanz" besteht in der Veröffentlichung entsprechender Vorgaben. Kunstpsychologie kann dazu dienen, diesen permanenten Vorlauf für den Betrachter schrittweise einholbar zu machen, sie kann sich aber nicht eine der Kunst übergeordnete Position anmaßen, die Lützeler zu Recht angreift (128, S. 816 ff.). Der Vorlauf wird nicht dadurch verringert, daß Kunstwerke auf das Produkt psychischer Abwehrmechanismen reduziert werden. Diesen Weg haben, wie bereits dargestellt, viele psychoanalytische „Deutungen" beschritten. Deutung als Reduktion auf „eigentliche" unbewußte Inhalte läuft auf einen immer gleichen Katalog hinaus; das Werk wird zur umständlichen Verschlüsselung oraler, analer und phallischer Phantasien, des Wunsches nach Rückkehr in den Mutterleib, von Kastrationsängsten und Todeswünschen (extreme Beispiele s. G. Groddeck, 70). Nur selten wird eine tiefenpsychologische Interpretation durch biographische Daten so ausführlich belegt wie bei H. Nagera, der zwei Bilder van Goghs als symbolische Tötung bzw. Selbsttötung beschreibt (117, S. 280 ff.).

Die Schwäche jeder Reduktion – unabhängig von der Frage nach der Gültigkeit psychoanalytischer Grundannahmen – liegt darin begründet, daß Systemeigenschaften sich nicht hinreichend mit den Eigenschaften ihrer Komponenten beschreiben lassen (s. K. Lorenz, 126). An eben dieser Schwierigkeit scheitert letztendlich auch der Versuch der Informationstheorie, eine „objektive" Bildbeschreibung durch Auflösung in Rasterelemente oder durch Auszählung von Bildelementen zu erreichen. Ohne Zuhilfenahme phänomenologischer, d. h. vor allem ganzheitlicher Betrachtungsweise verharren Objektivität und Triftigkeit in krassem Mißverhältnis (s. A. A. Moles, 140). Reduktion auf Elemente verstellt die Identität eines Bildwerks als spezifische Ganzheit.

Daß eine Es-psychologisch-reduktionistische Interpretation besonders bei jüngeren Kunstformen wie der Concept-Art fehlgehen muß, zeigt zugunsten einer Ich-psychologischen Interpretation U. Rauchfleisch (117, S. 324 ff.). M. Koch-Hillebrecht weitet in seinem Bemühen, Kunst verständlich zu machen und die Entwicklung der Moderne unter Bezug auf Wandlungen des gesellschaftlichen Kontextes tiefenpsychologisch aufzuschlüsseln, den psychoanalytischen Ansatz in Richtung lern- und gestaltpsychologischer Theorien aus (113). Selbst an klassischer Psychoanalyse orientierte Autoren wie Kuiper warnen vor übereilten Deutungen: „Wer psychologische Fragen stellt, bevor er sich in ein Kunstwerk vertieft hat, wird es nie begreifen; wer sich in ein Kunstwerk vertieft hat, wird schließlich psychologische Fragen stellen müssen" (117, S. 44). H. Kraft wendet gar das Blatt und analysiert die analytische Einstellung des (psychoanalytischen) Interpreten: „Die Frage, was der Künstler gemeint habe, verdeckt nur zu häufig, was der Betrachter empfunden hat bzw. welchen durch das Kunstwerk provozierten Empfindungen er sich nicht stellen mag" (117, S. 349). Er stellt die eigene, von persönlichem Betroffensein geleitete Auseinandersetzung mit dem Werk vor jede biographische Analyse des Künstlers.

2. Kontextbezogene Phänomenanalyse

Vor aller Theorienbildung „das Vorfindbare möglichst vorurteilslos zu beschreiben" entspricht der phänomenologischen Methode der Psychologie (Herrmann 1962, zit. n. Schneewind, 164). Der Anspruch, Kunstwerke beschreiben zu wollen, wirkt zunächst gering gegenüber dem Anspruch von Versuchen, das „hinter" der Erscheinung Liegende oder Vermutete zu deuten. Ist doch nichts so unmittelbar gegeben wie die Sinneserfahrung und damit nichts – wie es vordergründig scheint – so hinreichend wie die Erscheinungsweise des Objekts. Die phänomenologische Methode deckt diesen Irrtum auf, indem sie nicht an der Erscheinung vorbei das Objekt zu „hinterfragen" sucht, sondern die Erscheinungsweise selbst befragt. Die Notwendigkeit hierfür ergibt sich daraus, daß das *Vorfindbare* nicht identisch ist mit dem allgemein *Vorgefundenen*, das *Sichtbare* nicht mit dem allgemein *Gesehenen*, sondern sich erst bei eingehender Beschäftigung mit dem Gegenstand erschließt.

Ein einfaches Modell für diese Verhältnisse liefern die sog. Vexierbilder.

Abb. 12 erscheint den meisten Betrachtern zunächst als eine schwarze Fläche, die nach oben hin gleichsam aufgeplatzt und chaotisch zerrissen ist. Nur wenige bemerken sogleich, daß alternativ zu dieser Auffassung ein seitlich geneigtes Gesicht zu sehen ist. Dann aber klärt sich das zuvor Chaotische schlüssig auf: Was zuvor Schwarz auf Weiß figurierte, wird jetzt zum Schatten, der zuvor weiße Grund wird jetzt teilweise zur lichtzugewandten Seite des Gesichts; was zuvor bizarre Kontur war, wird nun zur Licht-Schatten-Grenze des beleuchteten Kopfes, dessen Umriß selbst nicht direkt in Erscheinung tritt, sondern virtuell durch die schwarzen und weißen Bildpartien verläuft.

Kunstwerke sind keine Vexierbilder. Sie haben aber mit diesen gemein, daß sich bei gewohnter Sehweise das Wesentliche oft verbirgt, daß dagegen, ist eine adäquate Sehweise gefunden, sich zuvor Unklares zu einem schlüssigen Ganzen verwandelt, das der Art und Anordnung seiner Teile innere Notwendigkeit verleiht.

Innerhalb der Kunsttheorie spielt die phänomenologische Methode psychologischer Prägung seit längerem eine bedeutende Rolle. Sie ist zunächst zu unterscheiden von dem „daseinsanalytisch-

Abb. 12: Beispiel eines Vexierbildes.

phänomenologischen Zugang zum Verständnis der Kunst", wie ihn A. Thali im Anschluß am M. Heidegger schildert (176). Obwohl dieser Zugang vom Autor als psychologisch verstanden wird, enthält er im wesentlichen eine ontologische Bestimmung der Kunstwirklichkeit, deren metaphysischer Anspruch den Rahmen einer empirisch verpflichteten Psychologie verläßt. Für letztere beschreibt Phänomenologie nicht die einzig gültige Seinswirklichkeit, sondern die hauptsächliche Methode zur Analyse des Erlebniswirklichen.

Vor allem die Gestalt- und Ganzheitspsychologie haben durch ihre phänomenologische Orientierung Beiträge geleistet, die von der Kunstwissenschaft zwischenzeitlich zum Teil assimiliert wurden. Der Bezug zur Kunst hat in der Gestaltpsychologie von Anfang an bestanden. In seinem berühmten Artikel von 1890 ›Über Gestaltqualitäten‹ belegte Christian von Ehrenfels vor allem anhand von Beispielen aus Kunst und Musik (besonders an der Melodie), daß und inwiefern sich ein Ganzes von der Summe seiner Teile unterscheidet: durch Qualitäten, die sich nicht aus den Eigenschaften der Konstituenten ableiten lassen, sondern sich erst aus ihrem Zusammenwirken ergeben. Innerhalb des damals elementaristisch geprägten Wissenschaftskontextes, dem psychologischerseits die Lehre von der Assoziation psychischer Elemente entsprach, wirkte diese ganzheitliche Sichtweise umwälzend und ließ eine Reihe neuer Forschungsrichtungen entstehen. Besonders die Gestaltpsychologie der „Berliner Schule" (M. Wertheimer, K. Koffka, W. Köhler, W. Metzger, R. Arnheim) und die Ganzheitspsychologie der „Leipziger Schule" (F. Krueger, F. Sander, H. Volkelt, A. Wellek) entwickelten unter Anwendung empirischer Methoden die Ehrenfelsschen Grundgedanken weiter und schufen die Basis für ein grundlegend neues Verständnis des menschlichen Erlebens und Verhaltens.

War die Kunst anfänglich ein Ausgangsfeld gestaltpsychologischer Erkenntnisse, so wurde sie in der Folgezeit wiederholt zum Anwendungsfeld der experimentell gewonnenen Konsequenzen. Nahezu alle namhaften Gestaltpsychologen haben direkt durch ihre Veröffentlichungen oder indirekt durch ihre Schüler (so bes. M. Wertheimer) Beiträge zur Phänomenologie des Kunstwerks geleistet. Zahlreiche Anwendungen auf Werke der Bildenden Kunst und der Musik finden sich bei Metzger (133, 135, 136); speziell die Musik thematisiert vor allem A. Wellek (186), Bildende Kunst und Architektur behandeln F. Sander (163) und vor allem R. Arnheim (5, 6, 7, 8), der sich anfänglich besonders mit dem Film beschäftigt hat. Einige Grafiken aus der Op-Art unterzieht E. Rausch eingehender phänomenanalytischer Untersuchung (156). Zu zahlreich, als daß sie hier im einzelnen erwähnt werden könnten, sind die Beiträge gestaltpsychologischer Grundlagenforschung, die Anwendungen auf die Kunstbetrachtung implizieren, etwa ihre Beiträge zur Psychologie der Wahrnehmung, des Denkens, des Ausdrucks oder der Entwicklung.

Die hirnphysiologische Feldtheorie der Gestaltpsychologie, von W. Köhler als psychophysiologisches Erklärungsmodell zu einer Zeit vorgeschlagen, wo der Kenntnisstand der Physiologie des Zentralnervensystems keine befriedigende Beziehung zwischen der diskreten Verteilung neuronaler Elemente und der Ganzheitlichkeit des Erlebens formulieren ließ, läßt sich nach den in den letzten Jahrzehnten entdeckten Schaltmustern rezeptiver Einheitsbildung in ihrer ursprünglichen Form nicht mehr aufrechterhalten. Auch Metzger (135, S. 400 ff.) und Arnheim (7, S. 254) verlassen stellenweise den Rahmen der Feldtheorie, allerdings in gewissem Widerspruch zur grundsätzlichen Annahme ihrer Gültigkeit. Infragestellung ihrer neurophysiologischen Heuristik heißt allerdings nicht Infragestellung der Gestaltpsychologie selbst, wenn dieser Konnex auch gelegentlich hergestellt wird (Sprinkart, 174). Ihre psychologischen Theorien hat die Gestaltpsychologie an hiervon unabhängiger Methodik gewonnen, wobei dem Weg über die Phänomenologie besondere Bedeutung zukommt. Dem Versuch, 'Einsicht durch Anschauung' zu entwickeln, soll auch im weiteren entsprochen werden, allerdings unter verstärkter Berücksichtigung historischer und individueller Bedingtheit des Vorfindbaren.

Zahlreiche Kunsttheoretiker haben zwischenzeitlich gestaltpsychologisches Gedankengut aufgegriffen und für die Werkinterpretation nutzbar gemacht, so z. B. Gombrich (57), Meyers (137), Sedlmayr (171), Weber (181), Weidlé (183), Weigert (in 184). Besonders bei Gombrich bringt die Anwendung psychologischer Begrifflichkeit ein wichtiges Korrektiv in die Kunstpsychologie ein, nämlich daß eine phänomenologische Betrachtungsweise der Orientierung am jeweiligen künstlerischen Kontext und am kunsthistorischen Zusammenhang bedarf (vgl. auch Gombrichs Glosse zu einem einseitig 'physiognomischen' Kunstverständnis, die u. a. den Wert der 'Einfühlungstheorie' von Th. Lipps (124) relativiert (56).

Mit diesem Korrektiv wird nicht die Forderung nach „möglichst vorurteilsfreier Beschreibung" zurückgenommen, denn sie bedeutet nicht 'voraussetzungslose' Beschreibung. Eine solche gibt es sowenig, wie es eine absolute Erscheinung der Dinge gibt. Wahrnehmung geschieht stets in mehr oder weniger starker Abhängigkeit von der jeweiligen Erfahrungsgesamtheit und der jeweiligen Betrachtereinstellung. Sie läßt die Dinge je anders in Erscheinung treten, wie schon an Abb. 11 deutlich wurde; bei aller Vieldeutigkeit des Vorfindbaren ist sie dennoch nicht beliebig, wie schon Abb. 12 zeigt. Eine am künstlerischen Kontext orientierte Phänomenanalyse bedeutet daher, in Abwandlung der Formulierung von Herrmann, den Versuch, „das Vorfindbare möglichst adäquat zu beschreiben".

3. Gestalt und Struktur

a) Das Verborgene im Offensichtlichen

Bildwerke sind wie Gesichter, deren Ausdruck uns unmittelbar berührt, ohne daß wir ebenso unmittelbar angeben könnten, welche

Gesichtszüge diesen Ausdruck hervorrufen. Erst der eingehenden
und vergleichenden Beobachtung erschließen sich die Zusammenhänge.

Deutlich wird dies beispielsweise am Augenausdruck. Wir sind
im allgemeinen sehr sensibel für den nuancenreichen Wechsel etwa
zwischen Freundlichkeit, Distanz, Mißtrauen oder Aufmerksamkeit 'im Blick' unseres Gegenübers, während wir uns kaum dessen
bewußt sind, daß und in welcher Weise das Verhältnis von Augen-
stellung und Kopfstellung, Lage und Form der Augenbrauen, die
wechselnde Form der Lidspalte und die darauf bezogene Position
und Größe der Pupille Träger des jeweiligen Ausdrucks sind (s.
Ph. Lersch, 123, G. Mühle, 142, W. Metzger, 134). Wie wenig sich
der Ungeübte über diese Verhältnisse klar ist, zeigt sich besonders
an seinen ungeschickten Versuchen, 'ausdrucksvolle' Gesichter zu
zeichnen. Er verwendet in seinen Darstellungen vor allem Mittel,
bei denen – wie etwa bei der Mundform – die Zusammenhänge un-
übersehbar scheinen, während die Augenpartie eigentümlich starr
bleibt. Und selbst bei der Mundform, deren Darstellung sich oft an
abgelernte Schemata hält, wird die Ungenauigkeit in der Wahrnehmung ausdruckstragender Formeigenschaften deutlich: ein lä-
chelnder Mund beschreibt im allgemeinen keine U-Form – Zweifler
mögen in den Spiegel schauen –, er wird lediglich etwas in die Breite
gezogen (daß die U-Form dennoch unmittelbar als 'heiter' gesehen
wird, hängt mit der Charakteristik ihrer Verlaufsform zusammen,
s. S. 145 ff.).

Wie der Gesichtsausdruck mit den Gesichtszügen gegeben ist, so
sind die Gestaltqualitäten von Bildwerken mit ihrer Struktur gegeben, d. h. der Beziehungsgesamtheit ihrer Teile und Teileigenschaften. Gestaltqualität als Ausdruck spezifischer Ganzheitlichkeit und
Struktur als entsprechendes Ordnungsgefüge sind also zwei
Aspekte des gleichen Vorfindbaren. Diese Beiderseitigkeit innerhalb des Phänomenalen ist als Koexistenz, d. h. gemeinsames Bestehen, bzw. als Kovariation, d. h. gemeinsame Veränderung, bezeichnet worden (W. Witte, 192). Die Zusammenhänge seien an
einem einfachen Beispiel dargestellt (vgl. auch die Analyse der figuralen Dynamik des Quadrats bei Arnheim, 7, S. 13 ff.).

Abb. 13 enthält die Gegenüberstellung zweier einfacher figuraler
Gestalten, einander ähnlich insofern, als sie einem Kontinuum von
Rechtecken entstammen, innerhalb dessen in technischer Hinsicht
nichts als das Verhältnis von Höhe zu Breite verändert wird. Anschaulich aber bestehen *qualitative* Unterschiede, die mit der

Abb. 13: Quadrat und Band.

bloßen Feststellung der *quantitativen* Proportionsunterschiede nicht hinreichend beschrieben werden. Die eine Form hat die Gestalt eines Quadrates, die andere die Gestalt eines Bandes. Jede der beiden Gestalten verfügt über charakteristische Gestaltqualitäten, die jeweils der Form als Ganzes zukommen. Das Quadrat wirkt stabil, geschlossen und betont flächig, ist von ausgeprägter Rechtwinkligkeit und Eckigkeit. Das Band hingegen wirkt dynamisch gestreckt, gleichmäßig schmal und glatt und hat einen linearen Charakter, der nicht erkennen läßt, daß es in geometrischer Hinsicht den gleichen Flächeninhalt wie das Quadrat besitzt. Jede dieser Qualitäten koexistiert mit einem Netz von Beziehungen innerhalb der jeweiligen Form, zwischen Ecken, Seiten und Winkeln, zwischen Zentrum und Peripherie, Fläche und Umriß, Höhe und Breite, zwischen anschaulichen Kräften, Richtungen und Verläufen. In Tab. 3 wird versucht, die jeweilige Struktur stichwortartig zu skizzieren.

Quadrat und Band sind Pole im gemeinsamen Bezugssystem von Rechtecken. Im 'typischen Rechteck' (s. M. Lohr, 125) sind demgegenüber die Gestaltqualitäten beider Formen in mehr oder weniger ausgeprägtem Maße vertreten. Eine Sonderstellung nimmt dabei offenbar das Rechteck ein, das wie in Abb. 14 nach dem 'Goldenen Schnitt' proportioniert ist, d. h., seine kurze Seite verhält sich zur langen wie die lange zur Summe beider Seiten (1:1,618...). Sie läßt sich strukturell dahingehend interpretieren, daß in diesem Fall die Gestaltqualitäten beider Extremformen in ein Spannungsgleichgewicht oder in einen ausgewogenen Wettstreit treten, was die vielzitierte ästhetische Eigenart dieser Proportion verständlich werden läßt (vgl. z. B. Fechner, 45, Arnheim, 3, Berlyne, 14. Der ungeklärte Streit darum, ob diese Proportion als 'besonders ästhetisch' gilt, ist unabhängig von ihrem gestaltlichen Sonderfall als weitgehend semantisches Problem anzusehen, s. S. 11 ff.).

Das von der Gestaltpsychologie aufgedeckte grundsätzliche Ver-

Tab. 3: Gestaltqualitäten und ihre jeweilige Struktur im Vergleich von
Quadrat und Band

	Quadrat	Band
Gestaltqualität:	„Stabile Geschlossenheit"	„Dynamische Gestrecktheit"
Struktur:	Radialsymmetrisches Spannungsgleichgewicht im Verhältnis gleichwertiger Ecken und Seiten, bezogen auf das virtuelle Zentrum	Verlaufsbetonte Wirkung durch die Kontinuität der paarigen Hauptkonturen, bezogen auf die virtuelle Längsachse
Gestaltqualität:	„Flächigkeit"	„Linearität"
Struktur:	Gleichgewicht im Verhältnis von vertikaler und horizontaler Erstreckung, Aufspannung eines Bezugsrahmens für homogene und allseitige Ausdehnung	Ungleichgewicht im Verhältnis von vertikaler und horizontaler Erstreckung, akzentuiert in der Dominanz der einen zu Lasten der anderen Dimension
Gestaltqualität:	„Orthogonalität"	„Ebenbreite"
Struktur:	Gleichwertige Betonung maximal unterschiedlicher Richtungen schafft spannungsvolles und zugleich stabiles Polaritätsverhältnis	Paralleler Verlauf der Hauptkonturen wird akzentuiert zu Lasten der Auffälligkeit der Parallelität der beiderseitigen Begrenzungen
Gestaltqualität:	„Eckigkeit"	„Glätte"
Struktur:	Eckenbetonung durch gleichlange Winkelschenkel, akzentuiert durch die Lage der Scheitelpunkte an den Orten größter Flächenausdehnung	Betonung von Kontinuität durch das Vorherrschen zweier Hauptkonturen, Umfunktionierung je zweier Ecken zu Enden des Bandes

hältnis von Gestalt und Struktur hat H. Sedlmayr (171) in seiner
'Strukturanalyse' auf die Kunstinterpretation angewandt (vgl. das
Beispiel eines Stilvergleichs bei Sander, 163). Interpretation bedeutet für ihn wie schon für C. Fiedler ein Wiedererschaffen des Werks,
nicht im Sinne eines Nachvollzugs des Schaffensprozesses, sondern

Abb. 14: Rechteck im 'Goldenen Schnitt'.

des Werks, sie bedeutet ein „Nachgestalten in der Anschauung" (171, S. 100). Es nimmt seinen Ausgang von der ganzheitlich-qualitativen Auffassung des als Individualität begriffenen Werks und geht über in die Strukturanalyse. Diese besteht darin, die Ordnungsprinzipien aufzudecken, die die gegliederte Einheitlichkeit des Werkes und den Integrationszusammenhang seiner Komponenten ausmachen. Als Ziel der Strukturanalyse begreift er, Wertheimer zitierend, „von wenigem Zentralem her möglichst vieles bestimmbar, begreifbar zu machen" (171, S. 103). Die aufgefundene Ordnung koexistiert mit dem „anschaulichen Charakter" des Werks, dem zentrale Bedeutung zukommt:

> „Das, was die Einheit des Kunstwerks stiftet, ist ein lebendiges Qualitatives, Ursprüngliches und Individuelles, das sich im ganzen Kunstwerk ebenso ausprägt, wie in jedem seiner ohnehin nur künstlich heraussonderbaren 'Elemente', 'Teile' oder 'Schichten'. Wir nennen es den 'anschaulichen Charakter' des Kunstwerks. In ihm kommen 'Form' und 'Inhalt' (Bedeutung) überein" (171, S. 105).

Der „anschauliche Charakter" macht sich nach Sedlmayr bereits in der undifferenzierten Anmutungsqualität bemerkbar, in der das Werk beim ersten Eindruck erscheint. Strukturanalyse bedeutet Klärung und Bewußtwerdung jenes Beziehungsgefüges, das für den vorgefundenen anschaulichen Charakter spezifisch ist.

Daß Sedlmayr der Gegenwartskunst größtenteils ablehnend gegenübersteht (169), ergibt sich nicht als zwangsläufige Konsequenz gestaltpsychologischer Werkbetrachtung. Es ist vielmehr die Folge eines dogmatischen Kunstverständnisses im Rahmen der von ihm vertretenen Weltanschauungen, die Folge einer Fehleinschätzung der Triftigkeit des Ersteindrucks sowie die Folge einer überzogenen Bedeutungserweiterung des 'anschaulichen Charakters', die Widersprüche auf keiner formalen und inhaltlichen Ebene zuläßt.

Der Gestaltbegriff, wie ihn v. Ehrenfels ursprünglich verstand und wie er in der Gestaltpsychologie im allgemeinen verstanden wird, nämlich als Ausdruck des ganzheitlichen Charakters einer transponierbaren Struktur, stellt nicht die Forderung nach Gleichklang der Teile. Widersprüche, Konflikte, Spannungen, Verzerrungen, Brüche, Verwerfungen, Inhomogenitäten und Heterogenitäten jeder Art, wie sie werkimmanent und im Verhältnis zwischen Werk und Realität in der Gegenwartskunst oft zu finden sind, stehen der Bildung von Gestalten nicht prinzipiell entgegen. Dies ist nur der Fall, wenn sie – etwa bei gestalterischem Unvermögen – als Fehler die intendierte Gestalt „verderben". Bei gekonntem und konsequentem Einsatz lassen sie die Bildung von Gestalten hoher Prägnanz zu. Ihre Charakteristik ist nicht die eines stationären Zustands, sondern die eines prozesualen Ereignisses. Hierin wird auf neuer Ebene immanente Stimmigkeit geschaffen.

Um ein Beispiel zu nennen: Die berühmten Frauenbilder von Willem de Kooning, die er in den 50er Jahren schuf, wirken unter der Forderung nach einem bestimmten Wirklichkeitsbezug lediglich als fratzenhafte Entstellung des Weiblichen. Sieht man von dieser Forderung ab, so zeigen die Bilder ihre Schlüssigkeit. Entstanden sind sie in heftig expressiver Malweise, die sich im Duktus vielfach überkreuzter und verwischter, kraftvoller Linien niederschlägt. Dieser Entstehungsweise entspricht die Wirkung der Bilder, s. das Beispiel Tafel 14. Das Bild in seiner Gesamtheit vermittelt den Ausdruck kaum zu bändigender Energie, und jeder einzelne Strich gibt sich als 'Streich' zu erkennen. Der spontanen Malweise wiederum entspricht, daß ein Gegenstandsbezug, zumeist ungeplant, erst während des Malvorgangs über die Rückwirkung der entstehenden Figuration hergestellt wird. Auch dieser Vorgang allmählicher Manifestation läßt sich betrachterseitig in der zunehmenden Organisation des scheinbaren Chaos nachvollziehen. Zugleich entspricht der Malweise die physiognomisch-gestisch harte Expressivität der so entwickelten Frauenfiguren. Man denke sich an ihre Stelle das milde Lächeln eines ebenmäßigen Gesichts gesetzt – die Gesamtwirkung wäre zunichte gemacht.

Mit diesem Beispiel deutet sich an, warum eine phänomenologische Interpretation, Gombrichs Hinweis entsprechend, der Orientierung am künstlerischen Kontext bedarf. Denn mit dem unvorbereiteten Ersteindruck fratzenhafter Entstellung ist für das Werkverständnis nichts gewonnen. Es gibt nicht nur *eine* Erscheinungsweise der Objekte, sondern *viele*. Darunter aber gibt es *die* Erscheinungsweise, die dem gesamten Sinnzusammenhang am besten entspricht. Sie gilt es zu finden und in ihrer inneren Struktur verständlich werden zu lassen. Hierzu im folgenden mehr.

b) Einzelwerk und Kontext

Jede Interpretation erfolgt ausgesprochen oder unausgesprochen unter Zugrundelegung eines Bezugsrahmens, innerhalb dessen das Werk gesehen und gewertet wird. Aufgrund der typischen 'Unscheinbarkeit der Bezugssysteme' (Metzger, 134) wird diese Art von Kontext allerdings nicht thematisch, solange nicht andere mit ihm konkurrieren. Ebendies geschieht aber in der Interpretationsdebatte besonders neuerer Zeit.

Die Strukturanalyse Sedlmayrs spannt einen als verbindlich verstandenen Kontext auf, innerhalb dessen das Einzelwerk als Individualität gewürdigt wird, sofern es sich in seinem Rahmen bewegt. Mit dem Kubismus, der die Kongruenz von Form und Inhalt aufzulösen und die Kunst aus dem Gegenstandsbezug zu befreien begann, setzte eine Entwicklung ein, die diesen Rahmen sprengt. Seither ist es notwendig, nicht nur die Individualität des Einzelwerks, sondern auch die Individualität der künstlerischen Konzeption zu erkennen, anzuerkennen und sie in der Interpretation als maßgeblichen ästhetischen Kontext zugrunde zu legen. Zwar hält Sedlmayr diejenige Interpretation für die richtige, die sich nach der jeweiligen Herkunft des Bildes richtet (171, S. 111 ff.), setzt aber implizit voraus, daß sich die Herkunft innerhalb des von ihm aufgestellten Kontextes lokalisieren läßt.

Verstehen eines Kunstwerks ist nach Kandinsky die „Heranbildung des Zuschauers auf den Standpunkt des Künstlers" (97, S. 26). Was bedeutet dies für eine psychologische Phänomenologie des Bildwerks? Es gilt, die Ganzbestimmtheit der Teile nicht nur innerhalb der Struktur des Einzelwerks, sondern zunächst im Verhältnis zwischen dem individuellen Kontext und dem Einzelwerk aufzusuchen. Erst von dort aus lassen sich die Aspekte gewinnen, unter denen das Einzelwerk als seinerseits gegliedertes Unterganzes zu betrachten ist. Die Werke eines Künstlers sind – im Sinne des Ehrenfelsschen Paradigmas – wie die Klänge eines Musikstücks, in das sich der Rezipient erst hineinhören muß, bevor ihm die Bedeutung der einzelnen Klänge klarwerden kann.

Einzelwerkbetrachtungen im Rahmen eines außerkonzeptuellen Kontextes können zwar in unterschiedlicher Weise dienlich sein (etwa zur Demonstration einschlägiger Wahrnehmungsgesetzlichkeiten, s. Metzger, 135, Schober u. Rentschler, 165), erschließen aber im allgemeinen nicht das Werk selbst. Eine adäquate Phänomenanalyse ist letztlich nur möglich, wenn sie im Zusammenhang mit einer Kontextanalyse geschieht, die sich die Explikation des künstlerischen Konzepts zum Ziel setzt. Diese erübrigt sich nicht mit der Übernahme der Kommentare, die manche Künstler zu ihren eigenen Arbeiten geben, und denen etwa Junker (96) in seiner Kritik der Strukturanalyse entscheidenden Orientierungswert beimißt. Der oft spärliche, gelegentlich irreführende und nur selten wie bei Kandinsky und Klee erhellende Selbstkommentar ersetzt keinesfalls die eingehende Beschäftigung mit dem künstlerischen Œuvre und dem vom Künstler realisierten Verfahren. Aus ihrer Gesamtheit und Entwicklung gehen indirekt die Konzeption und ihre Wandlungen oft verläßlicher hervor als aus 'Erklärungen', zu denen der Künstler immer wieder gedrängt wird. Diese spiegeln zwar subjektive Akzente des Künstlers, enthalten aber oft gerade das für den Künstler Charakteristische nicht, weil es ihm zu selbstverständlich ist, als daß er es noch auf anderem Wege als über seine bildnerische Arbeit mitteilen zu müssen meint. Die Bedeutung des Kontextes für das Werkverständnis sei an einem Beispiel erläutert.

Anläßlich einer Kunstausstellung in Recklinghausen 1982 hängt der Bildhauer Reiner Ruthenbeck ein etwa zwei Meter langes, zu einem Ring geschlossenes schwarzes Gummiseil über einen Nagel an die weiße Wand (›Hängender Kreis‹, s. Tafel 4). Eine sinnlose Plastik? Nur im falschen Kontext. Traditionelle Bildhauerei, die überwiegend in Materialien wie Stein oder Holz identifizierbare Themen wie die menschliche oder tierische Gestalt zum Gegenstand hatte, muß hier die sinngebende Funktion verfehlen, die ein Kontext für seine Inhalte besitzt, weil ihr diese Plastik nicht angehört. Sie markiert vielmehr einen Bereich, in den hinein die Grenzen der Bildhauerei zwischenzeitlich erweitert worden sind und ist zugleich Bestandteil eines spezifischen Teilbereichs, den der Künstler eröffnet hat. Betrachtet man frühere Arbeiten von Ruthenbeck in ganzheitlichem Zusammenhang, so differenzieren sich bei aller Verschiedenheit im einzelnen einige Hauptgruppen heraus. Zu einer von ihnen gehören die in Tafel 5–7 wiedergegebenen Objekte.

Tafel 5: Aus der Frühphase des Schaffens von Ruthenbeck (1967) stammen sechs auf dem Boden gruppierte Tropfenformen. Sie sind dadurch entstanden, daß der Künstler aufgeblasene Ballons aufgehängt und mit Papiermaché umkleidet hat, um die durch das

Eigengewicht von Kugel- in Tropfenform verwandelten Hüllen farbig zu gestalten.

Tafel 6 (1969): Ein ringförmig geschlossenes langes Tuch, das an der Wand aufgehängt zusammen mit einer eingelegten Metallplatte ein dreieckiges Prisma bildet.

Tafel 7 (1970): 600 Papierknäuel, die, teils geworfen, teils gelegt, in ihrer Gesamtheit die regelmäßige Gestalt eines Kegels bilden.

Bei allem Vorbehalt gegenüber begrifflicher Faßbarkeit der Komplexität eines künstlerischen Konzepts läßt sich folgender Akzent ausmachen: Es werden Situationen hergestellt, in denen aus dem Wechselspiel einfacher Naturkräfte klare Formen entstehen. Auf diese Weise gelangt für den Betrachter ein dynamisches Gleichgewicht zur Anschauung, nehmen unsichtbare Kräfte wie Gravitation und Elastizität im Material gemeinsame Form an. Dies ist keine Formgebung im traditionellen Sinn, wo der Bildhauer seine Kraft *gegen* den Widerstand von Stein und Holz setzte, um die Materialkräfte der eigenen Formvorstellung zu beugen, sondern es ist ein Arbeiten *mit* den Naturkräften, ein vom Künstler konzipiertes und initiiertes *Geschehenlassen von Form*.

Von hier aus gewinnt auch die Wahl des ungewöhnlichen, im falschen Kontext lediglich absonderlichen Materials seinen Sinn. Es sind Materialien, bei denen weder ihre eigenen noch die von außen wirkenden Kräfte dominieren, sondern bei denen eine gemeinsame Form zu bilden möglich wird.

Im Rahmen dieses Kontextes wird das Frühwerk (Tafel 5) als Vorform dadurch erkennbar, daß die Kräfte, die die Tropfen haben entstehen lassen, in der Art der räumlichen Präsentation noch nicht zur Anschauung gelangen. Die Tropfen sind lediglich Abbild und Produkt eines vergangenen Prozesses, während in den späteren Arbeiten der formgebende Prozeß permanent und in jeder Hinsicht wirklich geschieht. Der Ring zu Tafel 4 stellt sich nunmehr als eine der prägnantesten Realisationen dar. Schwarz auf Weiß verkörpert sich ein Gleichgewicht von Kräften, vereinen sich Darstellendes und Dargestelltes in der Geschlossenheit einer Ovalform. Durch seine Gestaltverwandtschaft mit allgemeinsten psychischen und organismischen homöostatischen Prozessen (Köhler, 114, v. Weizsäcker, 185, Bertalanffy, 16, Metzger, 134, Arnheim, 7, Kreitler u. Kreitler, 118) findet das erlebbar gemachte dynamische Gleichgewicht beim offen eingestellten Betrachter jene Art von Resonanz, die den ›Hängenden Kreis‹ zum Meditationsobjekt werden lassen kann.

Die mit dem Verhältnis Einzelwerk–Kontext angesprochene Problematik deckt sich zum Teil mit der der Bezugssystemforschung (s. Witte, 193). In Extrapolation ihrer Befunde auf den Komplex der Kunstpsychologie läßt sich anhand ihrer Terminologie der angesprochene Themenkreis so formulieren:

Entwicklung von Kunstverständnis bedeutet die ständige Erweiterung und Differenzierung eines übergreifenden Bezugssystems ('Kunst'), das zunehmend in Partialsysteme ('Œuvre') gegliedert und zunehmend strukturiert wird ('Kunstrichtungen'). Hierdurch wird im günstigen Fall zweierlei möglich: Beurteilung des Werkes innerhalb des jeweiligen Partialsystems ('Verstehen' des Werkes im Sinne des Künstlers) und Beurteilung des Werks im Gesamtsystem (Einschätzung der 'künstlerischen Bedeutung'). Die Entwicklung eines solchen Systems ist nur auf dem Wege eines steten Zuwachses an Erfahrung mit Bildwerken möglich, wobei bestimmte außergewöhnliche künstlerische Innovationsleistungen die Wirkung von 'Ankerreizen' erhalten können, d. h. als Strukturierungszentren fungieren. Auf diesem Wege erst kommt es – da Bezugssysteme nur funktional wirksam sind und nicht im Sinne bewußter Relationsbildungen – zu jener Absolutheit des Eindrucks und der schlafwandlerischen Sicherheit, mit der die Qualität eines Werkes durch den Kenner beurteilt wird. Kein Maßstab, kein 'Kriterium' kann die Bildung eines solchen Bezugssystems ersetzen.

c) Interne und externe Struktur

Der Vorwurf reiner 'Werkimmanenz', der gegen die Strukturanalyse erhoben worden ist, bezieht sich nicht nur auf die Unvollständigkeit des Kontextbezugs. Junker (96, vgl. v. Criegern, 29) verweist darauf, daß die Strukturanalyse nur den im Objekt selbst antreffbaren anschaulichen Bestand untersucht und damit bei Werken versagt, die wesentlich durch den Verweis auf außerhalb liegende Realitätsbereiche und Sinnschichten gekennzeichnet sind und daher eine 'werktranszendierende' Interpretation erfordern. Zweifellos sind Verfahren wie etwa die Ikonografie Erwin Panofskys (147), die sich die Analyse und Erklärung bildnerischer Motive zum Ziel setzt, je nach Objekt für ein umfassendes Werkverständnis unverzichtbar. Doch wird die phänomenologische Methode damit nicht entbehrlich, auch nicht dadurch, daß Junker sie durch eine „Diagnose der Wirkungen, der Bewußtseinsveränderungen beim

Kunstkonsumenten" ersetzen will (96, S. 249). Denn erstens läßt sich nicht zu jedem Werk eine psychologisch-soziologische Längsschnittstudie erstellen, die Mutmaßungen über potentielle Konsumentenwirkungen über das Niveau bloßer Spekulation heben könnte. Zweitens bliebe, selbst wenn es werkspezifische Betrachterwirkungen zu objektivieren gelänge, das Werk selbst weiterhin unerschlossen und in seinem Gehalt auf jenes Minimum reduziert, das die Schnittmenge mit dem Repertoire des ungeschulten Rezipienten bildet.

Vielmehr muß es darum gehen, die phänomenologische Methode überflüssiger Einschränkungen zu entledigen. Sedlmayr selbst wahrte den übergreifenden Charakter der Strukturanalyse insoweit, wie er eine Kongruenz zwischen der im Werk antreffbaren Form und der inhaltlichen, über das Werk hinausweisenden Bedeutung aufzeigen konnte (s. z. B. seine bekannte Interpretation des 'Blindensturzes' von P. Bruegel d. Ä., 170). Diese Kongruenz ist in zahlreichen Werken neuerer Zeit zugunsten einer Neufassung der Verhältnisse zwischen dem künstlerischen Produkt und außerhalb liegender Realitätsbereiche aufgegeben worden. Dazu gehört vor allem, daß die künstlerische Arbeit nicht allein in einer Abbildfunktion, in symbolischer, zeichenhafter oder allegorischer Hinsicht auf außerhalb seiner selbst liegende Wirklichkeiten *verweist,* sondern Teile oder Aspekte der Realität oft in sich *einbezieht.* Das einleitend skizzierte Beispiel der Spiegelpavillons von Dan Graham machte bereits deutlich, daß eine phänomenologische Methode nicht darauf verzichten kann, diesen Einbezug, soweit es ihre Mittel gestatten, zu berücksichtigen (s. S. 1f.). Das Kunstwerk besteht in diesem Fall nicht nur in der technischen Konstruktion des im Park plazierten Gegenstands, sondern in der durch das Objekt und mit dem Objekt geschaffenen Gesamtsituation, die zugleich Umraum und Betrachter einbezieht. Damit ist es terminologisch sinnvoll, zwischen dem *Kunst-Objekt,* als dem vom Künstler gewählten und gelegentlich nur geringfügig bearbeiteten Material, und dem *Kunst-Werk* zu unterscheiden, das die Gesamtheit der intentionsgemäß beteiligten Komponenten umschließt (vgl. W. Hofmann, 80, S. 500, dessen vorgeschlagener Terminus 'Kunstwirklichkeit' vielleicht besser als allgemeiner Oberbegriff für die Totalität dessen verwandt wird, wovon die jeweilige Einzelarbeit ihren spezifischen Aspekt eröffnet).

Bleibt man bei der Kennzeichnung des Kunstwerks als individueller Ganzheit, deren Struktur zu erforschen dem Begreifen der

Gesamtwirkung dienen soll, so liegt es nahe, zwischen interner und externer Struktur des Kunstwerks zu unterscheiden: Als *interne Struktur* läßt sich das Beziehungsgefüge der Teile und Eigenschaften des Kunstobjekts beschreiben, wie sie beispielsweise innerhalb eines Bildes oder einer Plastik aufzufinden sind. Die *externe Struktur* stellt demgegenüber das Beziehungsgefüge dar, das ggf. mittels des Kunstobjekts zwischen ihm selbst und außerhalb seiner selbst liegenden Realitätsbereichen anschaulich hergestellt wird. Interne und externe Struktur machen gemeinsam die Gesamtstruktur des Kunstwerks aus und können in unterschiedlicher Weise gegeneinander gewichtet sein. So stellt die gegenstandsfreie Malerei Kandinskys in ihrer bewußt herbeigeführten Autonomie der Bildwirklichkeit ein anschauliches Geschehen innerhalb der Fläche dar, Ereignisse zwischen Formen und Farben, deren Gesamtheit sich der internen Phänomenanalyse, sofern sie sich kontextbezogen verhält, vollständig darstellt. Im Gegensatz hierzu stehen Realisationen etwa der 'Land Art' und der 'Concept Art'. Das Objekt ist hierbei reduziert auf die Minimalform eines Hinweisschildes oder Etiketts, einer Spur oder eines flüchtigen Schriftzugs, deren scheinbare Trivialität den betonten Kontrast zur Ungewöhnlichkeit der Beziehungen darstellt, die das Objekt über sich hinaus stiftet.

Timm Ulrichs z. B. konfrontiert den Kunstkonsumenten mit Allerweltsschildern, deren Aufschrift die erlebte Situation schlagartig auf einen Einbezug des gesamten Planeten ausweitet (s. Tafel 15), mit einer Eindringlichkeit, in der sich der Ernst einer Einsicht mit der Würze des Witzes verbindet. Geläufiges, in eulenspiegelnder Konsequenz bis an seine Grenzen getrieben, erhält das Moment des Überraschenden, Verläßliches wird zum Verwirrenden und entwickelt sich so zum Gegenstand bewußter Auseinandersetzung.

Liegt das Schwergewicht auf der externen Struktur, so ist auch die Gesamtqualität des Werkes in der als spezifisch neu erfahrenen Qualität zu sehen, in der vermeintlich Bekanntes oder bis dahin nicht Bemerktes durch den wahrnehmungs- und vorstellungsmäßig gestifteten Zusammenhang erscheint. Die 'Mitte des Kunstwerks' liegt nicht mehr im Kunstobjekt, sondern im Ganzen des externen Beziehungskomplexes, für den das Objekt als Kristallisationskern fungiert.

Die Akzentverlagerung kann so weit gehen, daß das Objekt zum in letzter Konsequenz entbehrlichen Utensil einer künstlerischen Handlung wird, die sich der Intention nach über alle bestehenden

Grenzen hinwegsetzt. Markantester Vertreter dieses Ansatzes ist Joseph Beuys: „Beuys treibt die Entgrenzung bis in ein utopisches, die gesamte Gesellschaft einschließendes Beziehungsnetz, das er ‚soziale Plastik' nennt" (Hofmann, 80, S. 505/6). Das verbreitete Un- und Mißverständnis seiner Objekte läßt sich darauf zurückführen, daß die Suche nach interner Struktur enttäuscht wird, wo externe Struktur erfahren werden soll, deren Umfang zu erkennen wiederum der Kenntnis des Kontextes bedarf.

Ein Merkmal der externen Struktur ist das der relativen Offenheit (vgl. Eco, 34). Während die Erforschung der internen Struktur bei aller Verschiedenheit der Auffassungsmöglichkeiten in einem begrenzten Bestimmungsrahmen geschieht, ist die externe Struktur im Rahmen der im Prinzip unendlichen Vielfalt von Realität aufzusuchen. Dennoch ist sie nicht beliebig. Bei aller Freiheit der 'Assoziationen', besser: des wahrnehmungs- und vorstellungsmäßigen Einbezugs außerhalb des Objekts liegender Realitätsbereiche, gilt es, unter dem thematischen Akzent des Objekts eine sinnvolle Einheit zu bilden oder nachzubilden. Anstelle der Forderung nach dem Ziel der einzig richtigen Interpretation, der sich asymptotisch zu nähern Aufgabe des Interpreten sei, tritt oft die Forderung nach einer stimmigen Interpretation im mehr oder weniger weit gesteckten Rahmen dessen, was die künstlerische Konzeption zuläßt. Ihre Stimmigkeit beweist sich nicht zuletzt in der Prägnanz des gebildeten Vorstellungskomplexes und in dem Gewinn, der in der vollzogenen Einsicht in die strukturellen Zusammenhänge dieses Komplexes besteht.

Die oft vielschichtige Verflochtenheit von interner und externer Struktur sei an einem Beispiel aufgezeigt.

Zur Documenta 7 in Kassel war 1982 ein Schriftbild des New Yorkers Lawrence Weiner zu lesen, das das Gesims des klassizistischen Museum Fridericianum friesartig entlanglief:

VIELE FARBIGE DINGE NEBENEINANDER ANGEORDNET
BILDEN EINE REIHE VIELER FARBIGER DINGE
(Many Colored Objects Placed Side by Side
to Form a Row of Many Colored Objects)

Der erste Eindruck ist von der scheinbaren Sinnlosigkeit der Aussage geprägt, derer sich mancher Rezipient durch Kopfschütteln zu entledigen sucht. Bestenfalls, so in manchen Kommentaren, fungiert das Schriftbild als plakativer Ausdruck künstlerischen Autonomieanspruchs. Das feinmaschige Netz von Beziehungen, das der

Künstler in anderen seiner lettristischen Arbeiten herstellt, fordert den Betrachter jedoch auf, das bloße Dasein von Kunst (wie es in der konkreten Kunst akzentuiert wird) auf ihr Sosein zu befragen. Dabei ergeben sich mancherlei Entdeckungen.

Vordergründig stellt das Schriftbild eine farbenfroh präsentierte Tautologie dar. Doch die Identität von Satzanfang und -ende (in der amerikanischen Fassung noch vollständiger als in der deutschen) enthüllt sich als scheinbar, während sich tatsächlich zwischen beiden ein Wandel vollzieht. Zunächst sind VIELE FARBIGE DINGE voneinander unabhängige Einheiten. NEBENEINANDER ANGEORDNET jedoch, also im Gefolge eines aktiven Eingriffs, der die ursprünglich eigenständigen Einheiten einem Beziehungsgefüge unterordnet, sind sie etwas strukturiertes Neues. Sie BILDEN selbst dieses Neue, nachdem der Strukturierungsprozeß abgeschlossen ist. Das Neue ist EINE REIHE, eine in sich geschlossene Ganzheit, die zweifach charakterisiert ist: zum einen durch die Linearität ihrer Gesamtgestalt, zum anderen durch die Gesamtwirkung VIELER FARBIGER DINGE, die ihrerseits ihre jeweilige Eigenständigkeit zugunsten der Übernahme unterschiedlicher Rollen im neuen Ganzen aufgegeben haben. Aus unverbundenen Elementen sind aufeinander bezogene Teile geworden im Rahmen einer Ordnung, die als solche zuvor nicht bestand.

Einmal aus der Larve der Tautologie geschlüpft, entwickelt das Schriftbild die vielschichtigsten Beziehungen interner und externer Art, von denen nur einige angesprochen seien: Erstens macht es seine eigene Aussage anschaulich; intern fügen sich die farbigen Buchstaben zum Fries, wo die einzelne Buchstabenform im Gesamtmuster der Schrift aufgeht. Zweitens realisiert sich die Satzaussage in der beschriebenen Bedeutungsveränderung der eigenen Wörter. Drittens, nunmehr extern, verweist der Satz als Über-Schrift auf der Fassade des Hauptgebäudes der Documenta auf den Zusammenhang, der durch den Vorgang des Ausstellens zwischen den aus aller Welt versammelten Kunstobjekten hergestellt wird. Er verweist darauf, daß durch das Nebeneinander der Einzelexponate eine neue, wenn auch vorübergehende Ganzheit geschaffen wird, die als solche jedem ihrer Teile einen Akzent verleiht, der aus der Rolle und Position hervorgeht, die es im Ganzen einnimmt. In ihrer Verweisfunktion stellt sich die Arbeit von Weiner diesem Zusammenhang gegenüber, zugleich aber unterstellt sie sich ihm, indem sie selbst die Rolle eines der Exponate einnimmt.

Die Parallelität zum gestaltpsychologischen Fundamentalsatz, wonach das Ganze etwas anderes als die Summe seiner Teile ist, ist offensichtlich. Doch ist das Schriftbild Weiners keine Wiederholung oder Illustration dieses Satzes. Gerade auf dem Hintergrund der partiellen Äquivalenz hebt sich die Eigenart der künstlerischen gegenüber der wissenschaftlichen Aussage in aller Deutlichkeit ab:

Die wissenschaftliche Formulierung bringt den gemeinten Inhalt ohne Umschweife zum Ausdruck, beinhaltet die Behauptung einer Erkenntnis in knapper, Eindeutigkeit anstrebender Form. Die Fassung Weiners dagegen ist mehrdeutig, verrätselt, verbirgt sich hinter der Maske der Tautologie und bedarf der Wiederentdeckung durch den Rezipienten.

Die wissenschaftliche Formulierung enthält lediglich eine Behauptung, nicht aber ihren Beweis, den zu führen Christian von Ehrenfels 40 Seiten benötigte und immer noch Zweifel daran hegte, ob er hinreichend sei. Das Schriftbild von Weiner dagegen liefert selbst den Beweis zu der in ihm verborgenen Behauptung. Behauptung und Beweis sind hier zu untrennbarer Einheit verschmolzen. Dabei handelt es sich nicht um einen Beweis im formallogischen Sinne, sondern im Sinne einer unmittelbaren, wortwörtlichen Ein-Sicht durch den Betrachter. Weiner evoziert auf verblüffende Weise ein unzweifelhaftes Evidenzerlebnis, sinnliche Erkenntnis aus dem Anschein einer sinnlosen Aussage.

4. Gestaltqualitäten im Bildwerk

Aus einer phänomenologisch orientierten Psychologie gehen primär keine Kausalerklärungen hervor, sondern Öffnung, Differenzierung und Strukturierung des Vorfindbaren. Erst in zweiter Linie – sofern sie den Weg reiner Phänomenologie etwa in Richtung auf eine funktionale Betrachtungsweise verläßt – bietet sie Modelle für Funktionszusammenhänge an, etwa für den Wahrnehmungsprozeß. In dieser Gewichtung soll im weiteren der Allgemeinen Psychologie ein Begriffsinventar entnommen werden, das für die Kunstpsychologie zum Teil schon seit längerem dienlich scheint, und auf die Eigenart von Bildwerken angewandt werden. Dies geschieht unter dem Aspekt, daß psychologische Werkanalyse, gleich welcher Art, niemals den Anspruch vollständiger Interpretation erheben kann, zugleich aber in der Überzeugung, daß auf diesem Wege Mittel gewonnen werden, die den Weg zum Kunstwerk nicht verstellen, sondern ebnen helfen. Im folgenden seien zwei Schwerpunkte gesetzt, die zum einen qualitativ-strukturellen Verhältnissen innerhalb der Bildwirklichkeit gelten, zum anderen der Frage nach dem Verhältnis der Bildwirklichkeit zu anderen Ebenen erlebter Wirklichkeit.

„Immer neue große Künstler schaffen Werke von immer neuer Eigenart, mit immer neuen, bisher nie dagewesenen Gestaltqualitäten" (136, S. 305).

Hiermit bringt Metzger zum Ausdruck, daß ein Kunstwerk mit benennbaren Gestaltqualitäten niemals vollständig beschrieben werden kann, da es in seiner individuellen Einzigartigkeit jeweils eine Charakteristik besitzt, die sich nur in der direkten Begegnung erfahren läßt. Soll aber der Versuch gemacht werden, diese jeweilige Gesamtqualität in ihrer koexistierenden Struktur verständlich werden zu lassen, also in dem Beziehungsgefüge der Teile und Teileigenschaften, so ist ein Begriffsinventar vonnöten, das die strukturellen Aspekte zu erfassen gestattet.

Seit Chr. v. Ehrenfels ist die Fülle der Gestaltqualitäten unterschiedlich weit beschrieben und differenziert worden. Am weitesten faßte sie Ehrenfels selbst, der mit ihnen die Geschlossenheit jedes komplexen Zusammenhangs vom Klangakkord bis hin zu Berufsgattungen und staatlichen Institutionen bezeichnete (184), während z. B. Arnheim dazu tendiert, sie nur auf Gestaltetes im engeren Sinne anzuwenden (5, s. auch die Einschränkungen bei Rausch, 155). Eine der bekanntesten Einteilungen ist die von W. Metzger (134). Er unterscheidet 1. Struktur- oder Gefügequalität („Tektonik"), worunter er alle Eigenschaften räumlicher oder zeitlicher Anordnung zählt, 2. Ganzqualitäten, mit denen er stoffliche Materialqualitäten bezeichnet und 3. Wesenseigenschaften, zu denen er bes. Ausdruckseigenschaften und Anmutungsweisen rechnet. Die nächsten Abschnitte nehmen auf diese Differenzierung Bezug, vermeiden aber die eingeschränkte Auffassung des Struktur- und Ganzheitsbegriffs sowie die mißverständliche Verwendung des Wesensbegriffs (inwieweit Gestaltqualitäten 'Wesentliches' explizieren, wird im Zusammenhang mit der Wirklichkeitsproblematik erörtert).

a) Anmutungsqualitäten

Der erste Eindruck eines Bildwerks ist durch seine Anmutungsweise gekennzeichnet, d. h. durch die Art, wie es den Betrachter anspricht. Einige Interpreten, z. B. E. Staiger (175), messen diesem persönlichen Betroffensein größte Bedeutung bei, weil es noch vor jeglichem Erkennen und Verstehen den Zugang zum Werk vorentscheidet. Vor jeder rationalen Durchdringung beweist sich die Komplexität nichtbewußter Kognitionsprozesse in der umfassenden Vorverarbeitung allgemeiner Eigenschaften des Objektganzen in bezug auf den jeweiligen Erfahrungshintergrund und die jeweilige Einstellung. Daß sich, wie manche Interpreten meinen, schon im Ersteindruck das 'Wesentliche' des Kunstwerks zeigt, kann nur für den vorbereiteten Kenner angenommen werden. Auf jeden Fall hängt die Anmutungsweise stark von betrachterseitigen Faktoren ab; sie ist die Gestaltqualität des Komplexes, der für den jeweiligen Betrachter in der erlebten Beziehung zwischen dem Gesamtausdruck des Bildwerks und der eigenen Disposition besteht.

Auf den ersten Blick wirkt ein Bildwerk anziehend oder abstoßend, ansprechend oder nichtssagend, erregend oder beruhigend, interessant oder langweilig, bedrückend oder erheiternd, beklemmend oder befreiend. Es bereitet Ärger oder Freude, schafft Unbehagen oder findet Resonanz. Es wirkt fesselnd, aufrüttelnd, erschütternd, erschreckend, verwirrend, quälend, beängstigend, überraschend oder schockierend. Damit zeigt sich ein Spektrum von Anmutungsqualitäten, in dem auch der vieldiskutierte Eindruck des Wohlgefälligen oder Mißfälligen seinen Ort hat, aber nur einen neben vielerlei anderen, denen nicht mindere, sondern oft größere Bedeutung zukommt. Bilder wie die von Max Beckmann oder Otto Dix beweisen, daß viele Werke auf dieser Dimension überhaupt nicht adäquat erfaßt werden können.

Gelegentlich haben Anmutungsweisen die Eigenart intermodaler Qualitäten, d. h. hier solcher, in denen sich der visuelle Eindruck mit Qualitäten anderer Sinnesgebiete verbindet. Ein Bildwerk kann kalt, warm oder kühl wirken, es kann angenehm, unangenehm oder eigenartig 'berühren'. Mit Geschmacksbezeichnungen wie fade oder süßlich werden dagegen oft Objekte aus dem Bereich des Künstlerischen ausgegrenzt, und die dem Kulinarischen entstammende Dimension geschmackvoll–geschmacklos, auf der sich mancher Ersteindruck vollzieht, ist als Ganzes auf Kunstwerke nicht anwendbar, weil mit ihrem Dekorationsbezug das Kunstwerk einem Kontext unterworfen wird, der seinem Autonomiecharakter widerspricht.

Die Anmutungsweise hat stets zugleich einen mehr oder minder starken 'Aufforderungscharakter', mit der das passive Betroffensein in aktive Explorationstätigkeit, geistige Auseinandersetzung und Stellungnahme übergeleitet wird.

Seitens des Bildwerks werden Anmutungsqualitäten besonders durch Ausdrucksqualitäten bestimmt, die ihrerseits von dynamischen Qualitäten getragen werden. Diese Zusammenhänge gestatten es, die strukturellen Grundlagen von Anmutungsqualitäten phänomenologisch insoweit zu untersuchen, als betrachterseitig eine Disposition vorausgesetzt werden kann, die nach Bereitschaft und Fähigkeit auf den Kontext des Werkes eingestellt ist. Ein Beispiel:

Von zahlreichen Interpreten ist das 'Erschreckende' und 'Aufrüttelnde' von ›Guernica‹ zum Ausdruck gebracht worden, einem acht Meter breiten Gemälde, das Picasso als seine Antwort auf die Bombardierung des baskischen Städtchens Guernica im Jahre 1937 malte (s. Tafel 11). Manche Interpreten haben diese Wirkung mit dem Aufweis einer symbolischen Bedeutung der einzelnen Bildinhalte in Beziehung zu bringen versucht, die nach Picassos eigenen Aussagen jedoch nicht beabsichtigt war. Entscheidend für den Gesamteindruck ist das ausdrucksmäßige, dynamische, formale und farbliche Beziehungsgefüge innerhalb des Bildganzen in Verbindung mit der Einstellung des Betrachters zum Anlaß des Werks. So schreibt etwa Curt Seckel:

„Der erste Eindruck des Bildes ist chaotisch und erschreckend. Weiße, schwarze und graue Flächenstücke wirbeln durcheinander. Kulissenfragmente von Dach, Wand und Haus sind wie Spielkarten zusammengefügt, Innen- und Außenraum in verwirrender Verquickung. Pfosten, Fenster, Kurven und Linien in unübersichtlichem Durcheinander. Keine Figur in richtiger Anatomie und gleicher Größenordnung. Abgerissene Gliedmaßen ohne Leib, helle Spitzen als Flammen, Lichter, die schwarze Schatten ausstrahlen. Alles schlägt gegeneinander in harter, quälender Eindringlichkeit. Hat sich der Blick daran gewöhnt, treten wie auf ein Stichwort Figuren hervor. Das Chaos entwirrt sich. Jedes Ding tritt an seine Stelle. Das verworrene Durcheinander fügt sich zu Beziehungen, die erkennbar werden . . ." (168, S. 248).

b) Ausdrucksqualitäten

Ausdruck bezeichnet die Art und Weise, in der ein Ganzes als lebendig in Erscheinung tritt. Wie H. Werner (188) zeigen konnte, gehören Ausdrucksqualitäten zu den elementarsten und ursprünglichsten Eigenarten des Wahrgenommenen überhaupt. Sie sind daher bei Kindern und Naturvölkern besonders ausgeprägt, denen jeder Gegenstand der Natur als lebendig oder beseelt erscheint, Bäume, Berge und Flüsse nicht weniger als Menschen und Tiere.

Obwohl unsere Erziehung mit einer steten Einengung dessen, was lebendig genannt wird, verbunden ist, und obwohl damit die

Bereitschaft und Fähigkeit, physiognomische Qualitäten außerhalb des mitmenschlichen Bereichs wahrzunehmen, verkümmern läßt, machen sich auch beim Erwachsenen gelegentlich archaische Erlebnisweisen geltend: in der Macht eines Gewitters, in der Erhabenheit des Gebirges, in der Heiterkeit einer Landschaft. Während aber für den auf seine Aufgeklärtheit stolzen Erwachsenen die drohende Gewitterwolke 'eigentlich' gar nicht droht und er die letzten Spuren von Bangigkeit mit dem Aufwand seiner meteorologischen Kenntnisse wegzurationalisieren sucht, sind für manchen Künstler gerade diese 'uneigentlichen' Qualitäten seiner Umwelt die eigentlichen, denen er seine besondere Aufmerksamkeit widmet. Er spürt sie auch in Situationen auf, deren Ausdrucks- und Stimmungsgehalt kaum sonst jemand bemerkt, und findet Wege, diesen Qualitätsaspekt erlebter Wirklichkeit ins Werk zu setzen.

Wenn der Künstler etwas 'zum Ausdruck bringt', so in dreifacher Hinsicht. Erstens, indem er selbst als Person sich äußert, wie es vergleichsweise in der Handschrift geschieht, zweitens, indem er Seiten der Wirklichkeit zur Sprache kommen läßt, die bis dahin nicht vernommen wurden, und drittens, indem er mit dem Werk etwas Neues schafft, das seinerseits nicht nur Überträger fremden, sondern Träger eigenen Ausdrucks ist. Für Emile Zola ist ein Kunstwerk „eine Persönlichkeit, ein Charakter" (zit. n. Gombrich, 57, S. 107). Und Wladimir Weidlé (183) entwirft im Anschluß an die Gestaltpsychologie eine 'Biologie der Kunst', nicht um damit, wie D. Morris mit seinem Buch gleichen Titels, entwicklungsgeschichtliche Quellen des Gestaltungsprozesses aufzuzeigen, sondern um das Kunstwerk selbst als lebendigen Organismus deutlich werden zu lassen. Diese personalisierte Lebendigkeit klingt etwas kühn, wenn sie ontologisch verstanden wird, meint phänomenologisch aber letztlich das gleiche wie den Gesamtausdruck von Kunstwerken, da Ausdruck stets die Erscheinung von Lebendigem ist.

Um dieser Seite phänomenaler Wirklichkeit nachspüren zu können, muß der Betrachter nicht notwendig den Animismusglauben alter Kulturen annehmen, wie er z. B. in den Bildern und Plastiken von Ernst Fuchs heraufbeschworen wird. Es geht für den Betrachter vielmehr darum, der *Vielschichtigkeit* der phänomenalen Wirklichkeit volle Geltung zukommen zu lassen, innerhalb derer sich die Bedeutung der Inhalte nicht aus dem Kriterium der objektiven Meßbarkeit ergibt, sondern aus dem Wirkungsreichtum für den Menschen. Diese Vielschichtigkeit zu akzeptieren, heißt nicht Rationalität zu verleugnen, sondern ein höheres Rationalitätsniveau zu gewinnen. Daraus geht zugleich hervor, daß der Betrachter sich nicht in der physiognomischen Wirkung von Bildwerken verlieren darf. „Einerseits der Wert und andererseits die Fehlbarkeit physiognomischer Intuitionen" (Gombrich, 56, S. 86) bestehen darin, daß die Wahrnehmung von Ausdrucksqualitäten einen ersten vorläufigen Zugang zum Werk bedeuten kann, dessen Ergebnis nach Art einer Ausgangshypothese aber der kognitiven Überprüfung bedarf.

Die Lebendigkeit von Kunstwerken schöpfte vormals vor allem aus der *Darstellung* von Lebendigem. Daß demgegenüber Kunstwerke *selbst* lebendig wirken, konnte sich in aller Klarheit erst mit Aufkommen der gegenstandsfreien Kunst beweisen. Daher die Berechtigung, mit der Kandinsky 1935 schrieb: „Die Kunst von heute ist lebendiger denn je" (99, S. 152). Für ihn waren Farben und Formen lebendige Wesen, deren Ausdruck er auf seine Bilder übertrug.

Kandinsky hat – hier zeigt sich wohl der ehemalige Wissenschaftler – z. T. äußerst systematisch Ausdrucksstudien betrieben, die der spezifischen Wirkung von Grundfarben und Elementarformen wie Winkel, Dreieck, Quadrat und Kreis galten. Mit seinen Analysen auf Qualitäten hin wie 'ernst', 'heiter', 'aktiv', 'passiv' durchforschte er den Hintergrund seiner eigenen rational durchgearbeiteten Kompositionen und 'Improvisationen'. Diese sind teils konflikthaltig und voller bewußt gesetzter Widersprüche (s. Tafel 8), teils realisieren sie farblich wie formal eindeutig und einseitig eine bestimmte Ausdrucksrichtung wie etwa sein ›Himmelblau‹ von 1940.

Daß auch dort, wo Ausdruck unter erkennbarem Bezug auf das menschliche Gesicht zur Darstellung kommt, dieser nicht aus bloßer Verwendung vertrauter physiognomischer Charakteristika entsteht, zeigt sich z. B. an Picassos Gemälde ›Weinende Frau‹ von 1937 (s. Tafel 12). Die Abweichungen vom gewohnten Gesichtsschema sind dergestalt, daß sie den thematisierten Ausdruck schärfer treffen als eine bloße Abbildung. Die auch für andere Werke Picassos charakteristische heterogene Perspektivität fungiert im vorliegenden Bildzusammenhang als Träger von Verwirrung und Unstetheit. Die Physiognomie ist hier nicht nur in formalem, sondern auch in ausdrucksmäßigem Sinne 'aufgelöst'. Der Blick der Augen ist richtungslos, die Hände und Tuch andeutenden Formen sind vieldeutig verschachtelt und vermitteln den Eindruck fahriger Nestelei. Der Eindruck des Unsteten verschärft sich durch den abrupten Richtungswechsel der Linienverläufe im Bereich des Bildinnern, gesteigert durch den Kontrast zur weichen Verlaufsform des Haares und zur orthogonalen Tektonik des Bildhintergrunds. In der Farbgebung des Gesichts herrscht gebrochenes Grün vor, das als qualvoll wirkende Hautfarbe die formdynamische Wirkung unterstreicht und in Kontrast zur grellroten Farbe der Kopfbedeckung tritt, deren geblümte Fröhlichkeit als geradezu höhnischer Gegensatz den Gesichtsausdruck selbst akzentuiert. Die Gegensätze innerhalb des Bildganzen bringen neben der eindeutigen emotionalen Gerichtetheit das Moment des Konfliktes, der Isolation und Enttäuschung ein, so daß sich ein Gesamtausdruck ergibt, der in seiner Komplexität weit über den Titel des Bildes hinausweist.

Das Bild läßt zudem deutlich werden, in welchem Verhältnis Ausdrucksqualitäten eines Bildes zu dessen Anmutungsqualitäten stehen können. Der Bildausdruck ist der verwirrter Verzweiflung und Enttäuschung, die Anmutungsqualität läßt sich als erschreckend, bestürzend oder auch mitleiderregend beschreiben. Die Anmutungsweise ist also nicht mit dem wahrgenommenen Gesamtausdruck identisch, sondern beschreibt dessen Wirkung auf den Betrachter entsprechend dessen Bereitschaft. Je nach Objekt und Einstellung können beide gleichgerichtet sein, z. B. in den korrespondierenden Qualitäten erregt–erregend, ruhig–beruhigend, trostlos–bedrückend. Sie können sich aber auch komplementär verhalten. So kann Aggressivität lähmend wirken, Brutalität erschreckend, Aufdringlichkeit abstoßend, Agonie aufrüttelnd.

Die Tatsache, daß gleiche Ausdrucksqualitäten in unterschiedlicher Weise anmuten können, weist im übrigen darauf hin, daß eine der ältesten Theorien des Kunstverständnisses, die nach wie vor weit verbreitete Empathietheorie von Th. Lipps (124) nicht haltbar ist. Ausdruckswahrnehmung geschieht nach Lipps durch 'Einfühlung' (später ins Amerikanische mit 'empathy' übersetzt). Damit ist gemeint, daß der Betrachter dargestellte Bewegung, Haltung oder Ausrichtung belebter wie unbelebter Objekte körperlich nachvollzieht oder zumindest den Nachvollzug intendiert, daß dieser Nachvollzug Gefühle erweckt, die bei früherer Gelegenheit mit dieser Bewegung verbunden waren und nunmehr mit dem wahrgenommenen Objekt verknüpft werden. Tatsächlich haben sich Nachbewegungen bei der Kunstbetrachtung als häufige Erscheinung nachweisen lassen (s. Kreitler u. Kreitler, 118, S. 261), doch wird hierdurch nicht das Zustandekommen des gefühlsmäßigen Eindrucks *durch* die Bewegung bewiesen, sondern der Aufforderungscharakter *zur* Bewegung, der von der Wahrnehmung von Ausdruck und

Dynamik ausgeht, wenn sie eindeutig gerichtet sind. Sobald der Ausdrucksgehalt die Komplexität und den Konfliktreichtum erreicht, die ein Bild (s. z. B. Kandinsky, Tafel 8), ein Musikstück, Film oder Schauspiel im allgemeinen enthält, bleiben allein schon die Möglichkeiten zur jeweiligen Nachbewegung weit unter dem Maß der tatsächlich wahrgenommenen Vielfalt. Ausdruck wird nicht als 'Projektion' eigener gegenwärtiger oder vergegenwärtigter Befindlichkeit in das gesehene Objekt erlebt, sondern erscheint ebenso unmittelbar als Eigenschaft des gesehenen Objekts wie Form oder Farbe (vgl. Werner, 188, Klages, 110, Metzger, 134, Arnheim, 6, 7). Ob diese Wahrnehmung dem Gegenstand adäquat ist, z. B. der Intention des Künstlers entspricht, ist eine ganz andere Frage, deren Beantwortung u. a. die Phänomenanalyse der mit der physiognomischen Wirkung koexistierenden Struktur in ihrer Beziehung zum künstlerischen Kontext voraussetzt. Welche strukturellen Grundlagen Ausdruckseigenschaften haben, wird im Zusammenhang mit dem Problem der Darstellbarkeit psychischer Wirklichkeit erörtert (s. S. 144 ff.).

c) Formdynamische Qualitäten

Innerhalb von Kunstwissenschaft und phänomenologisch orientierter Psychologie ist vielfach darauf hingewiesen worden, daß Lebendigkeit und Ausdruck von Kunstwerken aufs engste mit anschaulicher Bewegtheit kovariieren (s. z. B. Arnheim, 6, 7, Weidlé, 184). Unstimmigkeit besteht aber darin, wie dieses Bewegungsmoment zu definieren sei, da sich doch – abgesehen von kinetischen Werken wie bei Jean Tinguely oder Alexander Calder – das Objekt tatsächlich nicht bewegt.

Verbreitet, aber falsch ist die Auffassung, die Bewegtheit einer Figur wie etwa des Pferdes in Kandinskys Bild ›Lyrisches‹ von 1911 (Tafel 10) beruhe auf einer Täuschung. Denn trotz der Eindrücklichkeit des Galoppierens unterliegt der Betrachter keinesfalls der Illusion einer Ortsveränderung. Als ebenso unzutreffend hat sich die alte und immer noch populäre Ansicht erwiesen, die Bewegtheit beruhe auf der Assoziation mit der Erfahrung wirklicher Bewegung. Wie Arnheim (7, S. 425) betont, kommen in den wechselnden Körperhaltungen eines galoppierenden Pferdes gestreckte Positionen wie in Kandinskys Bild tatsächlich gar nicht vor; andererseits vermitteln Photos von Bewegungsvorgängen wie etwa aus dem

Sport oft den Eindruck eigentümlicher Starre, obwohl wir genau wissen, daß sie einen bewegungsintensiven Vorgang abbilden.

Die Rolle der Erfahrung ist für die Wahrnehmung bildhafter Bewegtheit von ganz anderer Art. Sie liefert bei bekannten Gegenständen das jeweilige *Bezugsschema* einer Normal- oder Grundstellung, auf das bezogen die aktuell gesehene Form als Abweichung wahrgenommen wird, ohne daß diese Beziehung als bewußter Vergleich hergestellt werden müßte. Was bewußt erlebt wird, ist nicht das funktional wirksame Bezugsobjekt, sondern nur das davon abweichende Wahrnehmungsobjekt mitsamt der anschaulichen Dynamik, die sich mit Art und Ausmaß der Abweichung verbindet (vgl. Petermann, 150, Arnheim, 7, Weber, 181).

Weber führt als Beispiel die Form 'vom Wind gebeugter' Bäume an, wie sie etwa in Küstennähe oft zu finden sind, deren Dynamik durch den Bezug auf das Schema des aufrecht stehenden Baumes erklärbar wird. Bemerkenswert ist, daß der anschauliche Eindruck der Veränderung, des Gebeugten oder Verzerrten auch bestehen bleibt, wenn man weiß, daß diese Wuchsform nicht durch Verformung einer ursprünglich aufrecht-symmetrischen Gestalt zustande gekommen ist, sondern dadurch, daß das Wachstum des Baumes hauptsächlich auf der vom erodierenden Sand- und Salzgebläse des Seewindes abgewandten Seite erfolgt. Die anschauliche Dynamik behauptet sich bei aufgeschlossener Einstellung des Betrachters unangefochten neben dem 'Wissen um die Verhältnisse'. Ohne diese Grundvoraussetzung bliebe jedes Kunstwerk starr und leblos.

Innerhalb der Gestaltpsychologie ist oft die Auffassung vertreten worden, daß sich figurale Dynamik aus der Tendenz der jeweils gesehenen Form *hin zu* einem Zustand größtmöglicher Ordnung verstehen läßt. Diese Annahme wurde nahegelegt etwa durch die Beobachtung, daß unter ungünstigen Beobachtungsbedingungen (Kurzzeitigkeit der Beobachtung, Verdeckung, Unschärfe, Kleinheit, Kontrastschwäche) der Wahrnehmungsgegenstand in subspezifischen Eigenschaften gesehen wird, und durch die Beobachtung, daß bei unterschiedlichen Organisationsmöglichkeiten des Reizmaterials sich in erster Linie die einfachsten Strukturierungen durchsetzen. Anschauliche Dynamik wird hiernach verstanden als die Tendenz des Wahrgenommenen hin zu einem Zustand verminderter Spannung, wie er etwa in einfachen Formen wie Kreis, Quadrat und gleichseitigem Dreieck, in der geraden Linie oder im rechten Winkel, darüber hinaus in jeder stabil geordneten Gestalt ('guten Gestalt') zu finden ist.

Möglichkeiten und Grenzen einer solcher Auffassung werden bei F. Sander sichtbar, der sie 1931 auf die vergleichende Interpretation von Barock und Renaissance durch H. Wölfflin anwandte. Die von Wölfflin herausgearbeitete Dynamik barocker Formgebung gegenüber der ruhigen Ausgewogenheit in der Renaissance setzt er in unmittelbaren Bezug zum Phänomen der spannungsreichen Vorgestalt gegenüber der ausgewogenen Endgestalt im aktualgenetischen Prozeß der Wahrnehmungsorganisation: „Barocke Kunst bleibt einen Schritt von letzter Endgestalt entfernt, läßt den Erlebenden eintauchen in den schöpferischen Prozeß des Gestaltwerdens, in dessen spannungsreicher Bewegtheit auch die Gebilde aus festem Gestein saftig und weich, unruhig, lebendig und bewegt erlebt werden. Barocke Formgebung setzt die Renaissance voraus, die optimale Gestaltetheit muß einmal erreicht worden sein, die strukturellen Gerichtetheiten müssen sich erst einmal in bleibenden Werken durchgesetzt haben, ehe der Akzent von der optimalen Endgestalt auf die Bewegung zu ihr hin verlegt werden kann" (163, S. 401).

Barocke Dynamik entlehnt ihre Dynamik nach dieser Auffassung der Tendenz von Abweichungen hin *zu* ihrer (optimalen) Ausgangsform. Barockform ist hiernach also, pointiert ausgedrückt, eine nachträgliche Vorgestalt der Renaissanceform; ein aparter Gedanke. Er ist aber unhaltbar allein schon deshalb, weil die Abweichungen der Barockformen von den Renaissanceformen offensichtlich das Maß übersteigen, bis zu dessen Grenze ein gestaltliches Derivat die Tendenz zur Ursprungsform behält. Solange man mit Sander klassischer Kunstauffassung folgt, nach der es letztlich nur eine optimale Gestaltung gibt, die zu finden und zu realisieren Aufgabe des Künstlers sei, ist eine Parallelisierung mit der 'natürlichen' Tendenz zu einfacher Ordnung möglich. Sobald man aber Kunst als permanent schöpferische Entfaltung in Richtung auf divergierende, unvorhersehbare Vielfalt begreift, zeigt diese Parallelisierung grundsätzliche Schwächen. Kritik aus Reihen der Kunstpsychologie gegen die Gestaltpsychologie gilt nicht zuletzt diesem Mangel (s. Sprinkart, 174). Dabei wird jedoch übersehen, daß ihn die Gestaltpsychologie bereits selbst behoben hat.

Denn eine andere Situation entsteht, wenn man anschauliche Dynamik nicht nur in Tendenzen *ebenmerklicher* Abweichungen zur einfachen oder ausgezeichneten Form *hin* begreift, sondern vor allem auch in Tendenzen *stärkerer* Abweichungen von ihr *fort*, wie bei Arnheim (7) und Weber (181). In solchen Abweichungen können neue, von alter, bekannter, einfacher Ordnung getrennte und zunehmend sich verselbständigende Bereiche gebildet werden, die ihrerseits „Prägnanz" gewinnen (Rausch, 154, 155, Metzger, 134, 135, Witte, 193).

Eine der wichtigsten Konsequenzen für den vorliegenden Zusammenhang ist die, daß die jeweiligen Bezugsschemata für aktuell wahrgenommene Formen sich nicht auf wenige Grundformen (letztlich auf Kreis und Kugel) beschränken und ein für allemal festgelegt sind. Vielmehr können sie darüber hinaus im Sinne neuer Bereichsbildungen oder Anschauungsbegriffe erworben und weiterentwickelt werden. Unter verwandtem Aspekt, wenn auch mit teleologischer Akzentuierung, beschreibt H. Weigert „das Kunstwerk als zeugende Gestalt" am Beispiel stilgeschichtlicher Evolutionsprozesse (in 184, S. 352 ff.).

Barocke Dynamik ist in ihrer Richtung hiernach nicht in der Tendenz zur ausgewogenen Formgebung der Renaissance hin, sondern primär als Ausbruch *aus ihr heraus* zu verstehen, als ein Entfalten, Werden und Wachsen, das seinerseits sekundär einen neuen Prägnanzbereich eröffnet. Allgemein besagt die Hypothese: Jeder Stil, einmal als Anschauungsbegriff oder Schema etabliert, kann nicht nur das Ausgangsniveau für neue Formgebung bilden, sondern ihr zugleich in der Rolle als funktional wirksames Bezugsschema die Richtung ihrer anschaulichen Dynamik verleihen, und zwar im Sinne einer Fort-Bewegung. Damit vermag man die Dynamik eines Stiles nur dann 'richtig' im Sinne der Entstehung zu erfahren, wenn man sich mit dem jeweiligen künstlerischen Vorfeld vertraut gemacht hat.

Neben dem immanenten Bezug auf erworbene bzw. autochthon bestehende 'Grundgestalten' lassen sich Bedingungen für das Zustandekommen anschaulicher Dynamik ausmachen, die allein im internen Aufbau des Bildwerks liegen.

Das ›Aushängeschild für eine Möwenschule‹ von Max Ernst (1958, s. Tafel 18) vermittelt den Eindruck einer den ganzen Bildraum erfüllenden rauschend-flatternden Bewegung, die insgesamt nach links oben zieht. Bei phänomenanalytischer Betrachtung zeigt sich eine nahezu flächendeckende Ansammlung von Dreiecken und dreiecksnahen Formen, deren spitzester Winkel in je verschiedene Richtung innerhalb einer begrenzten Richtungsgesamtheit weist. Die Dynamik des Bildes besteht zum einen in der individuellen Abweichung der Einzelrichtung von der mittleren Gesamtrichtung, deren Wechsel von Form zu Form den Eindruck des 'Flatterns' vermittelt; sie besteht zum anderen in der diagonalen Gesamttendenz, die gleicherweise von der vertikalen wie der horizontalen Bezugsrichtung des Bildrahmens abweicht. Vergleichbare Verhältnisse liegen überall vor, wo mit formverwandten Elementen seriell gearbeitet wird. Zahlreiche Beispiele finden sich etwa bei Weber (181).

Die allgemeinste Form aber, in der anschauliche Bewegtheit an Bildwerken in Erscheinung tritt, ist der Verlauf von Linien und Konturen.

Arnheim (7) meidet den Terminus 'Bewegung' bei Bildern und Plastiken grundsätzlich (wenn auch nicht konsequent) und schließt sich mit der Subsumierung der entsprechenden Phänomene unter den Begriff 'Dynamik' Kandinsky an, der nur von „Spannungen" spricht (98). Doch das Argument, daß sich im Bild tatsächlich nichts bewege, ist nur scheinbar objektiv, denn ebensowenig sind tatsächlich die Kräfte zu objektivieren, die mit den Begriffen Dynamik und Spannung angesprochen werden. Zudem sind anschauliche Kräfte wohl eher als Bedingung für das Phänomen als das Phänomen selbst anzusehen, das sich in Figurationen wie in Abb. 1 zeigt: Eine lineare Form schlängelt sich schräg über die Fläche, anfangs weit ausladend und in den Kurven verdickt, nach unten zu in engeren Bögen und in geringeren Breitenschwankungen auslaufend. Man mag einwenden, die Beschreibung rekonstruiere den Malvorgang, doch wird der Einwand nicht der Unmittelbarkeit, in der der Verlauf tatsächlich *gesehen* wird, gerecht. Er wird auch gesehen in einem hingeworfenen Seil, das sich über den Boden 'windet', in einer Straße, die sich durch Hügel 'schlängelt', der Kontur eines Bergrückens, die in Wellen 'verläuft', einem Fahnenmast, der sich nach oben 'erstreckt', einem Hang, der steil 'abfällt', einem Regenbogen, der sich über den Himmel 'zieht'.

Alle diese Beschreibungen gelten der *Verlaufsgestalt* einer Form. Diese ist neben der *Simultangestalt* eine der beiden Erscheinungsformen, in der prinzipiell jede Linie und jede Kontur gesehen werden kann. Besonders deutlich wird dies am Beispiel des Kreises (Abb. 15).

In seiner Verlaufsgestalt figuriert nur die Linie und bildet ein zirkuläres 'Fließgleichgewicht'; in seiner Simultangestalt figuriert die gesamte Kreisscheibe, die in radialem Spannungsgleichgewicht steht. Im einen Fall 'verläuft' die Linie, im anderen Fall 'begrenzt' sie. Weder die eine noch die andere Erscheinungsform ist per se die 'eigentlich richtige', sondern beide sind als Phänomene von gleicher Wirklichkeit.

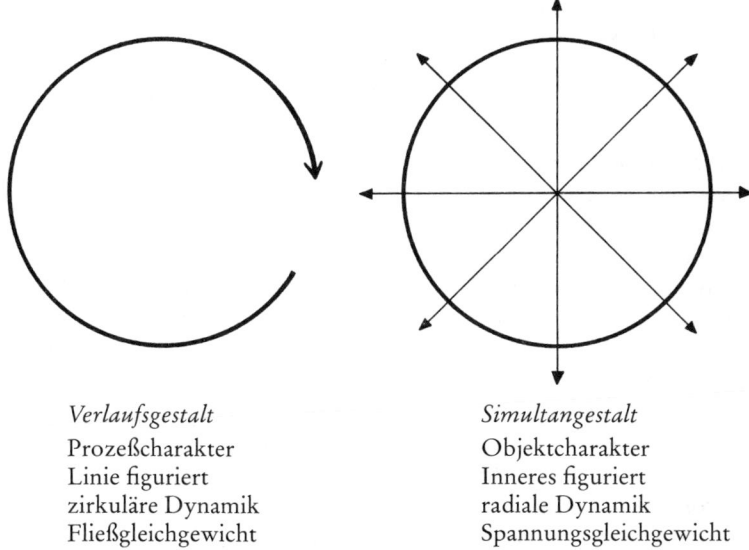

Verlaufsgestalt   Simultangestalt
Prozeßcharakter   Objektcharakter
Linie figuriert   Inneres figuriert
zirkuläre Dynamik   radiale Dynamik
Fließgleichgewicht   Spannungsgleichgewicht

Abb. 15: Verlaufsgestalt und Simultangestalt eines Kreises.

Die jeweilige Beschaffenheit der Linie (Geschlossenheit bzw. Offenheit, geschwungene bzw. geknickte Übergänge zwischen den Teilen) begünstigt im allgemeinen eine der beiden Erscheinungsformen, jedoch ohne die andere unmöglich zu machen. Ausgesprochene Simultangestalten wie z. B. das Quadrat sind durch Parallelitäts-, Seiten- und Winkelverhältnisse gekennzeichnet, die in unterschiedlichster Reihenfolge beschrieben werden können. Ausgesprochene Verlaufsgestalten wie etwa in Abb. 1 sind dagegen durch eine bestimmte Abfolge von Richtungswechseln charakterisiert. Jeder der oft fließend ineinander übergehenden Teilverläufe erhält seine Wirkung durch seine Rolle im Gesamtverlauf, insbesondere durch die je unmittelbar vorhergehenden und nachfolgenden Teile.

Wiederholt wurde versucht, Verlaufsformen auf Augenbewegungen im Sinne visualisierter Tastbewegungen zurückzuführen, so am ausdrücklichsten bei A. Hildebrand (78) und M. Palágyi (146). Diese Ansicht hat sich als unhaltbar erwiesen; denn Augenbewegungen korrespondieren nachweislich kaum mit Konturverläufen. Ähnlich wie bei den Ausdrucksqualitäten wurden hier Ursache und Wirkung verwechselt. Nachbewegung ist nicht die Voraussetzung für die Wahrnehmung von Bewegtheit. Vielmehr enthalten formdynamische Qualitäten oft den Aufforderungscharakter zur Nachbewegung von Form (tastendes Nachfahren, körperliche Nachbewegung, oft verbunden mit lustvollen Erlebnissen, s. G. Kern, 106).

Verlaufsgestalten lassen sich aus ihrer Verwandtschaft mit den obengenannten dynamischen Phänomenen verstehen. Diese besteht darin, daß auch hier jeweils Teilformen das Bezugsschema für andere liefern, jedoch mit dem Spezifikum, daß die Teilformen hier aneinanderschließen und in fließendem Rollenwechsel die Funktion des Bezugsschemas übernehmen. Die 'Bewegung' liegt weder in Ortsveränderungen des Materials noch in der Motorik des explorierenden Betrachters, sondern im permanenten, sukzessiven Rollenwechsel der Teilabschnitte innerhalb der Verlaufsgestalt, mit der sich ein permanenter Richtungswechsel oder – bei geraden Linien – Richtungskonstanz verbindet. Bezüglich der Gesamtgestalt ist besser von 'Bewegtheit' als von Bewegung zu sprechen, weil nicht sie selbst sich bewegt, sondern Bewegung nur im Sinne eines *fließenden Rollenwechsels innerhalb* der Gestalt erfolgt. Simultangestalten sind demgegenüber durch eine bestimmte *Rollenverteilung* ihrer zumeist klar voneinander abgesetzten Bestandteile gekennzeichnet. Wie stark die Lebendigkeit von Bildwerken durch diese Art Bewegtheit bestimmt sein kann, zeigt sich besonders im Jugendstil, der vielleicht mehr als alle anderen Stilformen durch Verlaufsgestalten geprägt ist.

Nicht nur Linien und Konturen, sondern auch Flächen, Körper und Hohlräume, insbesondere bei Plastiken, haben oft ausgesprochenen Verlaufscharakter. Viele Arbeiten von Henry Moore, Hans Arp sowie Plastiken aus dem Spätwerk von Kurt Schwitters betonen den Verlaufscharakter lebendig modellierter Oberflächen, die ein in sich ruhendes Volumen einschließen (s. Tafel 23). In Arbeiten wie ›Vogel im Raum‹ von Constantin Brancusi (Tafel 16) erhalten betont lineare Körper prägnante Verlaufsqualitäten, in ihrer Kontinuität unterstrichen durch die Glätte des Materials. Diese Plastik verdeutlicht zudem, auf welche Weise der Umraum in die externe Struktur des Kunstwerks einbezogen sein kann: die von der Verlaufsgestalt der Plastik erzeugte Richtung setzt sich in dem über ihr liegenden Raum fort und zeichnet den imaginären Weg vor, dem das Objekt wiederum zu folgen scheint.

Die ›Raumplastik Mannesmann 1958–61‹ von Norbert Kricke schafft einen ganzen Fächer von Verlaufsrichtungen, die – über die

Grenzen des Objekts hinausweisend – den ganzen Umraum dynamisieren, innerhalb dessen rückwirkend das Objekt selbst sich als Zentrum von Kraftlinien erweist (Tafel 17; vgl. Max Imdahl, der zur Kennzeichnung der Plastiken Krickes den Terminus 'Verlaufsfigur' verwendet, 86).

d) Tektonische Qualitäten

Gestaltliche Ordnungsbildung geschieht nach gestaltpsychologischer Auffassung weitgehend 'autochthon', d. h. eigengesetzlich aufgrund des Strebens psychischer Prozesse nach Zuständen maximalen Gleichgewichts, soweit es die reizmäßig jeweils gegebenen Möglichkeiten zulassen. Metzger (135) nennt im Anschluß an Wertheimer eine Reihe von Faktoren der Figurbildung, der intrafiguralen Differenzierung und der interfiguralen Gruppierung, die allesamt als spezifische Formen des allgemeinen 'Gesetzes der guten Gestalt' gefaßt werden können, der Tendenz zur einheitlichen Organisation nach möglichst einfachen Prinzipien. Die meisten seiner Beispiele sind tektonischer Art, beziehen sich also auf räumliche Beziehungsgefüge der Teile eines Ganzen. Unabhängig von der Triftigkeit gesttheoretischer Annahmen über hirnphysiologische Prozesse lassen sich mit diesen Faktoren zahlreiche Erscheinungen visueller Ordnungsbildung deskriptiv interpretieren, die für die Wahrnehmung von Bildwerken von grundsätzlicher Bedeutung sind. Einige der wichtigsten Gestaltfaktoren seien an den Beispielen in Abb. 16 illustriert.

Faktor der „guten Gestalt": Die linke Strichzeichnung in (a) erscheint räumlich, weil sich in diesem Fall ein Würfel ergibt, die einfache Gestalt eines rechtwinkligen Gebildes aus sechs gleichen Quadraten, während bei flächiger Auffassung eine Vielzahl unterschiedlicher und schiefwinkliger Gebilde entstünde (als Spezialform dieses Faktors macht sich hier die 'Orthogonalitätstendenz' bemerkbar, die Neigung schiefer Winkel, zum rechten zu werden). Demgegenüber erscheint die rechte Figur in (a) flächig, weil sich dabei eine regelmäßige Gesamtfigur aus gleichseitigen Dreiecken ergibt, obwohl sie ebenso wie die linke Figur die Projektion eines Würfels darstellt. Die Wirksamkeit dieses Faktors läßt sich in nahezu jeder Darstellung aufweisen, die Tiefenräumlichkeit abbildet, bei allen Überschneidungen, bei Transparenzeffekten u. a.

Faktor der Geschlossenheit: In (c) sieht man primär harmlose

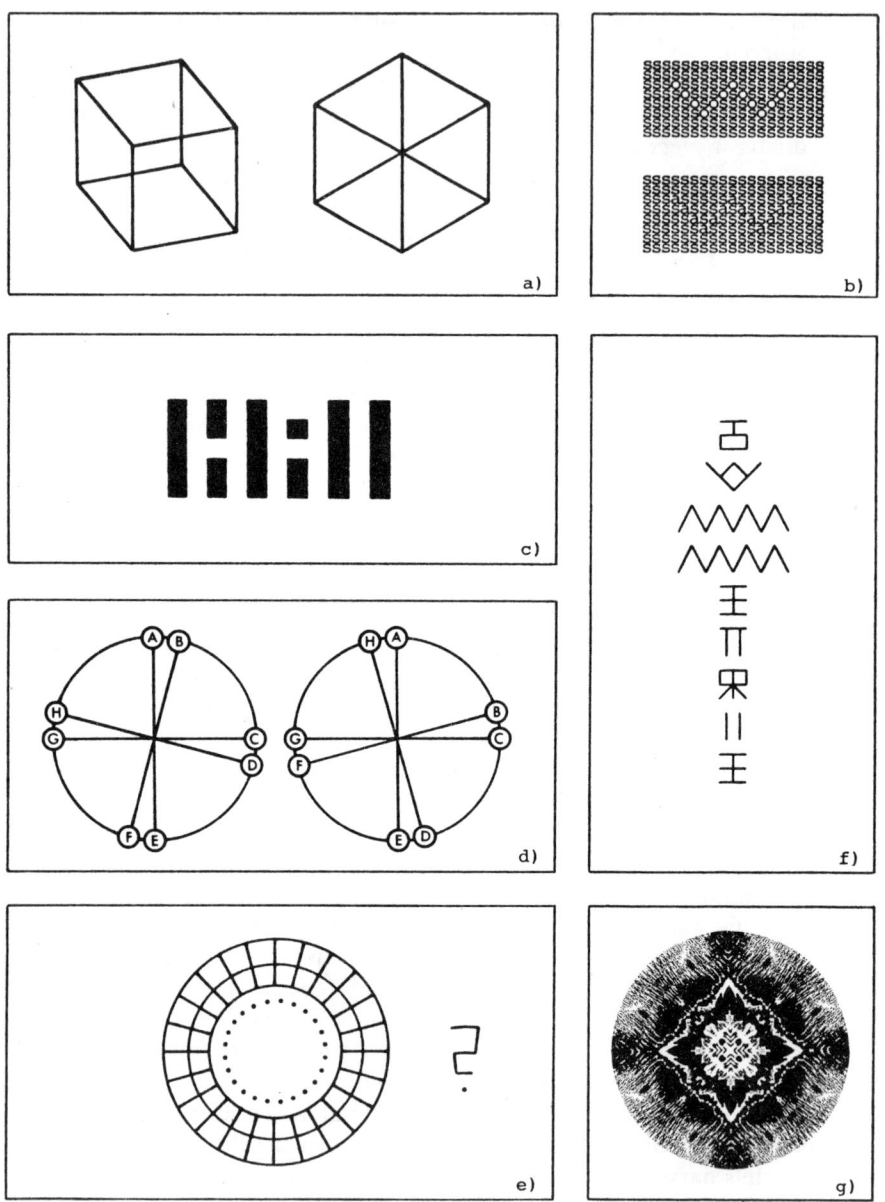

Abb. 16: Beispiele für die ordnungstiftende Wirkung von Gestaltfaktoren
(in Anlehnung an Metzger, 135).

Rechtecke auf weißem Grund; wenn man die Aufmerksamkeit auf die Zwischenräume richtet, taucht plötzlich ein weißer Hai auf. Daß geschlossene, d. h. allseitig konturierte Formen leichter zur Figur werden als teilweise offene Formen, ist von grundsätzlicher Bedeutung für jede Gegenstandswahrnehmung auch bei Bildern. Andererseits ist dieser Faktor ausschlaggebend für die verbreitete 'Blindheit' gegenüber Zwischenräumen. Diese sind aber für die Gesamtkomposition von Bildwerken im allgemeinen ebenso wichtig wie die figurierenden Partien; und in manchen Werken der gegenstandsfreien Kunst – etwa bei R. P. Lohse – ersetzt der Intention nach eine systematische Flächenaufteilung jede Figur-Grund-Trennung.

Faktor der Gleichartigkeit: Im oberen Teil von (b) hebt sich deutlich ein W ab, weil in der Gesamtheit des aus Buchstaben bestehenden Bildes sich jeweils gleichartige zusammenschließen. Daß nicht der Bedeutungsunterschied der Buchstaben, sondern der Unterschied in Form und Helligkeit den Zusammenschluß bewirkt, zeigt der untere Bildteil, aus dem sich das aus a-Formen gebildete W selbst bei gerichteter Aufmerksamkeit kaum heraussehen läßt. Der Faktor der Gleichartigkeit (und der Ähnlichkeit) spielt für das Erfassen kompositioneller Zusammenhänge eine erhebliche Rolle, wo oft über große räumliche Distanzen hinweg Beziehungen gestiftet werden. Der abgebildete Modellfall macht zudem deutlich, daß nicht jede Art von Gleichartigkeit sich unmittelbar erschließt.

Faktor der Nähe: In (d) scheint auf den ersten Blick die rechte Figur im Verhältnis zur linken *gegen* den Uhrzeigersinn gedreht. Tatsächlich ist das Teilkreuz BDFH der linken Figur bei der rechten Figur *im* Uhrzeigersinn gedreht, während das Teilkreuz ACEG unverändert aufrecht bleibt. Anschaulich schließt sich zusammen, was sich jeweils am nächsten steht, und die Gesamtheit der Paarbildungen gruppiert sich zu schrägstehenden Kreuzen. Dabei ist die jeweilige Einheit der Paare so stark, daß die lot- und waagerechte Ordnung der unveränderten Bestandteile unbemerkt bleibt. Daß das räumlich einander Nächstliegende nicht nur als Konnex, sondern als qualitative Einheit erfahren wird, ist eine elementare Grundbedingung jeder Komposition. Zugleich stellt die Stärke dieses Faktors sowohl in gestalterischer wie in interpretatorischer Hinsicht ein ständiges Problem dar. Für den Gestalter ergibt sich oft die Aufgabe, übergreifende Beziehungen gegen die Dominanz dieses Faktors zu schaffen, für den Interpreten die Aufgabe, sich von 'naheliegendsten' Beziehungen lösen zu können (Bildbeschreibungen von Ungeübten bestehen oft in einer Aneinanderreihung von Nachbarschaftsbeziehungen, wenn sie das Stadium beziehungsloser Teilbeschreibungen überschritten haben).

Faktor der durchgehenden Linie: Die Figur in (e) besteht restlos aus eckigen Fragezeichen. Daß man diese Gliederung spontan nicht sieht und selbst bei intentionaler (gerichteter) Einstellung nur für Teilbereiche der Gesamtfigur realisieren kann, zeigt die Stärke dieses Faktors: Wo immer Winkel und Linien derart aufeinandertreffen, daß sich über den Treffpunkt hinaus eine durchgehende Fortsetzung bilden läßt, wird in der Regel die Figur im Sinne kontinuierlicher Verläufe und Überkreuzungen gegliedert (anders ist es bei der frühkindlichen Sehweise und bei der Tastwahrnehmung, wo sich vorzugsweise geschlossene Teilformen herausbilden). Dieser Faktor ist bei jedem Bild wirksam, wo immer Linien oder Konturen aufeinanderstoßen. Für kompositionelle Zusammenhänge ist darüber hinaus eine Abart dieses Faktors von Bedeutung, die sich in elementarer Form an den Punkten innerhalb von Bild (e) zeigt. Die Kontinuität der Kreisform, die sie bilden, läßt sich aus der diskontinuierlichen Verteilung der per se unverbundenen Punkte nicht verstehen. Sie geht vielmehr daraus hervor, daß die Tendenz zur 'guten Gestalt' sich nicht nur in reizmäßig aneinanderschließenden Bestandteilen verwirklicht, sondern auch für die *Anordnung räumlich getrennter Teile* maßgeblich ist. Hier äußert sie sich als Tendenz zur linearen Anordnung, bei deren Wirksamwerden die Zwischenräume virtuell, ohne reizmäßiges Pendant, überbrückt werden.

Der Faktor, der in Bild (f) derart stark gestaltbildend wirkt, daß die Bestandteile bis zur Unkenntlichkeit im Ganzen aufgehen, wird sichtbar, wenn man die linke Hälfte der merkwürdigen Zeichenkolonne mit einem Blatt Papier abdeckt. Ohne diesen Eingriff verschwinden die Formen der jeweiligen Zeichenhälften in der Gesamtform. Der hier verantwortliche *Faktor der Symmetrie* geht einher mit einer anschaulichen Akzentuierung der jeweiligen Figurmitte *(Faktor der gemeinsamen Mitte);* das Erkennen der Hälften setzt eine demgegenüber versetzte Akzentuierung voraus. Spiegelsymmetrie ist die einfachste Form von Gleichgewicht; entsprechend unmittelbar heben sich Gestalten anschaulich ab, die diesem Prinzip folgen. Dies zeigt sich besonders eindrücklich dort, wo die Bestandteile selbst amorphen Charakter haben, so bei den Tafeln des Rorschach-Tests oder bei Kaleidoskopmustern. Diese Art der Verbindung von Chaos und Ordnung ist ein beliebtes Gestaltungsmittel bei Entwürfen für Tapeten-, Textil- und Fliesenmu-

stern (vgl. Bild (g), in dem ein Ausschnitt von Abb. 11 achtfach gespiegelt ist). In der Kunst wird Symmetrie oft vermieden oder ge-
brochen (z. B. in halbsymmetrischen Anordnungen). Dies läßt sich
dahingehend verstehen, daß Symmetrie – ähnlich wie die anderen
Gestaltfaktoren – in reiner Form derart dominant und offensichtlich wirkt, daß andere, „leisere" Beziehungen sich kaum entwickeln
können.

Wenn man mit der Gestaltpsychologie annimmt, daß Ordnungsbildung autochthonen Organisationstendenzen des Psychischen
folgt, dann taucht ein Problem auf, das schon im Zusammenhang
mit dynamischen Qualitäten angesprochen wurde. Wenn Bedürfnis
und Fähigkeit zur rezeptiven und handlungsmäßigen Ordnungsbildung gleichsam festgelegt sind, dann erhebt sich die Frage, warum
nicht jedermann gleicherweise zur Herstellung von Kompositionen
mit ausgewogener Tektonik fähig ist, und ferner, warum nicht jedermann in der Lage ist, die einem Kunstwerk innewohnende Ordnung zu erkennen. Warum ist bildnerische Tektonik ein Problem,
wenn die Lösungsprinzipien als gleichsam präformiert anzunehmen
sind? Beschreiben die Gestaltprinzipien die tektonischen Zusammenhänge nicht adäquat? Worin ist die besondere Eigenleistung des
Künstlers im Erschaffen neuer Ordnungen zu sehen?

Diese Fragen stellen sich selbst dann, wenn Künstler wie Y. Klein,
B. Newman oder O. Judd programmatisch 'atektonisch' oder 'non-rela-
tional' arbeiten. Denn ihr Widerspruch setzt in jedem Fall den Anschauungsbegriff tektonischer Ordnung voraus. Im übrigen sind Zweifel ange-
bracht, ob die programmatischen und pointierten Selbstkommentare zur
Beschreibung der Werke geeignet sind. Denn allein schon dadurch, daß der
jeweilige Stil der Künstler unverwechselbar ist, beweist sich, daß die Werke
aus einem je charakteristischen Beziehungsgefüge bestehen. Völliges Chaos
würde völlige Ununterscheidbarkeit und Unkenntlichkeit bedeuten.

Um einer Klärung der angesprochenen Fragen näherzukommen,
ist es notwendig, das tektonische Gefüge von Kunstwerken genauer
zu untersuchen. Dies soll an zwei Beispielen in größerer Ausführ-
lichkeit geschehen.

Als eines der ersten Bilder der sog. rosa Periode im Schaffen Pablo Picassos entstand 1905 das Ölbild ›Die Gaukler‹ (Tafel 9). Wie
zahlreiche Werke des gleichen Zeitraums ist es ausdrucksmäßig charakterisiert durch das Spannungsverhältnis zwischen Lebensernst
und gespielter Heiterkeit, zwischen Rolle und Realität in der Welt
der Gaukler. Die verhaltene Gestik und Mimik der dargestellten
Personen sowie der kühle blau-rosafarbene Grundton des Bildes

kontrastieren mit der Zirkuskostümierung, deren Komik ihre Zu-
spitzung durch den Gegensatz zwischen einer gezipfelten Narren-
kappe und der Korpulenz ihres Trägers erfährt. Die Verbindung
von Gegensätzen zeigt sich auch in der Tektonik des Bildes, insbesondere in der Komposition der Personengruppe:

Auf den ersten flüchtigen Blick hin gliedert sich die Gesamtheit
der dargestellten Personen in die Gruppe im linken Bildbereich und
die Frau zur Rechten. Gemäß der Terminologie der Gestaltpsychologie schließen sich nach dem Gesetz der Nähe die engstehenden
Personen zusammen und isolieren entsprechend die entferntere
Person, unterstützt durch die Wirksamkeit des Gesetzes der
Gleichartigkeit, nach dem die fünf Personen zur Linken – allesamt
in stehender Haltung – sich zusammenschließen gegenüber der
sitzenden Frauengestalt. Die Isolierung wird weiter bestärkt durch
den Blick der Frau, der von der Gruppe fortweist.

Betrachtet man jedoch das Bild genauer, so entwickelt sich ein
Beziehungsgefüge, das dem Ersteindruck zuwiderläuft; die Frauengestalt wird zunehmend in die Gruppe eingebunden, während
der interne Zusammenhalt der Fünfergruppe sich auflockert. Diese
Entwicklung läßt sich auf eine Reihe von Strukturmerkmalen zurückführen, die teilweise zu sublim, zu komplex und zu verschachtelt sind, als daß sie sich mit dem ersten Eindruck erschließen könnten.

Am deutlichsten ist die Einbeziehung der Frauengestalt in den
Verlauf der fallenden Linie, die die Scheitelpunkte der Personen
miteinander bilden. Dies entspricht dem Faktor der durchgehenden
Linie, allerdings mit dem Spezifikum, daß der Verlauf hier nicht
von einer Kontur gebildet wird, sondern in der Anordnung mehrerer Teile liegt. Sie zu bemerken erfordert, das Bild als Ganzes zu sehen und sich nicht von Details fesseln zu lassen. Auf den Kopf der
Frau weist ebenso der Verlauf der Gesamtrichtung, die die Fuß-
punkte der anderen Personen bilden, so daß insgesamt zwei ge-
krümmte Verlaufsrichtungen in der Gestalt der Frau konvergieren.
Hinzu kommt die auffällig gewinkelte Stellung des Unterarms des
linken Mannes, deren Horizontale ebenfalls auf die Frau weist. Tiefenräumlich gesehen bildet die Fünfergruppe einen ungefähren
Halbkreis, dessen offene Seite auf die Frau gerichtet ist und sie ein-
beziehend sich selbst vervollständigt. Die Blickrichtungen von vier
Personen knüpfen weitere Verbindungen mit der Frau, deren eigene
Blickrichtung – zunächst als isolierendes Moment wirksam – in der
Gleichgerichtetheit mit den Blickrichtungen der anderen parado-

xerweise zugleich sich als Moment der Gemeinsamkeit und damit Verbindung erweist.

Von besonderer Bedeutung im tektonischen Zusammenhang ist die Farbgebung. Die Kleidung der Frau faßt in ihrem Kolorit nahezu sämtliche Farben zusammen, die in der Kleidung der anderen Personen vertreten sind, das Rot-Blau von Hemd und Rock korrespondiert insbesondere mit der blauen bzw. roten Farbgebung der beiden Männerkostüme, es korrespondiert ebenso mit dem Rot-Blau im Anzug des Knaben, der der Frau am nächsten steht, und intensiviert auf diese Weise die Verbindung zur übrigen Gruppe. Diese Verbindung über den Knaben verstärkt sich weiter dadurch, daß mit ihm die Fünfergruppe in die rechte Bildhälfte hineintritt, in der sich die Frauengestalt befindet.

Demgegenüber wird der Verbund der Fünfergruppe gelockert durch unterschiedliche Größe und Farbgebung der Einzelpersonen, vor allem aber durch die Gestalt des Alten, die in mehrfacher Hinsicht kontrapunktisch wirksam ist: durch die Massigkeit der Gestalt, die sich von der Hagerkeit der übrigen abhebt, durch das Rot des Kostüms, dessen Intensität gegenüber den übrigen Farben absticht, durch die Homogenität der Kostümfarbe, die der Mehrfarbigkeit der übrigen Bekleidungen entgegensteht, durch die auffällige Kopfbedeckung und durch die Abwendung des Kopfes gegenüber den übrigen Blickrichtungen. Fast sprengt die Gestalt des Alten die Fünfergruppe, wenn er nicht in die Gesamtheit der ganzen Gruppe eingebunden wäre vor allem durch die Verwandtschaft zwischen der Farbe seines Anzugs und des Rocks der Frau. Hierdurch wird das gleiche Moment, das den Zusammenhang der Teilgruppe unterbricht, zum verbindenden Moment der Gesamtgruppe.

Zusammenfassend läßt sich sagen, daß sich im Ersteindruck gemäß Gesetzen der Gestaltbildung spontan eine Grobtektonik zeigt, die bei näherer Beschäftigung mit dem Werk teilweise oder ganz zugunsten von Neuordnungen aufgelöst wird. Diese Neuordnungen widersprechen nun nicht etwa den Gestaltprinzipien der interfiguralen Gruppierung, vielmehr folgen auch sie Zusammenhangsprinzipien wie dem der Gleichartigkeit oder des glatten Verlaufs, doch erschließt sich die Art der Gleichartigkeit oder des Verlaufs erst bei näherem Zusehen und bei entsprechend ganzheitlicher Einstellung zum Bild.

Der Hauptunterschied zur üblichen Beschreibung der Wirksamkeit von Gestaltfaktoren bei der Bildung von Ganzheiten aber besteht vor allem darin, daß hier nicht ein Gestaltfaktor gegenüber den anderen im Sinne einer einfachen, eindeutigen Primärgruppierung dominiert, sondern daß sich ein feingesponnenes Netz von teils gleichgerichteten, teils zuwiderlaufenden Beziehungen in ein und demselben Ganzen bildet und in dieser Mannigfaltigkeit auch entdeckt und gesamtheitlich gesehen werden muß, um zu einer dem Werk adäquaten Auffassung zu gelangen. Bildbetrachtung ist kein passives Aufnehmen eines sich selbst darstellenden Ganzen, sondern verlangt aktives Erforschen. Die Gestaltgesetze erklären nicht den Kommunikationsvorgang als solchen, sondern beschreiben wesentliche Formen des Zusammenhangs, auf die sich die Erkundung richtet.

Bezüglich der Ausgangsfrage, warum sich die Ordnung eines Kunstwerks nicht jedermann unmittelbar erschließt, ist zudem von Vorteil, wiederum dem Unterschied zwischen Gestaltqualität und Struktur zu folgen. Tektonik zeigt sich erlebnismäßig primär in Gestaltqualitäten, die u. a. mit Bezeichnungen wie ausgewogen–unausgewogen, gleichmäßig–ungleichmäßig, stimmig–unstimmig, geschlossen–aufgelöst, geordnet–chaotisch beschrieben werden. Während sich solche Qualitäten großenteils spontan bemerkbar machen, muß die dieser jeweiligen Gesamtqualität entsprechende Struktur, hier das räumliche Gefüge von Formen, Farben und dynamischen Richtungen, erst erschlossen werden. So kann im vorliegenden Beispiel auch beim ungeübten Betrachter der Eindruck der Ausgewogenheit entstehen, ohne daß er sich sogleich Rechenschaft darüber abgeben könnte, welcher Art von Strukturzusammenhang dieser Gesamteindruck zu verdanken ist. Das Hauptproblem tektonischer Bildinterpretation liegt in der Erforschung dieser jeweiligen Struktur. Noch schwieriger stellt sich gelegentlich selbst für den Geübten das Problem dar, bei einer als unstimmig erlebten Gestalt das koexistierende Strukturäquivalent aufzudecken, das als unbeabsichtigter Störfaktor fungiert. Worauf der Künstlerlehrer in der 'Korrektur' den mit seinem Bild unzufriedenen Kunststudenten gelegentlich aufmerksam macht, sind solche in der Vielzahl bestehender Beziehungen ungewollt sich verbergende, mit der Gesamtstruktur unverträgliche Einzelbeziehungen. Hinzu kommt ein Gesichtspunkt, der bereits 1890 von Ehrenfels hervorgehoben wurde: Gestaltqualitäten können sich auch sekundär, im Gefolge der schrittweisen Erarbeitung eines Gesamtkomplexes, einstellen. Ehrenfels nahm an, daß bei Bildwerken erst durch „eine bedeutende Kraftleistung" apperzeptiver Tätigkeit des Betrachters sich ein adäquat einheitlicher Eindruck bildet: „Erst wenn all dies getan ist, besitzt man im Bewußtsein jenen Vorstellungskomplex, welcher der durch das Bild zu vermittelnden Gestaltqualität zur Grundlage dient" (184, S. 39). Anders gesagt: die Gestaltqualität des Ersteindrucks, selbst wenn sie zunächst nicht den unruhigen Charakter einer „Vorgestalt" besitzt, entspricht oft nicht der „zu vermittelnden Gestaltqualität", sondern muß erst über eine Erarbeitung der Struktur in diese verändert werden. Nicht nur für das Strukturverständnis, sondern auch für die Qualität der Gesamtwirkung selbst kann eine eingehende, eventuell kommentargestützte Bildanalyse Eröffnung, Veränderung, Vertiefung, Differenzierung und Bereicherung bedeuten.

Die andere Ausgangsfrage, worin nämlich das generelle Problem der Schaffung einer stimmigen Tektonik besteht, sei an einem Bildbeispiel erläutert, das durch seine scheinbare Einfachheit besticht, einem Gemälde von Piet Mondrian, das 1933 entstand und für sein Spätwerk typisch ist. Diese „Komposition in Gelb und Blau" ist, wie Max Imdahl schreibt, „eine Ganzheit unter der Bedingung einer alle Symmetrien verweigernden kühnen Balance. In der Symmetrie erblickte Mondrian ein additives, nicht aber von einer Ganzheit ausgehendes und diese strukturierendes divisives Prinzip. Das auf Ganzheit bezogene Kompositionsprinzip individualisiert sich im jeweiligen Bild immer anders und ist von seiner in jedem Bilde jeweils singulären Realisation nicht abzuheben" (87).

Imdahl verzichtet darauf, die Art der hier realisierten Balance verbalisieren zu wollen. Jeder derartige Versuch wäre zum Scheitern verurteilt; denn jede sprachlich faßbare Teilbeziehung müßte in ihrem gleichzeitigen Verhältnis zu allen anderen Relationen formuliert werden. Hier stößt die verbale Bildbeschreibung an eine unüberwindliche Grenze.

Statt dessen bietet sich zur Erläuterung an, im Medium des Bildes zu verbleiben. Abb. 17 (a) bildet das tektonische Gefüge des genannten Gemäldes von Mondrian ab, (b)–(h) sind Varianten dieser Struktur. (Vgl. auch die Mondrian-Varianten im Maitland-Graves-Design-Test, 69, und bei Karl Gerstner, 54.)

Der Systematik dieser Varianten liegt folgender Gedanke zugrunde: Zu den stärksten ganzheitsbildenden Prinzipien gehören nach Untersuchungen der Gestaltpsychologie symmetrische Anordnung und Gleichartigkeit der Teile. Dieser Befund scheint in Widerspruch zur Auffassung Mondrians und seiner Interpretation durch Imdahl zu stehen. In Abb. 17 (a) verläuft die Vertikale weit

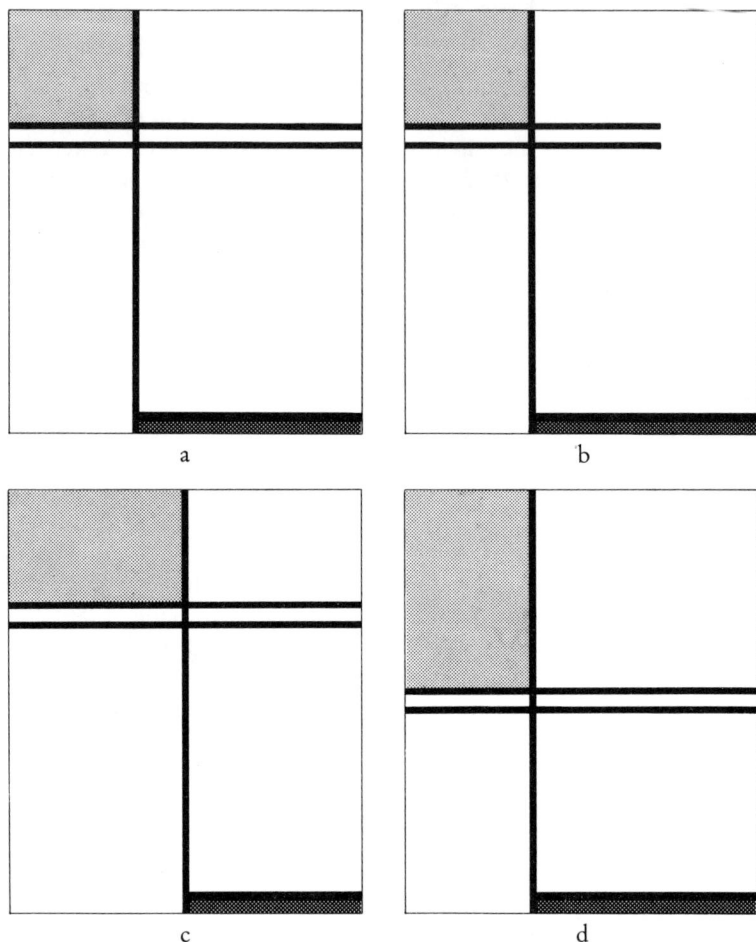

Abb. 17: Störung einer tektonischen Gesamtbalance durch inadäquate Teil-symmetrien und Angleichungen. (a) nach einem Gemälde von Mondrian (1933), (b)–(h) Veränderungen des tektonischen Gefüges von (a).

außerhalb der Mittelsenkrechten, das Horizontalenpaar gliedert sich in ungleiche Teilstücke und erstreckt sich insgesamt oberhalb der Bildmitte; die farbigen Flächen sind ungleich geformt, ungleich groß und von unterschiedlicher Farbe. Dennoch entsteht insgesamt die Wirkung einer hochgradig ausgewogenen Gesamtgestalt.

Um dem scheinbaren Widerspruch zur gestaltpsychologischen

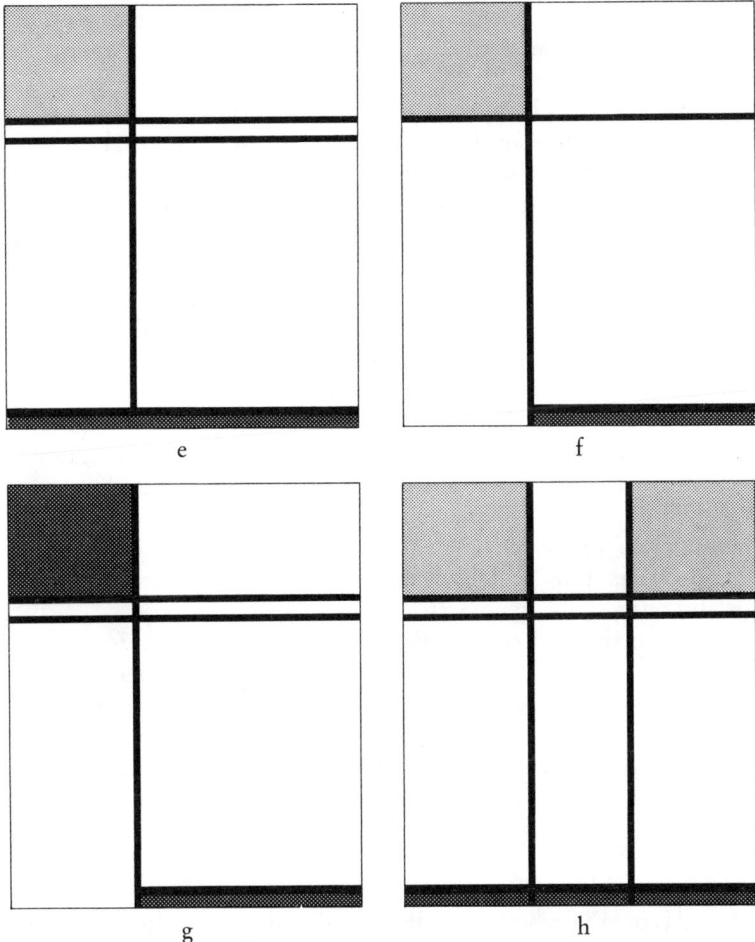

Vorhersage nachzugehen, ist in Abb. 17(b)–(h) die asymmetrische Struktur von (a) jeweils in anderer Weise durch Symmetrien „verbessert" worden. Die anschaulichen Effekte sprechen eine deutliche Sprache:

In (b) ist das Horizontalenpaar rechtsseitig so weit gekürzt, daß es durch die Vertikale symmetrisch geteilt wird. Unverkennbar entsteht auf diese Weise ein „unmögliches", instabiles Gesamtgebilde. Das freie Ende des Horizontalenpaares ragt beziehungslos in eine nunmehr unproportioniert große leere Fläche hinein, das obere Farbrechteck lastet unausgewogen auf der linken Horizontalhälfte, die künstliche Symmetrisierung läßt eine Kreuzform figurieren, die in unangenehm anmutender Weise auf der linken Kante des unteren Farbfeldes aufsetzt.

In (c) halbiert die Senkrechte das Gesamtfeld. Das Bild wirkt langweilig. Das im Original bestehende Spannungsverhältnis zwischen links und rechts, dort aufgewogen durch andere Asymmetrien, ist hier zunichte gemacht; das verbleibende Verhältnis zwischen den beiden Farbflächen besteht ohne Pendant und wirkt verloren.

In (d) halbiert das Horizontalenpaar die Gesamtfläche. Der obere Block wirkt unförmig groß und leer, das obere Farbfeld bekommt durch seine Größe ein Gewicht, das, verstärkt durch die nunmehr vertikale Erstreckung dieser Fläche, den linken Teil der Doppelhorizontalen unverhältnismäßig belastet.

In (e) ist das untere Farbfeld der Doppelhorizontalen angeglichen und erstreckt sich nunmehr gleichmäßig über die gesamte Bildbreite. Die Störung ist hier sublimer. Sie besteht darin, daß das untere Farbfeld nunmehr die Rolle einer Basis einnimmt und dadurch gegenüber den übrigen Flächen eine Sonderfunktion erhält, während sie im Original im Beziehungsgefüge der Flächen einen Teil unter gleichwertigen anderen darstellt.

In (f) ist durch Reduzierung des Horizontalenpaares auf eine Einzelhorizontale Gleichartigkeit gegenüber der Vertikalen hergestellt. Diese Variante scheint gegenüber dem Kontext der Bilder Mondrians vielleicht am verträglichsten. Allerdings figuriert hier im Gefolge der Angleichung der linke zusammen mit dem oberen Bildbereich als rechter Winkel mit annähernd symmetrischen Schenkeln, dessen relative Eigenständigkeit im Gesamtgefüge zu stark ist.

In (g) sind beide Farbflächen einander angeglichen. Nun aber wirkt das obere Farbfeld zu schwer und bildet gegenüber seiner originalen Rolle einen zu auffälligen Akzent. Macht man beide Flächen so hell wie die obere des Originals, so ist das Gewicht der unteren Fläche zu schwach.

In (h) schließlich ist die Originalstruktur in sich gespiegelt und bildet dadurch ein klappsymmetrisches Ganzes. Das Muster ist zwar ausgewogen, aber auf einem wesentlich schwächeren dynamischen Niveau als das Original. Die Spannungsarmut läßt sich dahingehend verstehen, daß das Beziehungsgefüge durch konfliktfreie Paarbildungen zwischen gleichartigen Teilen bestimmt wird und Beziehungen zu anderen Teilen dadurch reduziert sind. Vor allem können sich nicht die schräg über die Bildfläche verlaufenden Rela-

tionen entwickeln, die für das Original charakteristisch sind und
dort in interessantem Kontrast zu seiner Orthogonalstruktur stehen. Ein Rest an Lebendigkeit bleibt der Variante durch die Asym-
metrie in vertikaler Richtung erhalten, verloren aber ist die allseitig
gerichtete Interdependenz der Teile.

Insgesamt verweisen die so aufgedeckten Relationen indirekt auf
den hohen Komplexitätsgrad des Beziehungsgefüges im Original,
das in sich stimmig nicht durch die Regelmäßigkeit einzelner Teilbeziehungen wird, sondern erst im vollständigen Gesamtverband
der Teile. Es bestehen keine Symmetrien im üblichen Sinne, wonach Symmetrie verstanden wird als gleiche Distanz von Bildpunk-
ten von einem gemeinsamen Zentrum oder als Spiegelung einander
ähnlicher Gestalten. Es besteht auch keine Gleichartigkeit im Sinne
form- und farbidentischer Teile. Und doch besteht – auf höherem
Komplexitätsniveau – Übereinstimmung mit der gestaltpsychologischen Beschreibung der Ganzheitsbildung. Gleichartigkeit ist hier
die Gleichwertigkeit in der Rollenverteilung, die durch Angleichungen auf unterem Komplexitätsniveau nur gestört werden kann.
Und hochgradige Symmetrie besteht für die Gesamtkomposition
im ursprünglichen Sinne des griechischen Wortes, das ein ausgegli-
chenes „Zusammenmaß" der Teile und Teilbeziehungen meint. Sie
ist hier das erst im vollständigen Ganzen ausgewogene Wechselverhältnis vielfacher Asymmetrien, ein Gleichgewicht aus ungleichar-
tigen Ungleichgewichten.

Solche holistische Symmetrie oder eine andere prägnante Tektonik herzustellen verlangt vom Schaffenden eine ausgeprägte Fähigkeit, vielfach vernetzte Simultanstrukturen nicht nur wahrnehmen,
sondern in ihnen anschaulich denken und sie realisieren zu können.
Was der Betrachter vorfindet, ist das Ergebnis eines hochkomplexen Problems, dessen Schwierigkeit nur durch die scheinbare
Einfachheit seiner Lösung übertroffen wird.

e) Farbqualitäten

Gleich wie die Kunst jenseits aller Zweckfunktion Formqualitäten
zu bewußter Geltung gelangen läßt, so entfaltet sie den Reichtum
von Farbqualitäten jenseits der bloßen Unterscheidungsfunktion,
die Farben in natürlicher und künstlicher Umgebung gewöhnlich
zu erfüllen haben. Wahrnehmungspsychologie und Sinnesphysio-
logie haben durch die Analyse der Farberscheinungen und ihrer

Grundlagen ein breites Instrumentarium geschaffen, diesen Reichtum über seine Anmutungsqualitäten hinaus zu verstehen und verständlich zu machen, wie etwa Itten (89) und Albers (1) in ihrer Doppelrolle als Künstler und Kunstpädagogen durch ihre Phänomenbeschreibungen bewiesen haben.

Von Farbgestalten oder farblichen Gestaltqualitäten kann im strengen Sinne erst gesprochen werden, wenn verschiedene Farben einen Komplex bilden, der als Einheit erfahren wird. Andererseits lassen sich Farben niemals streng isoliert betrachten, weil Zustandekommen und Art ihrer Erscheinung durch den Kontext der gleichzeitig und zuvor gesehenen Farben mitbedingt wird. Selbst bei einem einzelnen Licht in sonst völliger Dunkelheit wird eine gestalthafte Gesamtwirkung geschaffen, die beiden Komponenten Teilwirkungen zuweist, die ohne die Konfrontation mit der anderen nicht zustande käme. Das Licht–Dunkel der Gemälde Rembrandts führt diese Art von Farbgestalt in eindringlicher Weise vor Augen.

Das komplexe Interdependenzgefüge der Farben erfordert die Skizzierung einiger grundlegender Begriffe und Einzelzusammenhänge (vgl. Gerritsen, 53, Küppers, 120, Metzger, 135, Pawlik, 148, 149, Hajos, 75).

Farben werden erst als *Phänomene* existent. Ihre physikalische Entsprechung sind elektromagnetische Wellen eines begrenzten Frequenzspektrums innerhalb eines Kontinuums, das zum weitaus größten Teil unsichtbare Anteile enthält und keine Inhomogenitäten aufweist, auf die sich die anschauliche Sonderstellung etwa von *Primärfarben* (Rot, Gelb, Blau) und *Sekundärfarben* (Orange, Grün, Violett) zurückführen ließe. Bereits diese Qualitäten sind Erzeugnisse der Wahrnehmung; sie hängen mit der frequenzspezifischen Reaktion dreier Rezeptortypen zusammen und der Weiterverarbeitung im visuellen System. Bei Ausfall oder funktionaler Störung dieser Rezeptortypen kommt es zur partiellen oder totalen *Farbenblindheit,* genauer zur Buntfarbenblindheit, da zur Gesamtheit der Farben nicht nur die *chromatischen* (bunten), sondern auch die *achromatischen* (unbunten) gerechnet werden.

Die Gesamtheit aller Buntfarben läßt sich nach ca. 500 unterscheidbaren *Farbtönen* gliedern, die nach Ähnlichkeit geordnet den *Farbenkreis* bilden. Im Kreis gegenüberliegende, d. h. die jeweils unähnlichsten Farben heißen *Komplementärfarben*; sie entsprechen in etwa denjenigen Farbpaaren, die zusammengemischt gewöhnlich eine unbunte Farbe ergeben: Weiß bei *additiver Mischung* (Überlagerung farbiger Lichter), Schwarz bei *subtraktiver Mischung* (sukzessive Filterung), Grau bei *partitiver Mischung* (Flächenaufteilung zwischen Farbpartikeln). Auch diese Zusammenhänge sind nur zum geringsten Teil physikalisch bedingt: Weiß entsteht nicht nur bei einem vollständigen Gemisch aller Spektralfarben, sondern kann auch bei einem additiven Gemisch zweier streng *monochromer Farben* (Farben einer einzigen Wellenlänge) wahrgenommen werden. Völlige Lichtlosigkeit führt zum *„subjektiven Augengrau"*, während der Eindruck tiefster Schwärze – wie die Projektion jedes Dias beweist – im Gegensatz zu hellen Farben entsteht, und die partitive Farbenmischung ist das Ergebnis farblicher Einheitsbildungen im visuellen System.

Durch unterschiedliche *Sättigung* (Anteil unbunter Farben) und *Helligkeit* leitet sich aus den Farbtönen die Gesamtheit von ca. 7,5 Millionen unterscheidbaren Farben ab, deren *Farbenordnung* in verschiedenen dreidimensionalen Körpern darzustellen versucht worden ist. Schwierigkeiten ergeben sich hierbei vor allem daraus, daß Farbton, Helligkeit und Sättigung keine voneinander unabhängigen Dimensionen sind. Jeder Farbton hat seine spezifische *Eigenhelligkeit*. Berücksichtigt man nur den Farbton, so ist die Gegenfarbe zu Blau Orange; differenziert man dagegen nicht zwischen Ton und Helligkeit, so ist die Gegenfarbe zu Blau Gelb, weil hierbei der Gesamtunterschied am größten ist. Mit Änderung der Sättigung ergeben sich zugleich *Farbtonverschiebungen* (grau eingefärbtes Gelb erscheint olivgrün). Bei der maltechnischen Anwendung von Farbenordnungen besteht ein Hauptproblem darin, daß *Pigmentfarbenmischungen* im allgemeinen teils den Gesetzen subtraktiver, teils partitiver Farbmischung folgen (der partitive Anteil verrät sich z. B. in der aufhellenden Wirkung von Weißbeimischungen).

Zwischen Farben bestehen die unterschiedlichsten *Wechselwirkungen*. Mit *Kontrast* wird die *Steigerung* reizmäßig bestehender Unterschiede zwischen nebeneinander liegenden oder aufeinander folgenden Farben bezeichnet (die Umgangssprache bezeichnet hiermit bereits den Unterschied selbst).

Simultankontrast: Die jeweilige Farbe ändert sich in Richtung auf die Komplementärfarbe der Nachbarfarbe (Grau auf Weiß erscheint dunkler als auf Schwarz, s. Abb. 18, das gleiche Rot, das auf gelbem Grund karmin erscheint, wirkt auf blauem Grund zinnober). Dieser Effekt beruht vor allem auf der Übersteigerung von Unterschieden im Konturbereich, während das Innere von Figuren gelegentlich eine Einfärbung in Richtung auf die Eigenfarbe des Umfelds erhalten kann (Young-Effekt). Die unterschiedssteigernde Wirkung zeigt sich auch in der Spielart des Stufenkontrasts, bei dem innerhalb einer Serie von nach Helligkeit, Farbton oder Sättigung abgestuften Farbstreifen jeder Streifen an den Rändern im Gegensinne der Nachbarfarbe verändert wird.

Florkontrast: Werden kontrastierende Farbflächen von einem durchscheinenden Medium anschaulich überdeckt (beispielsweise Abb. 18 mit feinem Papier), so erhöhen sich trotz objektiver Reduzierung der Unterschiedlichkeit die Kontrasteffekte. Der Effekt läßt sich phänomenanalytisch so verstehen, daß das transparente Medium anschaulich die Färbung

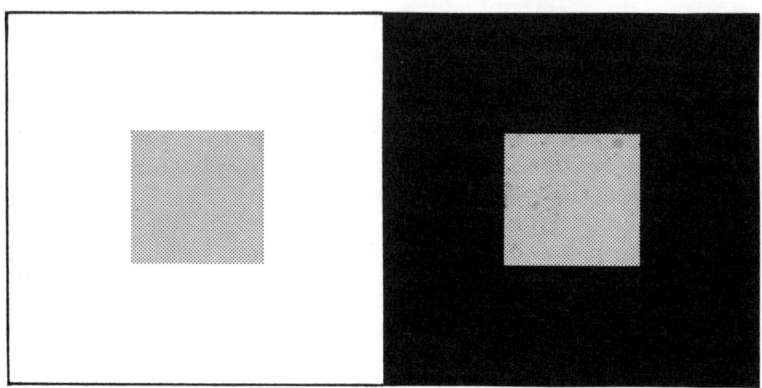

Abb. 18: Darstellung des Simultankontrasts.

des Figurumfeldes annimmt, und zwar auch im Bereich vor der Figur selbst, so daß in Abb. 18 links das graue Quadrat als durch einen weißlichen Nebel scheinendes Schwarz und rechts als ein durch schwärzlichen Nebel scheinendes Weiß wirkt.

Sukzessivkontrast: Die jeweilige Farbe erfährt eine Tönung in Richtung auf die Komplementärfarbe der zuvor im gleichen Gesichtsfeldbereich gesehenen Farbe (Gelb erscheint nach Fixierung von Grün orange). Dieser Effekt beruht auf lokaler *Adaptation,* d. h. der zunehmenden Neutralisierung eines konstanten Reizes durch einen Gegenprozeß im visuellen System. Der gleiche Vorgang hat auch die allmähliche *Eingrauung* fixierter Farbflächen sowie die *negativen Nachbilder* zur Folge.

Auch die *Dunkel-* bzw. *Helladaptation* der Augen bei Wechsel der Beleuchtungsverhältnisse ist für die Farbwirkung bedeutsam. Bei schwacher Beleuchtung werden grüne Farben leuchtender, während rote Farben eindunkeln. Bei vollständiger Dunkeladaptation wirkt im Restlicht schwarz, was bei Tageslicht rot erscheint, während weißlich erscheint, was am Tage blaugrün aussieht *(Purkinje-Effekt).* Ursache hierfür ist die unterschiedliche Spektralempfindlichkeit der frequenzspezifischen Rezeptortypen *(Zapfen)* gegenüber dem Rezeptortyp der *Stäbchen,* die nur Helligkeitsunterschiede zu differenzieren gestatten, dies aber mit höherer Empfindlichkeit als die Zapfen. Aus diesen Gründen hängt die Wirkung farbiger Bilder nicht nur vom Farbton der Beleuchtung ab, sondern auch von deren Helligkeit.

Zu den Wechselwirkungen gehört auch die *Farbangleichung,* die sich zwischen ähnlichen Farben vollzieht. Flächen, innerhalb derer zwei nicht zu stark differierende Farben kontinuierlich ineinander übergehen, erscheinen gleichmäßig gefärbt; eine dünne durchlaufende Linie genügt, um zwei unterschiedliche, in sich aber wiederum homogene Farbflächen zu scheiden. Eine andere Art der Farbangleichung ist zwischen Farbflächen zu beobachten, die nicht unmittelbar aneinandergrenzen, aber – über die Zwischenräume hinweg – als Gruppe oder Ganzes gesehen werden. Dadurch können sich am gleichen Bild je nach anschaulicher Gruppierung wechselnde Angleichungen und damit Änderungen der gleichen Farbe ergeben.

Auch die Ausprägung der Kontraste ist abhängig von dem *figuralen Zusammenhang*. So erleidet der gleiche Farbstreifen, der unterschiedliche Farbfelder überquert, eine andere Kontrastwirkung, wenn er als Einheit gesehen wird, als wenn er gegliedert erscheint. Auf diesem Wege kann ein willkürlich oder unwillkürlich vollzogener *Auffassungswechsel* am gleichen Objekt zu unterschiedlichen Kontrastwirkungen führen. Bei extrem isolierender Auffassung eines Teils – wozu beispielsweise Kinder nicht in der Lage sind – kann der Kontrast fast zum Erliegen kommen, was sich z. B. anhand von Abb. 18 nachvollziehen läßt.

Die Vielfalt der Farben potenziert sich durch die Vielfalt ihrer *Erscheinungsweisen*, die insbesondere Katz (102) und Kanizsa (100) phänomenologisch untersucht haben:

Oberflächenfarben gehören jeweiligen Gegenständen an, haben dichten, festen Materialcharakter und liegen in bestimmter Entfernung zum Betrachter. Der Oberflächencharakter wird durch scharfe Konturierung und durch Texturierung begünstigt.

Flächenfarben, wie sie z. B. am Blau des Himmels, am Regenbogen oder an Nachbildern zu beobachten sind, haben keinen festen Ding-Charakter, erscheinen weniger dicht, sind homogen und erscheinen zumeist – daher die etwas unglückliche Bezeichnung – in stirnparalleler Ebene, deren Entfernung relativ unbestimmt bleibt. Von dieser Art schwebender Farbigkeit sind z. B. zahlreiche Bilder von Ulrich Erben, besonders seine ›Weißen Bilder‹ (s. Tafel 19). Katz mißt Flächenfarben einen besonderen ästhetischen Wert zu, weil sie von zarterer Wirkung sind als die Oberflächenfarben, die er als kräftiger und energischer beschreibt. Alle Oberflächenfarben werden zu Flächenfarben, wenn man sie durch das Loch eines schwarzen Schirms betrachtet (*Lochschirmverfahren*, geeignet auch für die umfeldneutrale Beurteilung von Einzelfarben).

Medien wie farbige Flüssigkeiten, Kristalle, Dunst haben *Raumfarben*, d. h. tiefenräumlich verteilte Farbigkeit. Zwischen Raum-, Flächen- und Oberflächenfarben gibt es fließende Übergänge.

Der Eindruck der *Transparenz* oder Durchsichtigkeit entsteht, wenn ein und derselbe Gesichtsfeldausschnitt sich anschaulich in zwei verschiedene Farben aufspaltet. Dies geschieht besonders dann, wenn das Sichtbare sich nur bei anschaulicher Überdeckung in einfach geordnete Teile gliedert. In Abb. 19 stellt sich für (b) der Eindruck von Transparenz ein, für (a) nicht, obwohl beiderseits drei verschiedene Rasterstücke aneinandergesetzt sind. In (a) reihen sich drei Quadrate aneinander, während in (b) sich zwei regelmäßige Formen erst durch die beiderseitige Aufspaltung der mittleren

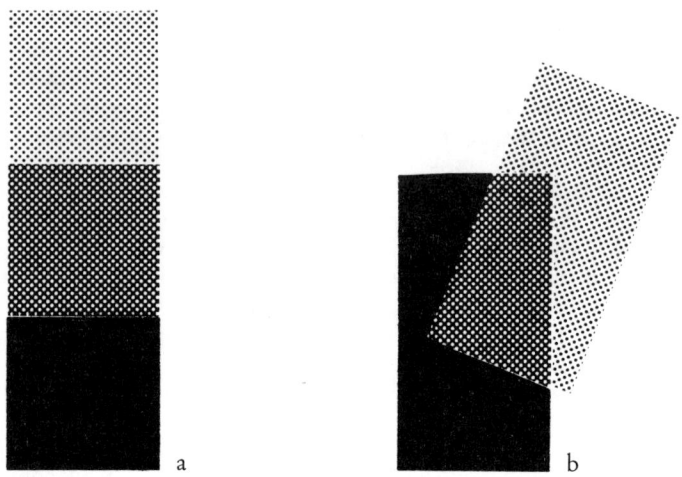

Abb. 19: Zu den Bedingungen für Transparenz.

Fläche ergeben. (Auch [a] kann transparent und [b] kann opak gesehen werden, doch nur gegen den Widerstand spontaner Figurbildung.)

Anschauliche Aufspaltung einer Farbfläche geschieht ebenfalls bei *Spiegelung* und *Glanz. Schimmer* bezeichnet Farbigkeit in zeitlicher Schwankung, die auch bei Bildern durch dynamische Wechselbeziehungen zwischen verschiedenen Farben zustande kommen kann. *Leuchten* und *Glühen* entstehen an homogenen Farbflächen vor dunklem Grund; die Farbe erscheint dann *selbstleuchtend* und ist ansonsten der Flächenfarbe verwandt.

Demgegenüber werden Formganze mit ausgeprägtem Helligkeitsgefälle als *beleuchtet* erfahren. Auch hier findet eine Aufspaltung statt: Aus dem Helligkeitsprofil gliedert sich im Gefolge der Tendenz zur *Farbkonstanz* eine homogene *Eigenfarbe* aus, während die Unterschiede als Beleuchtungsunterschiede gesehen werden, die ihrerseits sich aufspalten in eine homogene *Beleuchtungsfarbe* und Unterschiede im räumlichen Profil. Diese *plastische Wirkung* durch 'Licht und Schatten' löst sich auf, wenn die unterschiedlichen Farbflächen nicht als Oberflächenfarben eines zusammenhängenden Ganzen, sondern voneinander isoliert gesehen werden.

Eine andere Form farblicher *Raumwirkung* ist in der sog. *Luftperspektive* gegeben. Sie besteht darin, daß Farbobjekte, die gegenüber dem Hintergrund und in sich selbst schwache Helligkeitsunterschiede aufweisen, weiter entfernt als andere gesehen werden. Auch hier macht sich Farbkonstanz durch Aufspaltung bemerkbar: aus der Unterschiedlichkeit der Farbobjekte gliedert sich eine gleichartige Objektfarbe aus, während die Unterschiede als Wirkungen eines transparenten Mediums (Dunst, Nebel) gese-

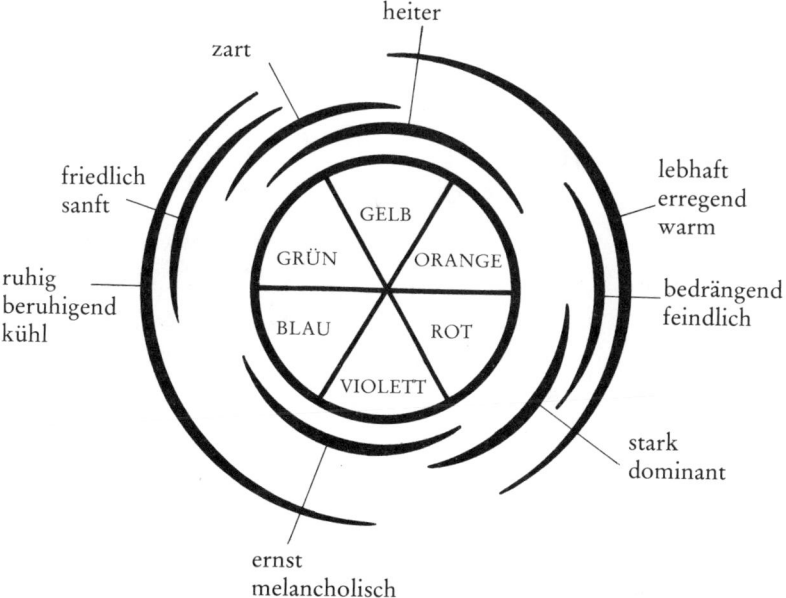

heiter

zart

friedlich
sanft

ruhig
beruhigend
kühl

GELB

GRÜN   ORANGE

BLAU   ROT

VIOLETT

lebhaft
erregend
warm

bedrängend
feindlich

stark
dominant

ernst
melancholisch

Abb. 20: Anmutungs- und Ausdrucksqualitäten von Buntfarben, nach
Zusammenstellungen von Heimendahl (77) und Nienstedt (144).

hen werden, die ihrerseits sich aufspalten in eine gleichförmige Raumfarbe
und unterschiedliche Tiefenlage der Objekte.

Der sog. *Farbperspektive,* mit der das anschauliche Hervortreten roter,
gelber und brauner Farben gegenüber dem Zurücktreten blauer Farben bezeichnet wird, liegen wahrscheinlich mehrere Faktoren zugrunde. Sind die
Farbflächen scharf konturiert, so wirkt sich aus, daß die Akkomodation der
Augenlinse aufgrund unterschiedlicher Brechung lang- und kurzwelligen
Lichtes sich auf blaue gegenüber roten Konturen ähnlich unterschiedlich
einstellen muß wie auf ferne gegenüber nahen Objekten. Ferner spielt wohl
die Erfahrungskomponente eine Rolle, daß Lufttrübungen ferne Gegenstände bläulich einfärben, schließlich auch die Eigentümlichkeit, daß Rot
und Blau zueinander in einem Wirkungsverhältnis stehen, das sich z. B. mit
dem Eigenschaftspaar aufdringlich–zurückhaltend kennzeichnen läßt.
Damit sind die *Anmutungs-* und *Ausdrucksqualitäten* der Farben angesprochen, die Goethe in seiner phänomenologischen Farbenlehre mit dem
Terminus der „sinnlich-sittlichen Wirkung" bezeichnet hat. Trotz aller in-
terindividuellen Differenzen in der Beschreibung dieser Qualitäten, trotz
aller Kultur- und Modeabhängigkeit (s. Kreitler u. Kreitler, 118) zeigen
sich in zahlreichen Untersuchungen gewisse Übereinstimmungen. Sie werden in allgemeinster Form in der durchschnittlichen Präferenz von *Rot* und

Tab. 4: Anmutungs- und Ausdrucksqualitäten unbunter Farben
(nach Vogt u. Frede, 179)

Albedo	Farbe	Häufige Beschreibungen
90 %	Hellstes Weiß	aufreizend, grell
.	.	stechend, aggressiv
.	.	kühl
.	.	heiter, glücklich
.	.	lebhaft
.	.	angenehm
.	.	freundlich, sympatisch
.	.	warm
14 %	Mittelgrau	ausdruckslos, eintönig
.	.	milde, ruhig
.	.	traurig, trostlos
.	.	bedrohlich, gefährlich
.	.	beängstigend
.	.	unheimlich
3 %	Tiefstes Schwarz	lähmend

Blau sichtbar, die gleicherweise bei Männern wie Frauen, bei Weißen und Farbigen, bei Künstlern und Nichtkünstlern besteht (s. Tab. 2). Dem gleichen Farbenpaar werden innerhalb des Farbenkreises am deutlichsten die Eigenschaften *aktiv* bzw. *passiv* zugeschrieben. Eine differenziertere Übersicht vermittelt Abb. 20, in der die Ergebnisse zeitlich weit auseinanderliegender Untersuchungen und Einzelbeschreibungen zusammengefaßt sind, soweit sie sich gegenseitig bestätigen.

Nicht nur die Buntfarben, sondern auch die unbunten Farben enthalten eine bemerkenswerte Skala von affektiven Eigenschaften, wie die anhand einer Serie von Grautafeln durchgeführte Untersuchung von Vogt u. Frede (179) beweist, s. Tab. 4.

Stets ist bei solchen Zuordnungen zu bedenken, daß sie sich nur als Gesamttendenzen bei z. T. erheblicher Streuung bemerkbar machen. Die individuellen Unterschiede lassen sich partiell darauf zurückführen, daß gleiche Ausdrucksqualitäten in konträrer Weise anmuten können. So wirkt ein aktives Rot im allgemeinen aktivierend; innerhalb einer Situation jedoch, in der die Begegnung als Konfrontation erlebt wird, kann es als 'lähmend' oder 'bedrohlich' beschrieben werden (s. Nienstedt, 144). Dieses Verhältnis läßt sich in etwa mit der Wirkung eines aggressiv agierenden Schauspielers vergleichen, die unterschiedlich ausfällt, je nachdem, ob der Zuschauer sich mit der Rolle identifiziert oder sie mit dem Gegenpart als Bedrohung empfindet.

Wechselwirkungen innerhalb des Farbzusammenhangs eines Bildes beeinflussen auch die jeweiligen Anmutungs- und Ausdrucksqualitäten erheblich. Aus einer Untersuchung des Verfassers über die Wirkung von 56 verschiedenen Farbkombinationen an 86 Designstudenten sind folgende vorläufige Ergebnisse zu nennen:

Die Änderungen im Eigenschaftsprofil einer Figurfarbe lassen sich nicht in jeder Hinsicht aus der Tendenz herleiten, die sie durch den Simultankontrast erleidet. Zwar nehmen Lebhaftigkeit und Stärke bei komplementär gefärbtem Grund im allgemeinen zu und bei ähnlich gefärbtem Grund ab, doch wird im Gegensatz hierzu die Wärme eines Rot durch einen orangefarbenen Grund gesteigert, ebenso die Wärme eines Orange durch einen roten oder gelben Grund.

Unter den buntfarbigen Kombinationen erwies sich bei jeweiliger Beurteilung der Figurfarbe am lebhaftesten Gelb auf Violett, am ruhigsten Blau auf Grün, am heitersten Gelb auf Rot, am ernstesten Blau auf Violett, am friedlichsten Gelb auf Orange, am aggressivsten Gelb auf Violett, am wärmsten Rot auf Orange, am kältesten Blau auf Grün, am schwächsten Orange auf Rot, am stärksten wiederum Gelb auf Violett. Nimmt man die Kombinationen mit unbunten Farben hinzu, so erwiesen sich am ruhigsten und friedlichsten Grau auf Blau und auf Weiß, am ernstesten Grau auf Schwarz und auf Weiß.

Bei der Frage nach dem *Farbzusammenklang* wurden als besonders *harmonisch* beurteilt die Kombinationen Rot auf Schwarz, Gelb auf Rot, Blau auf Grau und auf Weiß, Gelb auf Orange und Violett auf Schwarz. Als besonders *unharmonisch* galten dagegen Orange auf Grün und Rot auf Grün. Als besonders *interessant* erwies sich vor allem Gelb auf Violett, daneben Violett auf Gelb, Orange auf Blau, Rot auf Schwarz, Gelb auf Blau, Gelb auf Grün, Grün auf Violett, Violett auf Schwarz, Grün auf Schwarz. *Langweilig* wirkte Gelb auf Orange. Alle Komplementärkombinationen wirkten wesentlich interessanter als harmonisch, die meisten wurden als unharmonisch bezeichnet.

Diese Befunde bestätigen die wiederholte Kritik, die gegenüber *Farbharmonielehren* wie der von W. Ostwald (145) erhoben worden ist, die eine Harmonie zwischen Komplementärfarben behaupten. Sie entsprechen den Befunden von Kreitler u. Kreitler (118), nach denen Komplementärpaare als besonders spannungsreich empfunden werden. Eine entspannende und in diesem Sinne harmonisierende Wirkung haben zusätzliche Farben, die vermittelnde Funktionen einnehmen, eine Regel, die besonders von den Impressionisten angewandt wurde und die Kreitler u. Kreitler experimentell belegen konnten. Spannungsreich kann hiernach auch das Verhältnis zweier einander ähnlicher Farben, z. B. das zweier differierender Rottöne sein und durch weitere Farben abgestufter Ähnlichkeit entschärft werden.

Die Geschichte der Farbharmonielehren, die zugleich eine Geschichte der Farbenordnungen ist (s. Matile, 130) zeigt einen wiederholten Wechsel in der Betonung von Gegensatz und Ähnlichkeit. Ein Grund für die scheinbare Unvereinbarkeit der Konzepte ist darin zu sehen, daß Farbverhältnisse im allgemeinen statisch gedacht wurden, von einer bestimmten, a priori festgelegten Ordnung aus. Der Gedanke eines Prozesses innerhalb eines Bildwerks konnte sich erst unter Einbezug der Einsichten in die Dynamik des Wahrnehmungsvorgangs durchsetzen. Dem entspricht die homöostatische Theorie von Kreitler u. Kreitler, nach der in Kunstwerken ein Spannungsverhältnis errichtet wird und zugleich Bedingungen geschaffen werden, diese Spannung zu lösen. Zu einseitig sehen die Autoren wohl das Prinzip der 'Lust durch Entspannung' und zu weit seine Anwendung auf die Kennzeichnung von Kunstwerken überhaupt. Unter Berücksichtigung ihrer Befunde läßt sich jedoch die Vermutung aufstellen, daß die Unterschiedlichkeit zwischen den verschiedenen Harmonielehren nicht in subjektiver Beliebigkeit, sondern in unterschiedlichen Akzenten des letztlich gleichen dynamischen Zusammenhangs zu sehen ist, dessen nach wie vor hypothetische Struktur sich wie folgt formulieren läßt:

Die Ausgewogenheit eines Farbklangs besteht in der anschaulichen Dynamik zwischen Herstellung und Ausgleich eines Spannungsverhältnisses zwischen in Farbton, Helligkeit oder Sättigung sehr gegensätzlichen oder sehr ähnlichen Farben. Bei anderen Farbklängen wird entweder keine maximale Spannung oder kein vollständiger Ausgleich hergestellt, was unter dem „Prinzip der inneren Notwendigkeit" (Kandinsky) im Gesamtkontext der internen und externen Struktur eines Bildwerks häufiger erforderlich ist als die Herstellung in sich ruhender Farbharmonie.

Die phänomenanalytische Anwendung der erläuterten Terminologie sei an einem Beispiel demonstriert.

›Das Parlamentsgebäude in London‹ von Claude Monet (1903, Tafel 13) ist ein typisches Werk des späten Impressionismus, in dem unter besonderer Betonung der Farbigkeit der Ausdrucksgehalt flüchtiger Situationen, hier der Stimmung auf der Schwelle zwischen Tag und Nacht, eingefangen wird. Was man in der Realität als Übergang erfährt, wird hier zum beständigen Gleichgewicht verbundener Gegensätze, von Licht und Dunkelheit, von Wärme und Kühle, von Lebhaftigkeit und Ruhe.

Die gebändigte Polarität äußert sich gleicherweise im tektonischen Aufbau und im Kolorit. Der Horizontalität der Gebäudezeile, die die Schichtung des Bildes in Bauwerk, Himmel und Wasser bestimmt, antwortet die Vertikalität und überzeichnete Gestrecktheit der Türme, unterstützt durch die Textur einer senkrechten Pinselführung, die wiederum ihr waagerechtes Pendant in der Ausführung der Wasserfläche findet. Abgemildert durch weiche Konturen und leichte Verlaufsschwankungen, insbesondere im gebrochenen Spiegelbild der Wasseroberfläche, verliert die Orthogonalität ihre Schärfe und tritt gegenüber der Dominanz der Farbverhältnisse zurück.

Das Bauwerk ist überwiegend blaugrün gehalten, während der Himmel hierzu komplementär von orangeroten Tönen beherrscht wird. Am intensivsten wird dieser Gegensatz in der verzahnten Durchdringung der Farbflächen entlang der Silhouette, aufgegipfelt im gleichzeitigen Hell-Dunkel-Gegensatz im Bereich des großen Turms, der zugleich tektonisch und verlaufsdynamisch einen Hauptakzent setzt. Am lebhaftesten wird der Gegensatz an der Wasseroberfläche, wo das Orangerot des Himmels und das Blaugrün des Gebäudes sich in wechselnder Überlegenheit verdrängen und vermengen, ohne sich vereinigen zu können.

Die Härte des Gegensatzes mildert sich, und es entsteht ein ausgewogenes Farbganzes dadurch, daß die Komplementärfarben sich auf verschiedenen Wegen entgegenkommen. Die Gegensätzlichkeit spitzt sich nicht auf das Farbenpaar Blau–Orange zu; vielmehr ist auf beiden Seiten eine differenzierte und in die zwischenliegenden Bereiche des Farbenkreises übergehende Farbtonskala vertreten, einerseits die Reihe Rot–Orange–Gelb, andererseits die Reihe Grün–Blau–Violett. Hinzu kommt, daß beide Farbgruppen in gleicher Weise von weich zerfließenden weißlich-violetten Farbfeldern durchsetzt sind, deren Gleichartigkeit eine anschauliche Verbindung über die Konturen hinweg erwirkt. In ähnlicher Weise schaffen gelbliche und rötliche Einsprengungen im Blaugrünbereich Verbindungen nach außen.

Eine Verknüpfung besonderer Art bildet die schemenhaft angedeutete Gestalt des Bootsfahrers, die zunächst lediglich als tektonisches Gegengewicht zur exzentrischen Betonung des Hauptturmes wirkt. Ihre schmutziggraue Farbe, die in einzelnen Tupfen auf der Wasseroberfläche wiederauftaucht, ist offensichtlich das Ergebnis der Mischung, die der Künstler aus seinen hauptsächlich verwendeten Pigmenten gewonnen hat. Auf diese Weise erfahren die beherrschenden Komplementärfarben nicht nur entlang des Farbenkreises, sondern auch über sein Grauzentrum eine Verbindung. Der eigentümliche Akzent, den dieser schlichte Farbfleck durch seine auffallend scharfe Konturierung innerhalb des Bildganzen erfährt, enthüllt damit seine Rolle als verbindender neutraler Mittelpunkt der entfalteten Farbigkeit.

Zugleich erfüllt er eine weitere Funktion. Durch die Schärfe seiner Kontur gegenüber der Unschärfe der Gebäudesilhouette wird ein Gefälle geschaffen, das dem Bild Tiefenwirkung verleiht, unterstützt durch die horizontale Streckung der Farbelemente, die die Wasseroberfläche kennzeichnen. Diese Tiefenwirkung läßt ihrerseits das Blaugrün des Gebäudes teilweise als Einfärbung durch die Raumfarbe eines dunstartigen Mediums wahrnehmen (deckt man die Gestalt des Schiffers ab, so ist diese Wirkung entschieden vermindert).

Sieht man die Farbe im Bereich des Gebäudes als Flächenfarbe, so verschmelzen ihre Komponenten zu einem wolkig strukturierten Gemisch. Sieht man aber das Gebäude als durch das weißliche Blauviolett eines alles überziehenden Dunstes verhüllt, so trennt sich als seine Eigenfarbe eine Oberflächenfarbe ab, die dunkler und grünlicher wirkt als die einheitliche Flächenfarbe. In diesem Wechsel der Erscheinungsweisen liegt eine dynamische Komponente, die mit zur Lebendigkeit der Gesamtwirkung beiträgt.

Die Ausgewogenheit des Bildes stellt sich als das dynamische Wechselspiel zwischen der Aufspannung des Gegensatzes komplementärer Farben und seiner gleichzeitig und alternierend erfolgenden Vermittlung durch zwischenliegende Farben dar, zwischen der Aufspannung eines innerhalb einer Orthogonalstruktur gegebenen Gegensatzes und seiner Brechung durch zwischenliegende Richtungen, lebendig unterstützt durch die Rhythmik der linearen Verlaufsgestalt der Silhouette und durch die Rhythmik der flächigen Verlaufsgestalt fließend ineinander übergehender Farbfelder.

f) Materialqualitäten

Materialqualitäten bezeichnen hier nicht physikalisch meßbare, sondern erlebnismäßige stoffliche Beschaffenheiten. Sie sind zu einem Teil haptischer Natur, werden über Haut- und Bewegungssinne, insbesondere über die tastende Hand erfahren, z. B. rauh und glatt, schwer und leicht, weich und hart, flüssig, fest, elastisch, zäh, spröde, stumpf, scharf in Verbindung mit intermodalen Qualitäten wie warm und kalt. Durch das taktile Moment, die „hautnahe" Wirkung, gewinnen diese Eigenschaften starke Anmutungsqualitäten. Bereits die bloße Vorstellung gewisser Beschaffenheiten kann angenehme oder unangenehme Wirkungen, bei sensiblen Personen gar vegetative Reaktionen wie die Bildung von „Gänsehaut" erzeugen; man denke etwa an Eigenschaften wie samtig, seidig, wattig, borkig, schuppig, rissig, sandig, körnig, pelzig, fleischig, filzig, glitschig, klebrig. Materialqualitäten haben oft eine gegenüber ihrem Ganzheitscharakter überraschend diffizile Struktur. Komplexe Verlaufsmuster von Berührungs-, Druck-, Vibrations-, Tempera-

tur-, Kitzel-, Schmerz- und Bewegungssensationen verschmelzen
je zu einer einfachen Gestaltqualität.

Die Bedeutung des Materials hat innerhalb der Kunstgeschichte
erhebliche Wandlungen erfahren (Bandmann, 11). Im Rahmen hel-
lenistisch und christlich geprägter Wertvorstellungen nahm es oft
gleichnishaft die Rolle dessen ein, was es durch den Menschen zu
überwinden galt. Die hochstrebende Architektur gotischer Kathe-
dralen und die filigrane Leichtigkeit ihres Maß- und Rippenwerks
beispielsweise gewinnen einen Teil ihrer Dynamik durch den permanenten Gegensatz zur ursprünglichen, kompakten, groben und
schweren Materialqualität des Steins, die mitbewußt bleibt, selbst
wenn der Stein übermalt wird. (Dieses Spannungsmoment fehlt
z. B. beim Stuck, der erst im Formungsprozeß Festigkeit bekommt.)

Die Widerständigkeit des Materials gehört zu den wichtigsten
nur haptisch erfahrbaren Eigenschaften, weil durch sie sich Realität
gegenüber Traum, Wahn und Vorstellung zu erkennen gibt
(K. Jaspers, 93). Eben diese Widerständigkeit ist es, die nicht nur im
Schaffensprozeß, sondern – anschaulich aufrechterhalten – auch im
fertigen Bildwerk den ständig gegenwärtigen Gegenpart zum For-
mungswillen des Künstlers bildet. Die sich hieraus ergebende Spannung wird am intensivsten dort, wo sie sich zeigen kann, ohne daß
die Aufmerksamkeit auf die gewohnte Vielfalt anderer Aspekte ge-
streut wird, etwa an den gespaltenen und wieder zusammengefüg-
ten Granitquadern Ulrich Rückriems oder an den gehämmerten
Stahlplatten von Hanspaul Isenrath (Tafel 20).

Neben der Verselbständigung von Form und Farbe gewann im
Zuge der künstlerischen Umwälzungen um die Jahrhundertwende
das Material eine Eigenwertigkeit, die es bis dahin nicht besessen
hatte, so in Kubismus, Futurismus und bei den russischen Kon-
struktivisten (s. J. Wißmann, 191). In Deutschland waren besonders die seit 1918 entwickelten Collagen und Assemblagen von Kurt
Schwitters bedeutsam. Stücke unterschiedlichster Abfallprodukte
zog er zu Objekten zusammen, die Widerspruch zur ästhetisieren-
den Gestaltung mit „edlen" Materialien anmeldeten. Die Eigenart
dieser Arbeiten liegt nicht nur in der Kumulierung von Bedeutungs-
fragmenten, deren gedankliche Fäden weiterzuknüpfen dem Betrachter überlassen bleibt, und nicht nur in der Ambivalenz zwischen Realitätsfragment und Form (z. B. in der Doppelfunktion
von Draht als Gegenstand und Linie). Sie erhalten ihre erlebnis-
intensive Wirkung zum großen Teil aus dem Mit- und Gegeneinan-

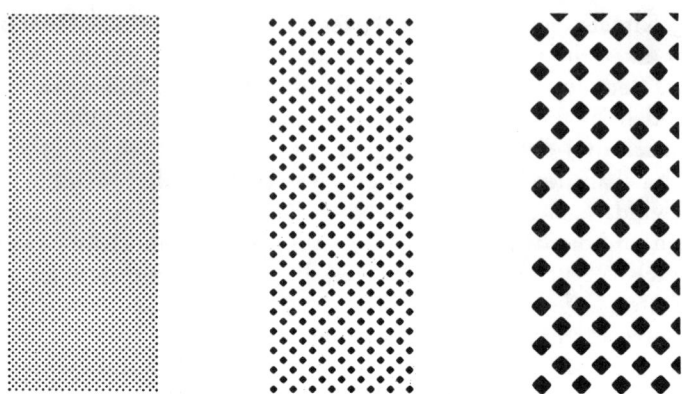

Abb. 21: Zur Abhängigkeit des Texturcharakters von der Gradation
eines Rasters.

der der versammelten Materialqualitäten wie beispielsweise in dem
›Merzbild 25 A‹ von 1920 (Tafel 21):

Stücke alter Zeitungen, rauher Wellpappe und knittrigem Pack-
papier schichten sich zu blättriger Masse über- und nebeneinander,
in ihrer Verletzlichkeit überkreuzt von splittrig-rissigem Holz,
starrendem Drahtgeflecht und gratig geschnittenem Blech. Das
systematisch Unsystematische in der Konfrontation von Material-
fragmenten, deren Beziehung sich in höchster Gegensätzlichkeit
verbirgt, findet sich gleicherweise auf den Ebenen der Farbe, der
Form und des Realitätsbezugs, wo das Gewicht tagespolitischer
Schlagzeilen auf Trivialität und Bedeutungsleere trifft.

Eine eigene und in ihrer Vielfalt unerschöpfliche Gruppe von Materialqualitäten ist in den *Texturen* gegeben. Strukturell zeichnen sie
sich stets durch eine hohe Dichte ähnlicher Elemente aus, deren
Teileigenschaften nahezu völlig in einer Ganzqualität aufgehen.
Wahrnehmungspsychologisch nehmen sie u. a. deshalb eine Sonderstellung ein, weil für sie die Gesetze der Größenkonstanz nicht
zu gelten scheinen. Am Rasterbeispiel von Abb. 21 zeigt sich: ver-
kleinern sich die Elemente bei zunehmender Dichte, so ergibt sich
die Wirkung partitiv gemischter Farbe, und die Texturwirkung geht
verloren. Vergrößern sich dagegen die Elemente bei abnehmender
Dichte, so erhalten sie eigenständigen Formcharakter, und die
Texturwirkung schwindet ebenfalls.

Ein entsprechender Wandel vollzieht sich, wenn man sich einem
der Riesengemälde von Jackson Pollock nähert (Tafel 22). In großer

Entfernung ein einheitliches Farbgemisch, erhält das Bild im Nähertreten filzartige Qualität, die sich zunehmend in ein Gewirr einzelner Linien auflöst. Aus der Nahdistanz schließlich, aus der Pollock seine Bilder betrachtet wissen möchte, bildet sich zwischen den Verlaufsgestalten der Farbspuren ein dynamisches und überwältigendes Wechselspiel heraus, das das ganze Gesichtsfeld beansprucht. Es ist eine Wirkung, deren Struktur dem Entstehungsprozeß – dem schwingenden „Dripping" von Farben auf die ebenerdig gelegte Leinwand – am nächsten kommt, doch mit dem Unterschied, daß die zuvor „aufliegenden" Figurationen nunmehr im freien, aufrechten Bildraum in ein ungebundenes Wechselspiel treten.

Analog zu den von D. Katz differenzierten Hauptgruppen von Farberscheinungsweisen lassen sich die Texturen in Oberflächen-, Flächen- und Raumtexturen gliedern:

Oberflächentexturen haben ausgesprochenen Dingcharakter mit ausgeprägt haptischer Komponente. Zu ihnen gehören Eigenschaften wie granuliert, gerippt, geriffelt, wellig, höckerig, körnig, faserig. In der Kunst begegnen sie uns in Plastiken und Assemblagen sowie in Bildern mit material- und reliefbetonter Darstellungsweise (z. B. im Surrealismus und im Phantastischen Realismus). J. Itten hat in seinem „Vorkurs" am Bauhaus der Behandlung von Kompositionen aus greifbaren Oberflächentexturen breiten Raum gegeben (88). Eine wichtige Rolle spielen Oberflächentexturen bei Versuchen, blinde Menschen rezeptiv und gestalterisch mit Kunst in Berührung zu bringen (s. K. Spitzer u. M. Lange, 173).

Bei *Flächentexturen* schwindet der Dingcharakter. Sie verbleiben in der Bildebene und sind ausgesprochen visueller Natur. Ihre strukturelle Grundlage ist die dichte, flächenfüllende Gruppierung ähnlicher Linienverläufe oder flächiger Formelemente. Neben einfachsten Texturen wie dem Punktraster in Abb. 21 steht eine Fülle von raster-, gitter-, netz-, waben-, gewebeartigen und anderen Flächentexturen. Eine nicht unwesentliche Rolle spielen sie in der Gebrauchsgrafik, der die in Abb. 22 zusammengestellten Beispiele entnommen sind. Ihrerseits sind sie z. T. der Op-Art und der mathematisch-konstruktivistischen Kunst entlehnt.

Auch außerhalb der Absicht der Op-Art, das Auge mit neuartigen Phänomenen zu konfrontieren, spielen Flächentexturen in der Bildenden Kunst oft eine wesentliche Rolle in der Gesamtkomposition. Jede Art von Schraffur – um den allgemeinsten Anwendungsfall zu nennen – gibt einer Zeichnung oder Graphik ein eigenes Ge-

Abb. 22: Flächentexturen.

präge. Die in Tafel 24 wiedergegebene Radierung von Udo Scheel (1967) gewinnt ihre Lebendigkeit nicht zuletzt aus ihrem Reichtum an korrespondierenden, sich auseinander entwickelnden und gegeneinandergesetzten Flächentexturen.

Raumtexturen eröffnen dem Betrachter ein zugleich transparentes wie durchgliedert erfülltes Volumen und sind durch die anschaulich tiefenräumliche Verteilung ihrer Elemente bestimmt. In natürlicher Umgebung sind sie etwa an Gezweig und Gespinst zu beobachten, in bewegter Form etwa an Gischt und Schneefall. Die moderne Plastik und Assemblagetechnik hat durch die Hinwendung zu neuen Materialien auch dieses Phänomenfeld für sich gewonnen und gibt der Räumlichkeit durch erfindungsreiche dreidimensionale Netz- und Gittermuster neue Qualitäten. Häufiger noch von anschaulich volumenfüllenden Texturen geprägt sind Bilder. Im ›Heuschreckenlied an den Mond‹ oder dem bereits genannten ›Aushängeschild für eine Möwenschule‹ von Max Ernst (Tafel 18) ist der durch das Bild geschaffene Raum von Geschwirr erfüllt.

Dynamisch geprägt sind auch die Raumtexturen der „stereochromen" Gemälde von H. J. Kuhna. Sein Bild ›Den Frühling vergessen müssen‹ von 1979 (Tafel 25) läßt dem Betrachter eine Flut von Farbigkeit entgegenwirbeln, getragen von tausenden scharf konturierter Flächenpartikel. Von einem virtuellen Zentrum ausgehend, das – als dynamische Komponente – um einiges vom stabilen Bildmittelpunkt abweicht, strecken sich die gelappten Teilformen zentrifugal in die Länge. Das Auge nimmt diese radiale Streckung als Näherung wahr, begünstigt von der unterschiedlichen und damit tiefenwirksamen Weise, in der die Farbpartikel sich voneinander abheben. Die Vielzahl lokaler Einzelereignisse enthüllt sich dem Betrachter im nachhinein. Primär gegeben ist der einheitliche Eindruck überflutender Farbigkeit und expandierender Raumtextur. Gemeinsam gehen Qualitäten der Dynamik, der Form, Farbe und Textur in spezifischer Weise als Strukturmomente in eine Gestaltqualität ein, die erst mit diesem Bilde geschaffen wird.

5. Schein und Wirklichkeit im Bildwerk

a) Erlebniswirklichkeit und Kommunikation

Eine der seit der Antike meistbehandelten kunsttheoretischen Fragen gilt der Beziehung zwischen Kunst und Wirklichkeit. Vordergründig eine normative Frage (ob und inwiefern Kunst die Wirklichkeit abbilden und auf diese Weise Wahrheit vermitteln soll) oder eine gestaltungstechnische Frage (mit welchen bildnerischen Mitteln eine Darstellung realitätsnahe Wirkungen erlangt), stellt sich im eigentlichen Kern ein erkenntnistheoretisches Problem: Was ist Schein und was Wirklichkeit? Welcher Art ist die Wirklichkeit, auf die Kunstwerke sich beziehen, worin besteht dieser Bezug und welcher Art ist die Wirklichkeit von Kunstwerken selbst?

Der sinnvolle Gebrauch von Termini wie Darstellung, Abbild,

Symbol, Zeichen, wie Realismus, Naturalismus, Verismus, Surrealismus, Phantastischer Realismus, Illusionismus, Hyperrealismus setzt die begriffliche Klärung des Wirklichkeitsbegriffs voraus. Die an Mißverständnissen reiche Diskussion um Kunst, Schein und Wirklichkeit beweist, daß bisherige Klärungsansätze noch nicht Allgemeingut geworden sind.

Die Psychologie beschäftigt sich mit der Wirklichkeitsproblematik aus zweifachem Grund. Erkenntnistheoretische Fragen betreffen sie einerseits – wie jede Wissenschaft – in methodologischer Hinsicht, andererseits in inhaltlicher Hinsicht, da sie den mit der umgebenden Wirklichkeit wahrnehmend und handelnd verbundenen Menschen zum Gegenstand hat.

Insbesondere die Wahrnehmungspsychologie hat sich mit der Untersuchung ihrer Grundlagen in Bereiche begeben, die sich mit dem angesprochenen kunsttheoretischen Problembereich großenteils decken. Dementsprechend ist seitens der Kunstpsychologie die Wirklichkeitsproblematik wiederholt behandelt worden (Gombrich, 57, Gombrich, Hochberg, Black, 59, Kreitler u. Kreitler, 118, Sprinkart, 174). Doch gehen diese Versuche in der Aufschlüsselung der grundsätzlichen Problematik im allgemeinen nicht weit genug; so wird zwar der Illusionsbegriff untersucht, doch auf der Folie eines Realitätsbegriffs, der in seiner scheinbaren Selbstverständlichkeit kaum in Frage gestellt wird.

Im folgenden soll im Anschluß an den von der Gestaltpsychologie fortentwickelten 'kritischen Realismus' (s. bes. Köhler, 114, Metzger, 134, Bischof, 18, Hajos, 75, s. auch die kunstpsychologischen Verweise bei Vukovich, 180, und Rausch, 156) zunächst die Bodenlosigkeit des gängigen Realitätsbegriffs aufgezeigt werden, um auf tieferliegender Ebene festen Grund für eine differenzierte Anwendung auf die kunsttheoretische Problematik zu gewinnen.

Die kindliche Auffassung folgt dem *naiven Realismus,* der keinen Unterschied zwischen der Erscheinungsweise der Dinge und einer 'objektiven Wirklichkeit' macht. Verschiedene Erfahrungen führen in der ontogenetischen Entwicklung von dieser Auffassung fort: 1. die Erfahrung, daß die Erscheinungsweise der Dinge vom jeweiligen Aspekt abhängt (eine Erkenntnis, die in engem Zusammenhang mit der Fähigkeit zu perspektivischer Darstellung steht), 2. die Erfahrung, daß gleiche Gegenstände in unterschiedlichem Kontext sich selbst zu ändern scheinen (Beispiel Kontrastwirkungen), und daß physikalische Meßinstrumente wie Metermaß und Waage über Realität offenbar zuverlässiger Auskunft geben als der unmittelbare

Sinneseindruck, 3. die Erfahrung der Modalitätsabhängigkeit, d. h. die Beobachtung, daß verschiedene Sinne den gleichen Gegenstand in widersprüchlicher Weise erscheinen lassen können; insbesondere wird der 'Augenschein' als trügerisch bemerkt, demgegenüber profiliert sich der haptische Sinn als der vermeintlich sichere, da nur er die Widerständigkeit des Realen erkennen läßt, 4. die Erfahrung, daß verschiedene Menschen aufgrund unterschiedlicher Erfahrung und Einstellung gleiche Gegenstände ganz unterschiedlich beurteilen können, was oft die Angleichung der eigenen 'Ansicht' an das übereinstimmend für richtig Gehaltene zur Folge hat.

Die Erkenntnis von Aspekt-, Kontext-, Modalitäts- und Subjektabhängigkeit der Erscheinungsweise der Dinge führt zum *seminaiven Realismus,* der nicht nur das Weltbild der meisten Erwachsenen, sondern auch die impliziten oder expliziten Grundannahmen zahlreicher psychologischer und ästhetischer Theorien prägt: Zwar wird die Erscheinungsweise der Dinge als aspektabhängig gesehen, die Dinge selbst aber in der Gesamtheit möglicher Aspekte als prinzipiell vollständig erfahrbar, zwar wird die Kontextabhängigkeit eingesehen, doch im wie auch immer isolierten Gegenstand seine 'eigentliche' Eigenart angenommen, zwar wird die Modalitätsabhängigkeit erkannt, doch besonders der Tastsinn oder die Gesamtheit der verschiedenen Sinneserfahrungen als halbwegs objektiv angesehen, zwar wird die Subjektabhängigkeit erkannt, doch nur im Sinne der individuellen Färbung einer intersubjektiven Invariante, die selbst den Wert objektiver Gegebenheit erhält.

Die Position des semi-naiven Realismus ist durch den *kritischen Realismus* widerlegt worden. An die Stelle der Annahme einer 'nicht ganz objektiven' Erfahrungswirklichkeit tritt hiernach die grundsätzliche Unterscheidung zwischen der *physikalischen, erlebnisjenseitigen Welt (Wirklichkeit im 1. Sinn)* und der *anschaulichen oder erlebten Welt (Wirklichkeit im 2. Sinn)* (Metzger, 134).

Unmittelbar einzusehen ist, daß zur erlebnisjenseitigen Welt physikalische Ereignisse gehören, deren Wirkungen ohne die Übersetzung durch physikalisch-technische Hilfsmittel unbemerkt bleiben. So ist der Mensch z. B. nicht auf den Empfang infraroter Strahlungsverteilungen eingerichtet. Was ihm hierdurch verborgen bleibt, illustriert Abb. 23, wo die Wärmestrahlung eines Kopfes in Helligkeitswerte übertragen ist.

Das Beispiel verdeutlicht, daß es keinesfalls *die* im physikalischen Sinne einzig 'richtige' Erscheinung geben kann. Jede Strahlungsart, wären wir für sie empfänglich, müßte allein schon aufgrund der

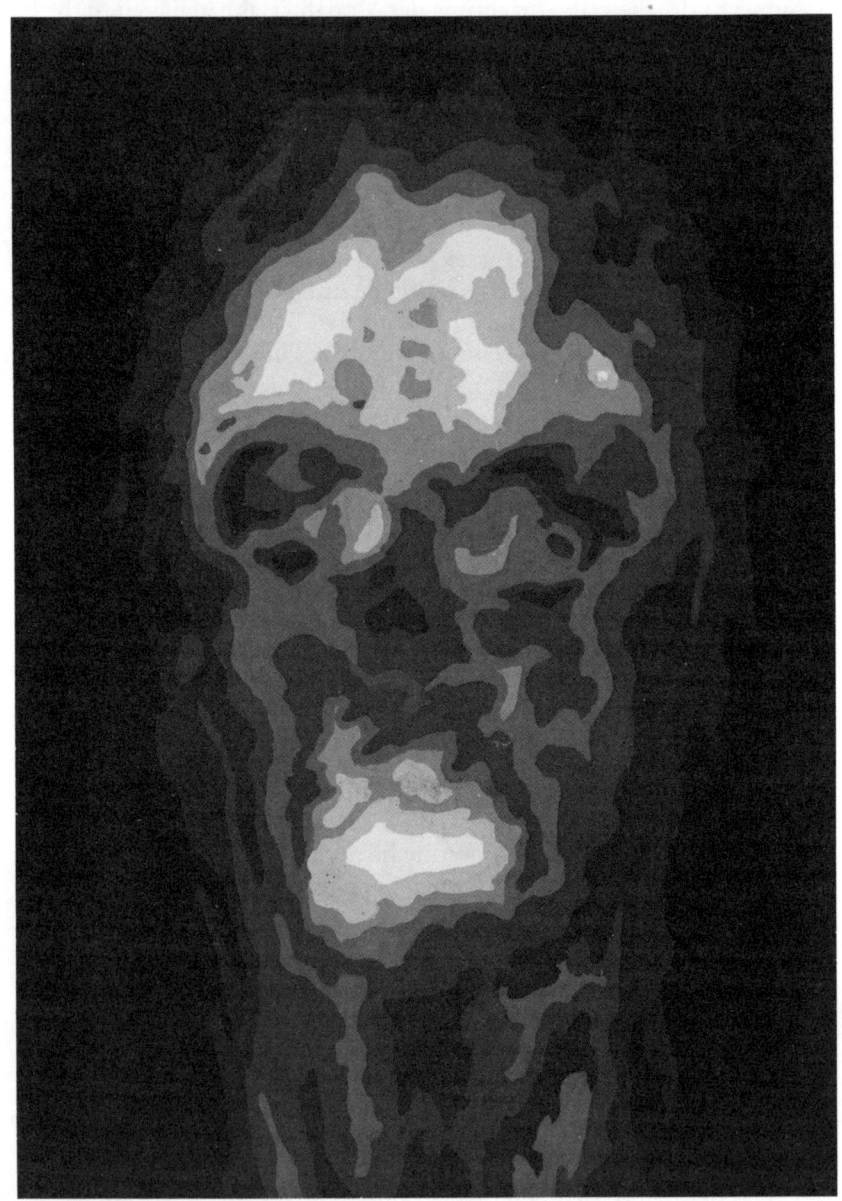

Abb. 23: Wärmebild eines Kopfes.

unterschiedlichen Reizverteilung die gleichen Dinge jeweils anders erscheinen oder auch unsichtbar werden lassen. Aus dem Gesamtspektrum elektromagnetischer Wellen wird für das Auge nur ein winziger Ausschnitt wirksam. Dieses 'sichtbare Spektrum' vermittelt entsprechend nur einen Bruchteil der Strukturen physikalischer Wirklichkeit, eben den Teil, der für viele Lebewesen einschließlich des Menschen im Laufe der Evolution Orientierungswert erhalten hat. Und selbst diese Vermittlung geschieht nur höchst indirekt auf dem Wege von chemischen und physikalischen Zustandsänderungen im Zentralnervensystem bis hin zu jenen Mustern elektrochemischer Prozesse, die letzthin das Korrelat für die Farbigkeit, die Formen- und Ereignisfülle der phänomenalen Welt bilden.

Entscheidend ist, daß dieser Weg sich vom bewußten Erleben her prinzipiell nicht rückverfolgen läßt. Die Erlebniswelt ist zwar über ihr neurophysiologisches Korrelat rezeptiv und aktiv mit der physikalischen Wirklichkeit verbunden, enthält in sich aber keinen Verweis auf diese Verbindung. Jedes Reden vom 'Deuten der Sinnesreize' ist daher grundsätzlich unzutreffend. Holzkamp (81) wendet ein, daß die Annahme individueller Erlebniswelten der unbestrittenen Beobachtung widerspricht, daß man nicht die Welt in sich selbst, sondern sich selbst in der Welt befindlich erfährt. Dieser Einwand ist jedoch ebenso verfehlt wie die theoretische Annahme, man sähe den projektiven Verhältnissen auf der Netzhaut entsprechend ursprünglich alles auf dem Kopf stehend. Denn nicht nur die Umwelt, sondern auch der *eigene Körper* wird nicht unmittelbar erfahren, sondern mittelbar über Sinnesorgane; und seine phänomenale Repräsentation hat ihren Ort *innerhalb* der phänomenalen Repräsentation der Umwelt. Erst durch das Beziehungsgefüge zwischen den Repräsentationen von Umwelt und Körper-Ich definieren sich Raumrelationen wie oben und unten, innen und außen ebenso wie die Gesamtheit aller Verhältnisse innerhalb der erlebten Lebenswirklichkeit des Individuums.

Zu Recht kritisiert Holzkamp (82) allerdings die in der Gestaltpsychologie häufig überspitzte Darstellung des Verhältnisses zwischen einer chaotischen Reizmannigfaltigkeit einerseits und der ordnungstiftenden Wahrnehmungsorganisation andererseits. Die Kritik betrifft aber lediglich die Vernachlässigung des Umstandes, daß das physikalisch Wirkliche im allgemeinen hochgradig strukturiert ist und zum Netzhautbild in invarianten Beziehungen steht, die eine Grundlage für die Möglichkeit angepaßter Reaktionen darstellen (s. Gibson, 55, Klix, 111). Die Kritik geht zu weit in der

Leugnung des Umstandes, daß erlebte Wirklichkeit bei jedem Individuum prinzipiell neu entsteht und nur entstehen kann, weil Wahrnehmung organisiert erfolgt (vgl. Rump, 161).

Physikalische Wirklichkeit und Erlebniswirklichkeit sind nur zum Teil strukturverwandt, ein großer Teil physikalischer Strukturen ist im Phänomenalen nicht repräsentiert, und ein großer Teil phänomenaler Gestalten hat keine Entsprechung in der außerorganismischen physikalischen Wirklichkeit. Mißt man die Gesamtheit des phänomenal Gegebenen an seinem Anteil an den aus der physikalischen Wirklichkeit transponierten Strukturen, so ist die Kennzeichnung 'semierratisch' (halbirrtümlich), die Holzkamp im Anschluß an Brunswik zur Charakterisierung der Wahrnehmungsleistung wählt, noch zu weit gegriffen.

Für die Kunst ist der Anpassungs- und Zweckmäßigkeitsaspekt der Wahrnehmung nicht vordergründig. Er ist für sie so uninteressant richtig und so unvollständig wie der Fortpflanzungsaspekt für die Erotik. „Das Sehen um seiner selbst willen zu treiben" (Fiedler, 47, S. 173), gehört zum Gedanken künstlerischer Autonomie, der die relative Autonomie von Wirklichkeit im 2. Sinn entspricht. Durch die Unterscheidung von Wirklichkeit im 1. und 2. Sinn gewinnt die phänomenale Welt ganz im Sinne der Kunst eine Dignität, die sie im Rahmen zuvor genannter Grundannahmen nicht erhalten konnte. Auf der Stufe des naiven Realismus ist das Phänomen mit dem Wirklichen identisch und wird daher als solches gar nicht erkannt. Im semi-naiven Realismus, ebenso im Materialismus und im Idealismus wird das Phänomen, indem es erkannt wird, zugleich als nur halb-objektiv, semierratisch oder scheinbar in bezug auf eine einzige, eigentliche Wirklichkeit abgewertet. Nach der Auffassung des kritischen Realismus jedoch stellt sich das Phänomenale als das dem Menschen unmittelbar Gegebene und insofern Wirkliche eigenwertig neben der Wirklichkeit des Erlebnisjenseitigen dar. Während eine als semierratisch eingeschätzte Sinnesleistung sich jedem physikalischen Meßgerät beugen muß, gewinnt das Phänomenale nunmehr die ausdrückliche Identität mit dem durch nichts ersetzbaren individuellen Selbst- und Welterleben.

Wirklichkeit im 2. Sinn, das „seelisch Wirkliche", umfaßt erstens alles Gesehene, Gehörte und Gespürte, das man um sich selbst herum antrifft. Sie ist bei jedem neu und etwas anders, wie jede „Ansichtsäußerung" belegt. Sie ist zugleich aber interindividuell in gewissen Grenzen strukturell ähnlich, worauf jede mitmenschliche Kommunikation basiert. Art und Ausmaß der Ähnlichkeit bestehen einerseits nach Maßgabe vergleichbarer soziokultureller Rahmenbedingungen, andererseits nach Maßgabe der organismischen Voraussetzungen dafür, Projektionen physikalischer Strukturen in psychophysische Strukturen und damit in anschauliche Inhalte hinreichend adäquat zu übersetzen. Wirklichkeit im 2. Sinn umfaßt zweitens das Erleben des eigenen Körpers und der durch ihn vollzogenen Handlungen, umfaßt drittens alles „innerlich" Lokalisierte wie Gefühle und Vorstellungen, Gedanken, Einfälle, Erinnerungen und Träume.

Ob sich ein je entsprechendes physikalisch Wirkliches nachweisen läßt, ist eine Frage, die, solange auch ohne ihre Lösung Kommunikation mit befriedigendem Erfolg funktioniert, nur die Wissenschaften interessiert. Für die Kunst, sofern sie sich von der normativen Anbindung an eine bestimmte erlebnisjenseitige Wirklichkeit oder von der Beschränkung auf das Allgemeinverbindliche befreit hat, thematisiert sich die Vielfalt des Erlebens in ihrem ganzen Umfang, vom sinnlich Erfahrenen über das Gefühlte und Gedachte bis an die Grenzen des als Möglichkeit Erahnten.

b) Angetroffenes und Vergegenwärtigtes im Bildwerk

Obwohl bereits 1887 C. Fiedler für den Realismusbegriff der Kunst Konsequenzen aus dem Umstand zog, „daß alles Außer-uns auf ein In-uns hinausläuft" (47, S. 138), wurde noch in der Folgezeit das Psychische in unzutreffender Weise der Objektwelt gegenübergestellt. So sollte etwa nach dem von André Breton verfaßten Manifest des Surrealismus „an die Stelle der realen Außenwelt die seelische Realität" treten, unter der vor allem Traum und Vision verstanden wurden. Tatsächlich bedeutet der Surrealismus eine thematische Verlagerung *innerhalb* des seelisch Wirklichen, und zwar vom *Angetroffenen* zum *Vergegenwärtigten*. Diese Unterscheidung trifft Metzger zur Kennzeichnung von 'Wirklichkeit im 3. Sinn' (vgl. Abb. 24):

„Innerhalb des Erlebbaren, d. h. innerhalb der Wirklichkeit im 2. Sinn, wird unterschieden zwischen den Dingen, Wesen, Ereignissen, Taten *selbst* und deren Vergegenwärtigungen, also zwischen von uns Angetroffenem, Vorgefundenem, leibhaft uns Begegnendem (oder leibhaft von uns Gewirktem), *uns selbst* also in diesem Sinn *Gleichrangigem* einerseits – und von uns bloß Gedachtem, Vorgestelltem, Vermutetem, Geahntem, Erinnertem, Erwartetem,

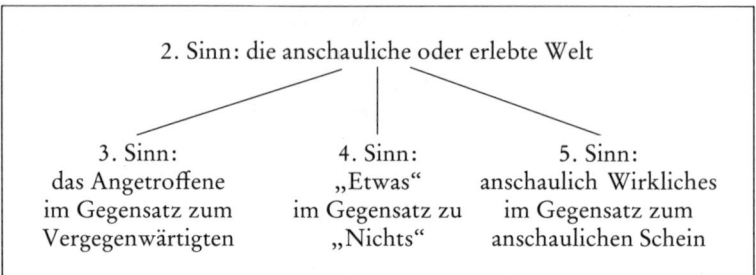

Abb. 24: Fünferlei Sinn von Wirklichkeit nach Metzger (134).

begrifflich Gewußtem, Geplantem, Beabsichtigtem andererseits"
(134, S. 18).

Ein wesentlicher Teil der Faszination, die Kunst sowohl für den
Schaffenden wie für den Betrachter ausübt, ist darin zu sehen, daß
im 3. Sinn Nichtwirkliches zu in gleichem Sinne Wirklichem verwandelt wird. Ideen, Vorstellungen, Erinnerungen oder Träume
werden aus der ungreifbaren, schemenhaften und flüchtigen Existenz des Vergegenwärtigten in leibhaft begegnende Form überführt. Der Künstler wird zum Schöpfer von Wirklichem zwar nicht
im 1., aber im 3. Sinn, und der Betrachter hat im wahrnehmenden
Nachvollzug seinen Anteil daran.

Dem scheint zu widersprechen, was Gustave Courbet für einen
entschiedenen Realismus formuliert hat: „Ein abstrakter Vorwurf,
der als Gegenstand nicht sichtbar und nicht vorhanden ist, gehört
nicht in den Bereich der Malerei. Bildliche Vorstellungskraft zu besitzen, heißt in der Kunst, befähigt zu sein, eine vorhandene Sache
möglichst umfassend zum Ausdruck zu bringen, sie besteht niemals
in der Annahme (supposition) oder in der Erschaffung dieser Sache"
(zit. nach Bauer, 13, S. 2292).

Abgesehen davon, daß Courbets Bescheidung nur begrenzte
Gültigkeit für die Kunst besitzt, gewinnen auch in seinem eigenen
Werk die dargestellten Gegenstände eine neue Form anschaulicher
Wirklichkeit, geprägt durch den der Sichtweise des Künstlers ent-
sprechenden kompositionellen Zusammenhang, der als spezifischer
Kontext seine Teile spezifisch verändert. Als Abbild sind sie etwas

strukturell Wiedergegebenes, als Bildgegenstand sind sie etwas Erschaffenes.

„Solange Kunst Kunst ist, ist sie nicht Natur, selbst wenn sie es der Absicht nach sein wollte", schrieb 1884 der Physiologe und Psychologe Hermann von Helmholtz. „Der Künstler kann die Natur nicht abschreiben, er muß sie übersetzen" (zit. nach Bauer, 13, S. 2294).

Diese Übersetzungsarbeit zeigt sich nicht zuletzt in einem Aspekt realistischer Malweise, bei dem sie oft aufgrund falscher Grundannahmen gar nicht gesucht wird: in der perspektivischen Darstellung. Entspräche der visuelle Eindruck den projektiven Verhältnissen auf der Netzhaut (eine Annahme, die auch heute noch im angeblichen 'Deuten' von Größenunterschieden, Verzerrungen etc. zum Ausdruck kommt), so wäre zentralperspektivische Darstellung tatsächlich ein bloßes 'Abschreiben' der natürlichen Verhältnisse. Das Netzhautbild gehört jedoch in den Bereich von Wirklichkeit im 1. Sinn, es hat in seiner Zweidimensionalität keine Entsprechung zur Wirklichkeit im 3. Sinn. Selbst bei der Betrachtung einer stirnparallelen Fläche geht die dritte Dimension als anschauliche Distanz zwischen Betrachter und Fläche in den Gesamteindruck mit ein. Die Gegenstandswelt, wie sie vorgefunden wird, ist vielmehr ein den Menschen vollständig umgebender, nach Tiefe, Höhe und Breite erstreckter Raum voller plastischer Objekte, die sich bei Änderung ihrer Entfernung anschaulich nicht oder kaum in der Größe verändern. Räumliche Darstellung in der Bildebene kann sich daher nicht allein auf das Vorgefundene stützen. Der Maler muß sich die perspektivischen Verhältnisse vielmehr „vergegenwärtigen", um erst im Ergebnis einen Effekt zu erzielen, der der Tiefenwirkung des Angetroffenen entspricht.

Nicht nur unter formalen Gestaltungsaspekten, sondern auch unter inhaltlichen Aspekten hebt sich realistische Malweise in der Kunst vom bloßen 'Abschreiben' ab. Indem Vorgefundenes zur Darstellung gebracht wird, ohne ein im 1. Sinn Wirkliches zu duplizieren, äußert sich die subjektbezogene Auffassungsweise dieses Gegenstands, äußern sich Werthaltungen in der Wahl des Gegenstands, äußern sich Einsichten durch gestiftete Zusammenhänge. Die von Künstler zu Künstler bei gleichem Gegenstand selbst bei der Absicht größter Naturtreue grundverschiedenen Werke zeigen die individuelle Ausprägung von Wirklichkeit im 2. Sinn, machen Besonderheiten sensibler Wirklichkeitserfahrung und persönlicher Wirklichkeitserkenntnis öffentlich und konfrontieren so den Betrachter mit der möglichen Andersartigkeit von Gegenständen, die ihm längst vertraut schienen. (Daß mancher Kunstgenießer in Bildern vor allem das Vertraute und Erwartete bestätigt und verewigt sehen möchte, ist ein Wunsch, dessen Erfüllung oder Verweigerung einen Teil des Unterschieds von Kitsch und Kunst ausmacht.) Demgegenüber haben Surrealismus, Magischer und Phantastischer Realismus gemeinsam, daß dort im 3. Sinn Unwirkliches durch bildhafte Übersetzung als wirklich im 2. Sinn erkennbar gemacht wird. Als Sichtbares gewinnt es zudem den Charakter von Wirklichkeit im 3. Sinn, um so stärker, je konsequenter die Darstellungstechnik auf Wirkungen angelegt ist, die dem Material-, Ding- und Raumcharakter des für gewöhnlich Angetroffenen entspricht (etwa bei Dali, Hausner oder Fuchs). Dadurch, daß zugleich über inhaltliche und formale Widersprüche zur Alltagserfahrung die Vorstellungswelt oder 'Vision' des Künstlers als Quelle erkennbar bleibt, entsteht insgesamt ein spannungsreiches Gefüge von Wirklichkeitsebenen.

c) 'Etwas' und 'Nichts' im Bildwerk

Ein ebenso hintergründiges Spiel mit der Wirklichkeit geschieht innerhalb der Kunst über die anschauliche Ambivalenz von 'Etwas' und 'Nichts' *(Wirklichkeit im 4. Sinn)*. Raumfüllendes Volumen einerseits und die Leere von Raum und Zwischenraum andererseits treten überall dort in Beziehung, wo Figur und Grund, Gegenstand und Umraum gegeneinandergesetzt werden. Da dies bei nahezu jedem Bildwerk geschieht und dadurch die Unauffälligkeit des Selbstverständlichen gewonnen hat, bedarf es auch hier einer gedanklichen Distanz, um der Eigentümlichkeit dieses Aspekts erlebter Bildwirklichkeit gewahr zu werden. Ein vollständiges Nichts ist so wenig wahrnehmbar und vorstellbar wie vollständige Schwärze. Leere wird am intensivsten im Gegensatz zu Gegenständlichkeit erfahren – analog zum Gegensatz von Licht und Dunkelheit – und erhält hierbei eine anschauliche 'Eigenschaftlichkeit', die ein gedachtes Nichts per definitionem eigentlich nicht haben sollte: Tiefe, Transparenz und vor allem Anmutungsqualitäten wie die Sogwirkung bodenloser Abgründe und grenzenloser Weiten, wie sie etwa in den Landschaften der Romantik oder in den Räumen des Surrealismus begegnen. Sparsam ins Bild gesetzte Dinge setzen die Dinghaftigkeit des Bildes als bemalter Leinwand außer Kraft, entmaterialisieren die Bildfläche und schaffen statt dessen einen bildeigenen

Anschauungsraum, worin sie selbst wiederum ihren Platz einnehmen.

Umgekehrt ist der materialfeste Dingcharakter am stärksten
dann, wenn die Gegenstände gegen einen homogenen Umraum ab-
gesetzt sind. Sobald die Objekte lückenlose Dichte erhalten, geht
der Gegenstandseindruck in den Eindruck von Oberflächentextur
über, die den Raum zwischen Bild und Betrachter abschließt. Verbindet sich dagegen eine ausgedehnte Fülle geschlossener Flächen
und Formen mit sparsam gesetzten Zwischenräumen, so wird der
Betrachter gleichsam überflutet (s. Tafel 18 und 25).

Die sich gegenseitig bedingenden Wirkungen von Ding und Umraum sind in diesem Jahrhundert auch für die Plastik verstärkt erarbeitet worden. Während vormals eine Skulptur allein aus einem in
sich ruhenden Volumen bestand und der Umraum lediglich als Be-
zugsrahmen berücksichtigt wurde, gingen nunmehr Innenräume,
Hohlräume und Umräume in den Gestaltungszusammenhang ein.
Plastiken wie die Liegenden von Henry Moore (Tafel 23) sind wesentlich durch das Wechselspiel von konkav und konvex innerhalb
und zwischen Volumen, eingeschlossenem und umschließendem
Raum gekennzeichnet, einer Dynamik aus Ambivalenzen, die auf
dem flexiblen Relationsgefüge von Wirklichkeit im 4. Sinn gründet.

Die Ambivalenz bildhafter Figur-Grund-Beziehungen, die
schon manche Ornamentalmuster antiker Mosaike kennzeichnet,
wird zum Ausdrucksmittel von Einsichten in die allgemeine Relativität von Wirklichkeit besonders in Surrealismus und Op-Art, z. B.
bei Magritte, Dali, Arp und Vasarely. Sehr eingehend hat sich
M. C. Escher diesem Thema gewidmet. Seine in technischer Hinsicht von figurativen Elementen lückenlos besetzten Graphiken gestatten eine vollständige Auffassung nur im Sinne ornamentaler
Texturen. Die Realisierung eines figurhaften Eindrucks ist stets nur
für Teile möglich, die nicht unmittelbar aneinandergrenzen; die jeweils zwischenliegenden Bereiche werden zum Grund. Gewinnen
letztere Dingcharakter, so wiederum auf Kosten der „Vernichtung"
der zuvor gesehenen Figuren. Im permanenten Wechsel von 'Etwas' und 'Nichts', von Entstehung und Verlust anschaulicher Existenz erfährt der Betrachter zugleich Vielgestaltigkeit, Relativität
und Begrenztheit menschlichen Wirklichkeitserlebens. Abb. 25
spiegelt die Grundsituation solcher Verhältnisse ab: Es ist zwar
möglich, alternierend alle schwarzen *oder* alle weißen Pfeile, nicht
aber, beide Gruppen gleichzeitig zu sehen.

Innerhalb des Rahmens von Wirklichkeit im 4. Sinn gewinnt Be-

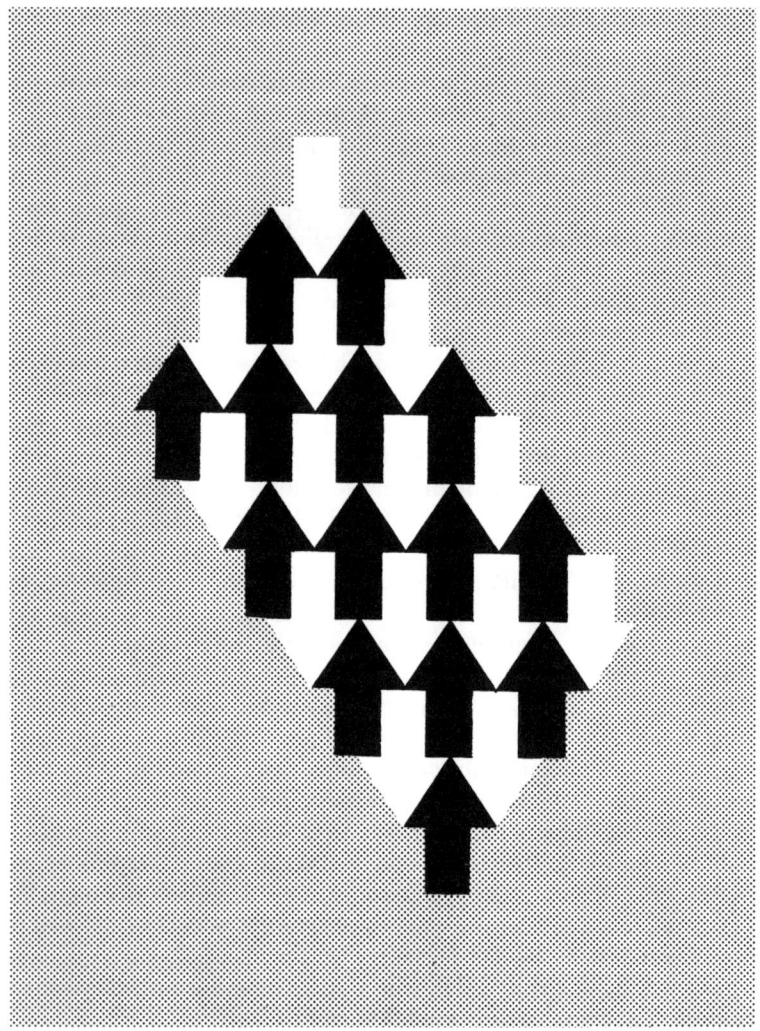

Abb. 25: Ambivalentes Figur-Grund-Muster.

deutung, was Metzger das *„unwahrnehmbar Vorhandene"* nennt.
Die Rückseite gesehener Dinge, ihre durch andere Dinge verdeck-
ten Partien oder der Raum außerhalb des Gesichtsfeldes gehören
ebenso zum Angetroffenen wie Bereiche, die eine unmittelbare
reizmäßige Entsprechung haben. An diesen Stellen wird nicht eine

Lücke vorgefunden, die durch Vergegenwärtigtes geschlossen würde, sondern umgekehrt: es bedarf ggf. der Vergegenwärtigung der perspektivischen Verhältnisse, um aus dem anschaulich als vollständig Angetroffenen das herauszugrenzen, was nur unwahrnehmbar vorhanden ist. Der Regelfall ist der, daß ein wesentlicher Teil, eine Teileigenschaft oder ein Teilaspekt ganz unmittelbar, ohne bewußte Hypothesenbildung, die anschauliche Präsenz eines Ganzen hervorruft (Prinzip des 'pars-pro-toto', vgl. das „Etceteraprinzip" bei Gombrich, 57, S. 228 ff.).

Dieser Wirklichkeitsaspekt spielt in den meisten Bildern eine wichtige Rolle. Am deutlichsten ist dies in Skizzen, bei denen wenige Striche genügen, um eine vollständige Szene aufleben zu lassen. Umrißlinien heben den von ihnen eingeschlossenen Flächenbereich als Ganzes figurhaft hervor, obwohl dieser Bereich vom Zeichner so wenig bearbeitet wurde wie das qualitativ ganz anders erscheinende Umfeld. Der von realistischen und halbrealistischen Bildern geschaffene Tiefenraum hört nicht am Bildrahmen auf; vielmehr öffnet jedes dieser Bilder seinen eigenen, jeweils totalen Anschauungsraum, in den hinein der Betrachter wie durch ein Fenster blickt oder in den er – begünstigt durch ein großes Bildformat – in gewissem Sinne hineingenommen wird. Schließlich gilt das 'pars-pro-toto' nicht nur in räumlicher, sondern auch in zeitlicher Hinsicht. Lebensnahe Szenen wie etwa ›Die Gaukler‹ (Tafel 9) beziehen einen wesentlichen Anteil ihrer Ausdruckskraft daraus, daß die Situation als eine gegenwärtige vor dem Hintergrund einer wenn auch noch so unbestimmten Vergangenheit gesehen wird.

d) Anschaulicher Schein und anschauliche Wirklichkeit des Bildes

Trotz aller Wirklichkeitseigenschaften bleibt auch ein noch so realistisches Bild 'nur ein Bild', und E. H. Gombrich weist nach, daß dieses von Lucien Freud im Werk Leonardos erkannte Motiv die ganze abendländische Kunst durchzieht (57, S. 117 ff.). Der naiv-realistische Glaube an einen magischen Bildzauber, der die Zeitgenossen prähistorischer Kunst vermutlich nicht weniger faszinierte als die Angehörigen von Naturvölkern jüngerer Zeit, ist uns so unwiederbringlich verloren wie das kindliche Staunen vor dem Bühnenzauberer für den, der den Trick kennt.

Der Hader divinatorischer Ansprüche des Künstlers mit den Grenzen seiner menschlichen Möglichkeiten wurde seit Pygmalion, dem noch die Göttin Aphrodite zu Hilfe eilte, um ihm die geliebte Statue vollends zum Leben zu erwecken, nicht mehr friedlich beigelegt. Der bekannte Ausspruch des spätklassizistischen Malers J. A. Ingres: „Die Kunst hat niemals eine so hohe Stufe der Vollkommenheit erreicht wie dann, wenn sie so stark der Natur ähnelt, daß man sie für die Natur selber halten kann", artikuliert letztlich jene Stufe bildlicher Darstellung, wo die verbleibende Differenz zum Leben selbst, weil nicht mehr zu vermindern, sich am endgültigsten zeigt. Gombrich vermutet vielleicht nicht zu Unrecht die Wurzel von Leonardos Unbefriedigtsein mit seiner Kunst in dem Gefühl der Machtlosigkeit, diese letzte, entscheidende Grenze zu überschreiten.

Die Vollkommenheit, die Ingres meint, ist eine Annäherung auf rein phänomenologischer Ebene. Es ist die Annäherung des *anschaulichen Scheins* an das *anschaulich Wirkliche (Wirklichkeit im 5. Sinn)*. Diese Differenzierung bezieht sich nicht auf die Trennung zwischen Erscheinung und physikalischer Wirklichkeit, sondern betrifft eine weitere Unterscheidung *innerhalb* von Wirklichkeit im 2. und 3. Sinn.

Zu den bemerkenswerten Eigenarten dieses Gegensatzes gehört, daß seine Glieder nicht disjunktiv getrennt sind, sondern zwei Pole eines Kontinuums darstellen. Es gibt verschiedene Grade anschaulicher Wirklichkeit; Zwischenstufen sind jedem vertraut etwa aus der Phase zwischen Schlaf und Erwachen oder aus Situationen, die so wirklichkeitsfern erschienen, daß man fast zu träumen glaubte. Auch kann der gleiche Gegenstand oder das gleiche Ereignis verschiedene Grade von Wirklichkeit durchlaufen. Man denke etwa an die 'Kulissenhaftigkeit' der Bühne und die 'Rollenhaftigkeit' des Schauspielers zu Beginn eines Theaterstücks, die im Laufe der Handlung einer zunehmenden 'Echtheit' und 'Natürlichkeit' weichen (was man allzu leicht allein der 'Einstimmung' des Schauspielers zuzuschreiben geneigt ist). Der Wirklichkeitscharakter kann so stark werden, daß man anschließend erst wieder 'in die Realität zurückfinden' muß, die ihrerseits zunächst seltsam unwirklich anmutet. Entsprechendes gilt für die Bildbetrachtung. Jede Bildwirklichkeit, sei sie gegenständlich oder ungegenständlich, verlangt ihre jeweilige 'Einstimmung'. Sie ist nicht nur eine Frage der Dauer, sondern auch eine Frage der Einstellung, die der Betrachter aktiv einnimmt. Wenn ich nur mit Farbe bestrichene Leinwand sehen will, dann sehe ich nichts anderes. Wenn ich mich auf die vom Künstler geschaffene Wirklichkeit einzulassen bereit bin, dann sehe ich sie. Am deutlichsten wird die vollentfaltete Bildwirklichkeit zum Schluß einer eingehenden Betrachtung, dann nämlich, wenn sie mit dem Eindruck kontrastiert, der sich ergibt, wenn das Bild wieder zum Gegenstand neben anderen wird.

Wie ein halbvolles Glas auch als halbleer gesehen werden kann, so kann im Kontinuum anschaulicher Wirklichkeit je nach Einstellung das enttäuschte Urteil 'nur ein Bild' (bestenfalls unter Anerkennung illusionistischer Virtuosität) ebenso entstehen wie das Erstaunen über unerwartete Lebendigkeit, wie sie sich etwa bei ungegenständlichen Bildwerken zeigt. Kunst, die Metapher sei gestattet, läßt den Becher anschaulicher Wirklichkeit niemals leer, macht ihn aber auch niemals so voll, daß man sich daran betrinkt.

Anschaulicher Scheincharakter an Bildern entsteht unter vergleichbaren Bedingungen, unter denen sich der semi-naive Realismus aus dem naiven Realismus entwickelt: aus Widersprüchen zu anderen Aspekten (z. B. seitliche Betrachtung), zu seiner Erscheinung in anderem Kontext (Bild als Objekt neben anderen), zur Erfahrung durch andere Sinne (tastende Hand), zur Meinungsbekundung anderer Betrachter („herrschende Ansicht"). Anschaulicher Schein impliziert stets einen Vergleich, durch den ein zunächst anschaulich Wirkliches als lediglich bedingt im Verhältnis zu etwas vermeintlich unbedingt Wirklichem aufgefaßt wird. Dabei wird in aller Regel übersehen, daß der angelegte Maßstab zumeist ebenfalls ein anschaulich Wirkliches ist.

Ein Bild erhält Scheincharakter dann und nur dann, wenn ein Vergleich mit einer außerhalb der Bildwirklichkeit erfahrenen Realität oder mit dem Ergebnis einer inadäquaten Auffassung vollzogen wird. Kritische Bildbetrachtung (kritisch im Sinne des Kritischen Realismus) schließt die Fähigkeit zu solchen Vergleichen ein, schließt nicht minder aber die Fähigkeit ein, ein Bildwerk allein als gegenwärtige Erscheinung sprechen zu lassen. Interpretationsmethoden, die Bilder nur auf ihren Verweisanteil untersuchen wollen selbst dann, wenn er nicht intendiert ist, verweigern dem Bild seine Autonomie und erklären statt dessen permanent seinen Scheincharakter.

Denn insofern ein Bild lediglich wie etwas anderes aussieht oder etwas anderes bezeichnet, ist es Schein, Zeichen, Derivat. Ein Kunstwerk erhält aber Wirklichkeit nicht dadurch, daß es sie Bestehendem entlehnt. Ein Kunstwerk ist wirklich, weil es wirkt. Wie nichts anderes.

6. *Wirklichkeitsstruktur und Bildgestalt*

Unter der grundsätzlichen Voraussetzung der Autonomie eines Kunstwerks, die in der Einzigartigkeit des in ihm Gewirkten und hierdurch Wirkenden liegt, läßt sich untersuchen, inwiefern und wodurch es auch in Beziehung zur außerhalb seiner selbst liegenden Wirklichkeit steht.

a) Transposition

Ein wesentliches Merkmal von Gestaltqualitäten (hinreichend, aber nicht notwendig) ist nach Aussage der Gestaltpsychologie deren Transponierbarkeit (v. Ehrenfels, in 184, Köhler, 114, Witte, in 184). Damit ist in erster Linie gemeint, daß auch bei Austausch aller Elemente der spezifisch ganzheitliche Eindruck samt der mit ihm koexistierenden Struktur erhalten bleiben kann. Diese Gestaltgleichheit oder *Isomorphie* bildet das Grundprinzip jeder anschaulichen Abbildung. Wenn etwa ein Porträt vom Betrachter 'wiedererkannt' wird, so nicht aufgrund identischer Elemente, sondern aufgrund von Gestaltgleichheit oder -verwandtschaft. Jeder Schüler, der versucht, einen Gegenstand „treffend" wiederzugeben, muß die Erfahrung machen, daß hierzu nicht Detailtreue, sondern Gestalttreue notwendig ist. Sie ist viel schwerer zu erlernen, weil jeder Gestaltungsschritt unter Bezug auf das virtuelle Gesamtergebnis erfolgen muß.

Wieviel bei der 'Übertragung' des gemeinten Gegenstands in die Bildwirklichkeit verändert werden kann, ohne daß der Gegenstand seine gestaltliche Identität mit einem vertrauten Objekt verliert, hat im 16. Jahrhundert Giuseppe Arcimboldo gezeigt, der seine Zeitgenossen mit Köpfen verblüffte, die er aus gemalten Gegenständen zusammensetzte (s. ›Das Feuer‹, Tafel 27). Bemerkenswert ist hier besonders das im Surrealismus wiederauftauchende Moment, daß zwei Bildwirklichkeiten simultan verschachtelt sind, die Wirklichkeit der Gegenstände und die Wirklichkeit des Kopfes, dessen Ausdruck wiederum mit dem Bedeutungskontext der Objekte korrespondiert.

Insbesondere am Flammenspiel wird deutlich, daß Transponierbarkeit mehr bedeutet als Erhalt der Form; sie bedeutet zugleich die Möglichkeit, dynamische Gestalten über das Medium unbewegter Elemente wieder als dynamische Gestalt erlebbar zu machen, besonders über die Verlaufsgestalt bildhafter Formen. Gleichzeitig ist die dynamische Wirkung konstitutiv für den physiognomischen Ausdruck: aus dem Zusammenwirken der unkontrolliert züngelnden Flammenformen und der kontrollierten Schärfe der Objekte, die das Profil bilden, entsteht der Ausdruck verhaltener Wildheit. Damit ist eine Frage angesprochen, die bei der Behandlung der Ausdrucksqualitäten vorläufig offengehalten wurde, nämlich welche Struktur diesen Qualitäten entspricht, anders gefragt, was eigentlich isomorph abgebildet ist in einer Form, die unmittelbar ausdruckshaltig wirkt.

Der bereits zitierte Verweis Gombrichs darauf, daß es bei unkontrolliertem „physiognomischen Verstehen" von Kunstwerken leicht zu Fehlinterpretationen kommen kann, muß hier nicht erneut betont werden. Um eine rationale Kontrolle zu ermöglichen, ist es notwendig, Ausdrucksqualitäten auf ihre Struktur hin untersuchen und diese in Beziehung zum Kontext setzen zu können.

Wie u. a. Köhler (115), Klages (110), Metzger (134) und Arnheim (6, 7) herausgearbeitet haben, sind Gefühle im wesentlichen dynamischer Struktur. Diese Dynamik äußert sich isomorph in Bewegungsgestalten des eigenen Körpers, sie schlägt sich nieder in der Form der Handschrift wie auch im Duktus gezeichneter und gemalter Linienverläufe. Umgekehrt werden die entsprechenden Formen vom Betrachter unmittelbar als ausdruckshaltig gesehen, weil ihre dynamische Qualität zugleich diejenige bestimmter Emotionen ist.

Abb. 26 veranschaulicht den Zusammenhang am Beispiel eines Demonstrationsexperiments des Verfassers mit Kunsterzieherstudenten, die die Aufgabe erhielten, bestimmte Gefühle in ungegenständlicher Form zeichnerisch zur Darstellung zu bringen. (Versuche verwandter Art sind von den genannten Autoren durchgeführt worden.) Die Abbildung zeigt eine Auswahl der Ergebnisse, und zwar diejenigen, die in einem anschließenden Zuordnungsexperiment am häufigsten „richtig" verstanden wurden. Aus der Unterschiedlichkeit solcher Lösungen ist gelegentlich der Schluß gezogen worden, daß sie „beliebig und austauschbar" sind (Kowalski, 116). Doch schon die Tatsache, daß nicht nur die abgebildeten, sondern auch die übrigen Zeichnungen zumeist treffend zugeordnet wurden, spricht dagegen. Die interindividuelle Ähnlichkeit ist größer, als es auf den ersten Blick scheint. Und die Unterschiedlichkeit ist nicht zufällig, vielmehr bildet sich in ihr individuell nuancierte Begriffsbildung ab, die die Verwendung gleicher Bezeichnungen normalerweise nicht erkennen läßt: 'Freude' ist in allen vier Fällen durch Bogenformen ausgedrückt, die einzeln für sich oder in der Gesamtform eine Bewegtheit enthalten, die zugleich nach oben wie nach außen gerichtet ist und das Sich-Öffnen und Sich-Ausbreiten enthalten, das nach Klages für die Dynamik der Freude

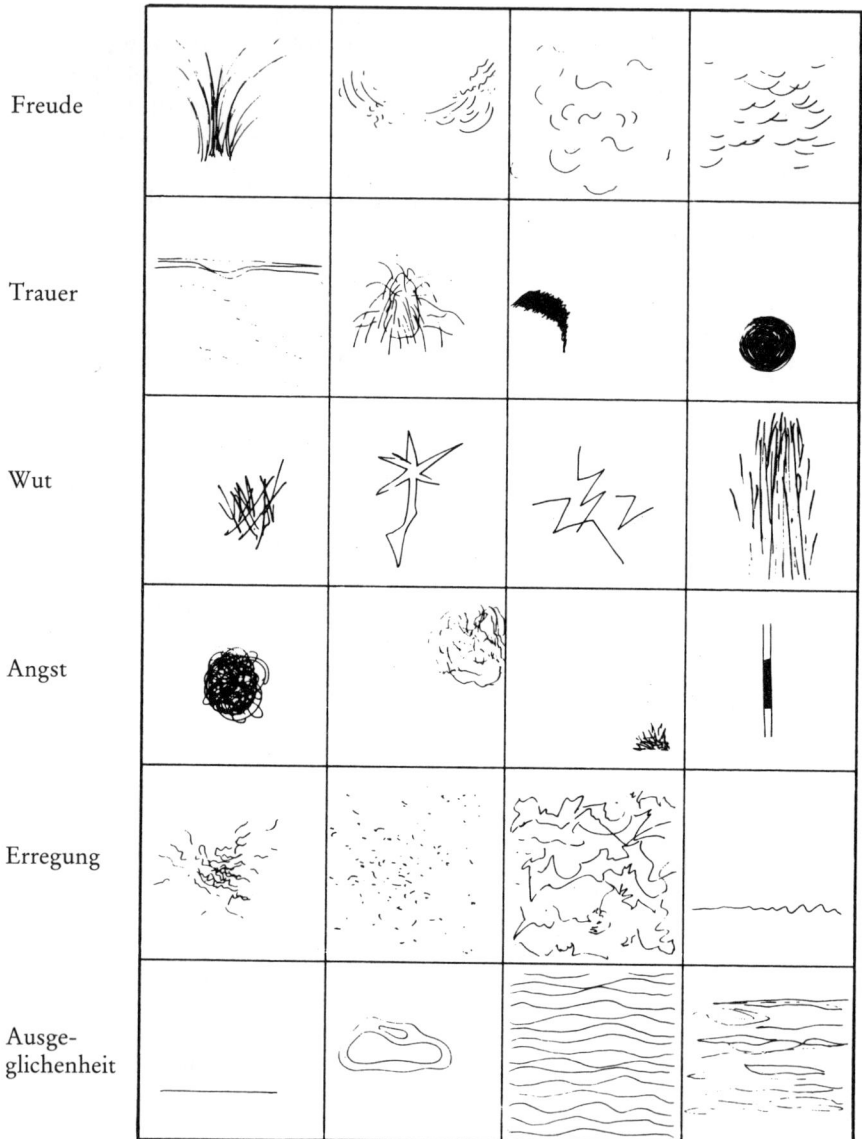

Abb. 26: Experimentelle Darstellung von Emotionen.

kennzeichnend ist. Im ersten Beispiel ist es vor allem ein kraftvolles Aufsteigen, das in raumgreifendes Ausbreiten übergeht, im 2. Beispiel ist es vor allem schwungvoll-spielerisches Ausbreiten, das sich nach oben öffnet, im 3. und 4. Beispiel zeigt sich der Begriff in der Nähe zum 'Freudentaumel' bzw. zu 'beschwingter Freude'.

'Trauer' ist in allen vier Fällen durch Kraftlosigkeit oder Inaktivität gekennzeichnet, wobei der Akzent stärker auf einem 'Hängenlassen' oder in einer 'Verschlossenheit' liegt. (Wie ursprünglich diese Zusammenhänge sind, zeigt sich in vielen Kinderzeichnungen, wenn sie sich vom allzu Schematischen lösen. In Abb. 27(a) kommt Freude nicht nur im Gesichtsschema zum Ausdruck, sondern auch in der bis fast in jede Linie hinein vervielfachten Verlaufsgestalt einer flachen U-Form; das Sich-Öffnen zeigt sich selbst in den Händen, die doch eigentlich das Springseil halten. In (b) dagegen drückt sich Traurigkeit in vielfach fallenden Linien aus, nicht zuletzt in den Streifen des ärmeren Kleidmusters, ebenso in der Geschlossenheit der Hand- und Fußformen und der Augen, die noch kleiner sind als ihre Tränen.)

'Wut' entspricht in den Studentenzeichnungen in drei Fällen jener ungerichtet-explosiven Dynamik, die Klages dem 'Zorn' zuschreibt, dabei im 1. Fall der Spielart der (noch) 'verhaltenen Wut'. Im 4. Fall dagegen ist die Form straff gerichtet und läßt damit jene Bedeutung erkennen, die man für gewöhnlich mit 'wütender Entschlossenheit' umschreibt.

'Angst' kommt in allen vier Beispielen durch die 'Enge' zum Ausdruck, die auch etymologisch in dem Wort steckt, aber in unterschiedlicher Weise: teils als ein 'Sich-Zusammenziehen', in zwei Fällen zugleich ein 'Sich-Zurückziehen', teils als das Eingeschlossensein, das der klaustrophoben Angst entspricht. 'Erregung' zeigt sich als mehr oder weniger ausgeprägte Unruhe, in Beispiel 1 und 3 als 'nervöse Erregung', in 2 als 'prickelnde Erregung', in 2 und 3 eher als 'Erregungszustand', in 1 als 'sich ausbreitende Erregung', in 4 als 'zunehmende Erregung'. 'Ausgeglichenheit' äußert sich in allen vier Beispielen durch waagerechte Haupterstreckung bei Unterschiedlichkeit in Art und Maß der Abweichungen, die wiederum in bemerkenswerter Weise Verständnisunterschiede des gleichen Wortes erkennen lassen: als statische Ruhe, als in sich geschlossenes Fließgleichgewicht, als rhythmisch bewegtes Gleichmaß oder als gebändigte Unruhe.

Die Ergebnisse des Versuchs sind alles andere als beliebig. Vielmehr äußert sich individuell verschiedene Begrifflichkeit derart differenziert, wie sie sich im alltäglichen Sprachgebrauch kaum zu erkennen gibt.

Was hier in experimentell isolierter Form sichtbar wird, geht in wesentlich komplexerer Weise mehr oder weniger ausgeprägt in zahlreiche Bildwerke ein. Ihre Ausdrucksqualitäten beruhen nicht auf 'Assoziationen' im Sinne eines 'sieht aus, wie . . .' (solche Beziehungen können sich *im Gefolge* wahrgenommener Ausdrucksqualitäten einstellen), sie gehören vielmehr zum untrennbaren Bestand

a   b

Abb. 27: Zeichnungen eines siebenjährigen Mädchens: (a) 'Mädchen beim
Seilspringen', (b) 'Mädchen, das sein Springseil verloren hat'.

der wahrgenommenen Form selbst aufgrund ihrer Gestaltverwandtschaft mit emotionaler Dynamik.

Zugleich aber wird deutlich, was seitens der Gestaltpsychologie
gelegentlich vernachlässigt wird, daß nämlich Transposition nie
vollständig sein kann. Schon die Transposition einer Melodie, von
der v. Ehrenfels ausging, aus einer tiefen in eine hohe Tonlage
macht dies deutlich: zwar bleibt die Melodie als Gestalt erhalten, die
Musik aber ist eine andere dadurch, daß Tonlage und Melodie je
eine spezifische Einheit bilden. Insofern ist auch jedes Abbild etwas
Neues, weil die übertragene Struktur eine neue Qualität durch das
jeweilige Medium gewinnt, in dem sie realisiert wird. Insofern
findet in den obigen Beispielen auch keine 'Gefühlsübertragung' im
eigentlichen Sinne statt. Vielmehr verbinden sich emotional-dyna-
mische Strukturen mit der besonderen Eigenart des Visuellen zu
Einheiten ausdruckshaltiger Form.

Um prinzipielle Möglichkeiten und Grenzen der Transposition zu verdeutlichen, sei ein weiteres Experiment des Verfassers skizziert:
20 Kunsterzieher im Alter zwischen 25 und 64 Jahren wurden gebeten zu
versuchen, den Ausdrucksgehalt von Farben – bezogen auf sechs homogen
gefärbte Kartons – in die Verlaufsgestalt eines Linienzugs zu übertragen.
Die Ergebnisse wurden von den Mitgliedern der Gruppe auf einer siebenstufigen Skala nach Triftigkeit beurteilt. Abb. 28 zeigt die Zeichenergeb-
nisse mit den beiden jeweils höchsten Werten (ein Zuordnungsversuch mit
einer unabhängigen Kontrollgruppe bestätigte die Befunde).

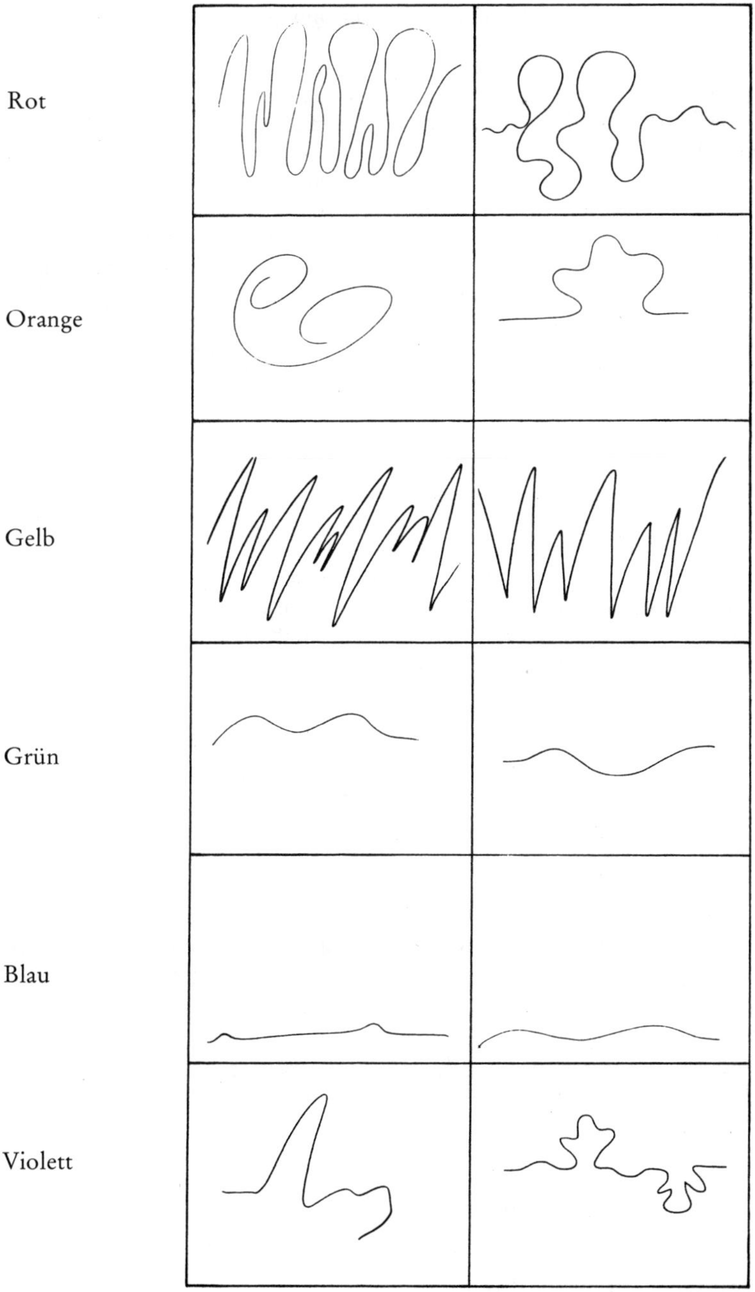

Abb. 28: Experimentelle Darstellungen der Ausdrucksqualität von Farben.

Obwohl mancher Teilnehmer zunächst selbst an der Lösbarkeit der Aufgabe zweifelte, zeigt die teilweise frappante Ähnlichkeit zwischen den Ergebnissen zu gleichen Farben bei gleichzeitiger Differenzierung zwischen den Farben, daß auch hier von Beliebigkeit keine Rede sein kann.

Zu Rot: vielgestaltig und raumgreifend geschwungene Schleifenformen in lebhaftem Rhythmus; zu Orange: weiträumig einfache Schwungformen; zu Gelb: vehement weitausladender Zickzackverlauf; zu Grün: weiche Wellenform in mittlerer Raumlage; zu Blau: ruhige Wellenform in tiefer Raumlage; zu Violett: polare Ambivalenz unter Bezug auf eine mittlere Ruhelage.

Verbreitet ist die Ansicht, daß der Ausdruckswert von Farben auf 'Assoziationen' mit bekannten Gegenständen beruht. Doch werden dabei Ursache und Wirkung verwechselt. Rot wirkt nicht aktiv, weil es an Feuer erinnert, sondern es erinnert an Feuer, weil es von ähnlich dynamischer Qualität ist (beherrschende Farben von Feuer sind gewöhnlich Weiß–Gelb–Orange, nicht Rot). Blau und Grün wirken ruhig, nicht weil sie an Wasser erinnern, sondern sie erinnern daran, weil sie eine ähnliche Ausdrucksqualität wie leichte Dünung besitzen (die Farbe von Wasser ist gewöhnlich alles andere als blau oder grün; ginge die Wirkung nach der Häufigkeit 'assoziativer Verbindungen', so müßte sich in den Verlaufsformen eher die Charakteristik von Gras und Blattwerk niederschlagen, also eher in Formen, wie sie hier für Gelb realisiert sind).

Zugleich aber wird deutlich, wo die Grenzen der Transponierbarkeit in ein fremdes Medium liegen. Zwar ist die Dynamik von Ausdrucksqualitäten, die sich mit jeweiligen Farben verbinden, in gewissen Grenzen in Form abbildbar, nicht aber die Qualität „Farbigkeit" selbst. Ein Farbenblinder könnte auf diesem Wege zwar eine Andeutung dessen erhalten, welchen Ausdruckswert jeweilige Farben im allgemeinen haben, er erhielte aber keinen Zugang zum Phänomen der Farbigkeit als solcher.

Transponierbar sind nur Gestalten und Strukturen *aus* einem jeweiligen Medium, nicht aber die jeweiligen Medien *selbst* in ihrer spezifischen Qualität. So kann etwa auch eine Infrarot-*Verteilung* sichtbar gemacht werden (s. Abb. 23), nicht aber das Infrarot selbst. So kann ein visuell erlebter Inhalt in seiner aus Farbe und Form gebildeten *Struktur* in ein Bild transponiert werden, nicht aber das Phänomen als solches; hierzu wird es erst wieder neu im Erleben des Betrachters.

b) Explikation

Transposition im Sinne isomorpher Übertragung bildet das Grundmuster einer Abbildung, stellt aber in dieser einfachen Form innerhalb der Kunst den Ausnahmefall dar. Um so häufiger ist eine

Variante, die hier als Explikation bezeichnet werden soll. In ihr wird bei der gegenstandsbezogenen Darstellung auf höherer Ebene fortgesetzt, was in der gestaltlichen Organisation der Wahrnehmung zum Teil vorab geleistet wird: Selektion, Vereinfachung, Verdichtung und Verdeutlichung von Aspekten des Wahrnehmbaren.

Der Künstler überträgt nicht einfach eine Gestalt entsprechend seiner Wahrnehmung, wenn auch seine Wahrnehmungsweise das Bild entscheidend mitprägt, sondern er realisiert, was ihm innerhalb des Erfahrenen wesentlich ist. Alles übrige wird fortgelassen, abstrahiert. Daß Kunst eine Kunst des Fortlassens ist, haben viele Künstler unterschiedlichster Kulturen betont; doch enthält das, worauf es ankommt, durch den Begriff der Abstraktion lediglich eine Negativbestimmung. Auch die Bezeichnung 'ungegenständliche Kunst' ist eine solche Negativbestimmung, die lediglich besagt, daß die Abstraktion sich dort auf das Fortlassen jeglicher vertrauter Dinghaftigkeit erstreckt. Mit 'Abstraktheit', fortgeführt bis zur 'Ungegenständlichkeit', erhalten Bildwerke eine Kennzeichnung, die sie gewollt oder ungewollt zu einem 'Weniger' gegenüber dem für gewöhnlich Angetroffenen erklären. Daß und inwiefern sie aber tatsächlich ein 'Mehr' bedeuten, das die bekannte Formel „weniger ist oft mehr" meint, sei an drei Beispielen erläutert.

Der Bildhauer Constantin Brancusi hat sich stets dagegen verwahrt, seine Plastiken 'abstrakt' i. S. von 'ungegenständlich' nennen zu lassen. Er hat vielmehr das Organisch-Lebendige natürlicher Formen expliziert, und zwar in einer Weise, die den dynamischen Bezug zum spezifischen Lebensraum erkennen läßt. Sein mehrfach aufgenommenes Thema ›Vogel im Raum‹ (Tafel 16) ist in einer Stromlinienform verkörpert, die die Stromlinigkeit der Naturform übersteigert, betont durch die Glätte des Materials und die Schlankheit der Proportion. Die Lebendigkeit der Naturform ist in der spannungsvollen Abweichung von einer rotationssymmetrischen Bezugsform zum Ausdruck gebracht. Die Beziehung zum Umraum stellt sich in der Streckung der Form her, die durch den Gegenpart des Sockels zu einer eindeutigen Ausstreckung nach oben hin wird. Der Vorgang der Verdichtung ist besonders darin zu sehen, daß die Skulptur die allgemeine Charakteristik eines Vogelkörpers mit der einer Flugbahn verbindet und dadurch die Bezogenheit beider als Einheit erkennen läßt.

Das ebenfalls bereits angesprochene Bild von Max Ernst (Tafel 18) ist schlecht beschrieben, wenn man sagt, daß es 'so aussieht, als ob' ein Möwenschwarm auffliegt, weil mit solchem 'nicht ganz' der Bildinhalt zum bloßen Derivat, zur unvollständigen Transposition eines anderen Wirklichen erklärt wird. Auch daß es 'so aussieht, wie' ein auffliegender Möwenschwarm, ist keine zutreffende Beschreibung, weil damit Isomorphie, eine bloße Transposition behauptet wird, die ebenfalls nicht vorliegt. Das Bild expliziert vielmehr die Essenz einer dynamischen Raumtextur, raumfüllendes Geschwirr in einer Eindringlichkeit und Permanenz, die über die Wirkung dessen hinausgeht, worauf der Titel des Bildes verweist. Das gewohnte Abfolgeverhältnis von Gestalt und Derivat ist hier vertauscht. So wenig eine Kugel einem Ball ähnelt, sondern ein Ball einer Kugel, so kommt die Wirkung eines Möwenschwarms der Wirkung dieses Bildes nahe und nicht umgekehrt. Das Bildwerk ist 'unvergleichlich' in dem Sinne, daß es nichts gibt, was die in ihm realisierte Gestaltqualität klarer in Erscheinung bringt.

Diese gestaltliche Besonderheit, die sich dadurch beweist, daß jegliche Veränderung des Bildes sie mindern und es in seiner Unverwechselbarkeit beeinträchtigen würde, ist es, worauf die Bezeichnung 'Prägnanz' im Sinne des deutschen Sprachgebrauchs verweist und worauf die Gestaltpsychologie im allgemeinen Bezug nimmt (vgl. die Diskussion dieses Begriffs, bes. auch seiner Bedeutungsspielarten im Anglo-Amerikanischen, bei Metzger, 134, 135, Rausch, 155, Arnheim, 5, 7). Die Autonomie von Kunstwerken beruht nicht zuletzt auf der Prägnanz ihrer zumeist hochkomplexen Gestaltqualitäten. Nicht ein Modell ist für das entstehende Werk Maßstab, sondern die Prägnanz der gestaltlichen Wirkung, die erst mit der Fertigstellung des Werkes vollständig und erstmalig in Erscheinung tritt.

Explikation in letzter Konsequenz kennzeichnet das Spätwerk von Piet Mondrian. Die strenge Orthogonalstruktur in holistischer Symmetrie, auf die an anderer Stelle ausführlich Bezug genommen wurde (Abb. 17), versteht sich nicht, wie die oberflächliche Ähnlichkeit vermuten lassen könnte, als pure Form 'Konkreter Kunst' wie etwa bei Theo van Doesburg. Sie ist vielmehr Ausdruck einer geistigen Auffassung des Kosmischen als Ordnung in dynamischem Gleichgewicht.

c) Transformation

Während Transposition die Übertragung einer gleichbleibenden Gestalt oder Struktur bezeichnet und Explikation die Überführung eines bestehenden Zusammenhangs in prägnante Form, bedeutet Transformation die Verwandlung in eine andere Gestalt. Transformation geschieht in einem Ausmaß und in einer Weise, die die ursprüngliche, bekannte Gestalt erkennbar bleiben und erst dadurch die Verwandlung als solche deutlich werden läßt. Die Erkennbarkeit wird hierbei durch das erwähnte Pars-pro-toto-Prinzip gewährleistet, nach dem ein charakteristischer Teil der Eigenschaften eines Ganzen das Ganze mit wahrnehmen läßt.

Transformationen sind für den Stil vieler Künstler charakteristisch und erhalten ihren Stellenwert durch die jeweilige Konzeption. Exemplarisch seien einige Transformationen genannt, die sich auf die menschliche Gestalt beziehen:

Die Überlängung der Körper bei El Greco, die mit einer vergeistigten Auffassung des Menschen korrespondiert, die Maskenhaftigkeit der Gesichter bei James Ensor, die die Frage nach dem eigentlichen Gesicht des Menschen evoziert, die Puppenhaftigkeit mancher Gestalten bei Giorgio de Chirico, die Gestik als Pose demaskieren, die Aufblähung von Köpfen und Körpern bei Fernando Botero, mit der er dem Betrachter einen grotesken Zerrspiegel vorhält.

Transformation innerhalb der Bildwirklichkeit als Prozeß mit ungewissem Ausgang geschieht in zahlreichen Gemälden von Udo Scheel, so in dem hier wiedergegebenen Werk von 1969 ›In partibus infidelium‹ (Tafel 26):

Ein halbgeschlossenes Interieur von stabiler Orthogonalität und mit vertrauten Elementen wie Boden, Wand, Tür und Fenster erfährt allmähliche Verwandlung. Der Boden wird weich und bekommt nebelhafte Tiefe, aus der sich eine Woge zusammengedrängter Formenvielfalt erhebt, Synkretionen aus Mobiliar- und Gegenstandsanspielungen, deren Identität offenbleibt. Die Wand wird transparent, Möbelfragmente kommen zum Vorschein und lösen sich in senkrechten Bahnen auf. Auch der Blick durchs Fenster, der zunächst auf eine Böcklinsche Landschaft zu führen schien, wird in Frage gestellt. Die vermeintliche Landschaft verwandelt sich zu Rätselformen, die mit denen des Interieurs korrespondieren. Bei aller Dynamik und Auflösung bleibt die stabile Orthogonalität des Innenraums bestehen und hält als Widerpart die Spannung aufrecht, innerhalb derer sich die Verwandlung ereignet.

d) Synkretion

Am letztgenannten Bildbeispiel wird zugleich eine weitere Form künstlerischen Wirklichkeitsbezugs sichtbar: die Verschmelzung von ursprünglich getrennten Gegenständen, Teilen oder Eigenschaften in einer gemeinsam neuen Form unter Bildung einer neuen Gestaltqualität. Unter 'Synkretismen' versteht man in der Psychologie gewöhnlich irrational vollzogene, zumeist dem Nicht- oder Unbewußten zugeschriebene Einheitsbildungen aus Gedächtnis- und Vorstellungsinhalten, oft interpretiert als Äußerung primitiver, retardierter oder regressiver kognitiver Funktionen.

'Synkretion' ist hier rein phänomenologisch gemeint, läßt also die Frage des Ursprungs zunächst offen und damit die Möglichkeit, daß der sichtbar gewordene Zusammenhang auf höchst bewußter Ebene gestiftet wurde. Mag die Verbindung konstruiert sein, geplant, einem Einfall folgen oder sich erst spontan im Malprozeß bilden, mag sie gefühlsmäßig-intuitiv gefordert *und* in der Realisation rational gesteuert sein – phänomenologisch stellt sich stets eine aus teilweise vertrauten Elementen oder Eigenschaften geformte Einheit dar, die bis dahin in dieser Art nicht bestanden hat.

Das Werk selbst oder sein Kontext lassen erkennen, welchen Wirklichkeitsbereichen und -ebenen die Inhalte entstammen: Es können Gegenstände der angetroffenen Wirklichkeit in ungewohnter Kombination bildlich dargestellt oder – wie etwa in Assemblagen und Akkumulationen – selbst in Synthese gebracht sein. Es kann die Wirklichkeit des texturierten Bildgrundes mit der Materialität pastoser Farbe und der dargestellten Objektgestalt in der Bildwirklichkeit zur Einheit werden. Es können vergegenwärtigte Inhalte verschmolzen und in Erscheinung gebracht sein, etwa 'visionäre' Vorstellungsinhalte oder Traum- und Erinnerungsbilder. Angetroffenes *und* Vergegenwärtigtes wird beispielsweise in Bildwerken integriert, die die Gestalt eines Modells einem irrealen Kontext zuordnen oder sie selbst ins unwirklich Scheinende hinein verfremden.

Komplexität und Umfang der in Synkretionen verbundenen Komponenten können unterschiedliche Grade annehmen. Ganze Systeme werden ineinandergeflochten in Bildern de Chiricos, Hausners und Magrittes, in denen die gewohnte Eindeutigkeit des Tiefenraums mit dem Mittel der Verschachtelung unterschiedlich zentrierter Perspektiven aufgelöst und dadurch ein vieldimensionierter Bildraum mit magischer Wirkung geschaffen wird. Gruppen von Objekten treten in reliefartigen Akkumulationen zusammen oder schaffen in Environments qualitativ neue Raumerlebnisse. Objektfragmente verbinden sich in Collagen und Assemblagen. Selektiv herausgeblendete Gegenstandseigenschaften schließlich treten zu neuen Ganzheiten an der Schwelle zwischen gegenstandsbezogener und gegenstandsfreier Kunst zusammen. Die ›Komposition IV‹ von Kandinsky (1911, Tafel 8) gibt hierfür ein charakteristisches Beispiel:

Ohne Kenntnis der Vorgeschichte dieses Werks sind die Gegenstandsanspielungen kaum noch erkennbar. Die Zentralform ist aus der Gestalt eines Kastells auf einem Berg entwickelt, die schräg gebogene Liniengruppe rechts aus zwei Liegenden, das Linienbündel links oben aus zwei streitenden Pferden mit Reitern (vgl. Tafel 10). Aus der Bindung an konkret-gegenständliche Formen gelöst, treten die freigewordenen formdynamischen Qualitäten der Linien und die Farbqualitäten in eine um so intensivere, raumübergreifende Wechselbeziehung. Die Dissoziation gewohnter Eigenschaftskomplexe konkreter Objekte und die Explikation subspezifischer Teileigenschaften (Abstraktion) wird zur Voraussetzung für ein vollständiges Aufgehen der Einzelkomponenten im Kompositionsganzen.

Das eingangs erwähnte Zitat von Mises al. Fechner trifft besser als jede Definition, was 'Synkretion' bedeutet: „Was unmöglich scheint zu vereinbaren, ist hier so verbunden, daß es unmöglich scheint, es zu trennen."

e) Konnexion

Konnexionen bestehen in einer Art von Verbindung, in der die Komponenten nicht wie bei Synkretionen in ihrer Rolle als Teile aufgehen, sondern auf zweiter Ebene Eigenständigkeit bewahren. In dieser Spannung zwischen Eigenständigkeit und Eingebundenheit wird alternierend die jeweilige Besonderheit der Komponenten und die Besonderheit ihrer Einheit akzentuiert.

Genannt sei eine Arbeit aus dem Schülerkreis des Filmemachers Lutz Mommartz, ›Augen‹ von Harald Busch (1982, Tafel 28), zugleich ein Beispiel der neueren Videokunst. Hinter zwei Wandausschnitten befinden sich zwei Monitore, die die Videoaufnahmen jeweils eines Auges von zwei verschiedenen Personen zeigen. Für den Betrachter verschmilzt das Doppelbild zum Augenpaar eines einzigen Wesens und löst sich alternierend wieder auf, läßt Zweiheit und Einheit eines menschlichen Paares gleichermaßen erkennen.

Vielschichtig und vernetzt ist das Beziehungsgefüge, das Gunther Keusen mit seinen Holunderbildern herstellt (1982, s. Tafel 29). Ihre externe Struktur bezieht die literarische Wirklichkeit ein, die Friedrich Hölderlin geschaffen hat. Sie sind nicht Illustration, sondern Antwort auf der Ebene der Bildwirklichkeit. Literarische und Bildende Kunst treten hier in einer Weise zusammen, die ihre jeweilige Identität nicht verletzt oder überformt, sondern hervorhebt.

Diese Bilder, realisiert mit dem von Gelb bis Tiefviolett gekochten Saft von Holunderbeeren (Hölderlin = kleiner Holunderstrauch) sind Teil eines Gesamtwerks, das durch Gedichtvorträge des Künstlers Vervollständigung findet. In der Ganzheit des Zusammentretens von Sprache, Schrift und Bild, pointiert in lettristischen Bildgedichten, wird ein Neues in Erfahrung gebracht, das seinerseits weder in Wort noch Bild zu transponieren ist. Die Form der intermediären Präsentation läßt zugleich die Vielfalt der Künste als neuerliche Einheit erkennen, verbunden durch die Poesie als Verdichtung und Eröffnung des im Erlebnisganzen Wirklichen und Möglichen.

f) Symbolisation

Bildliche Symbole sind nicht in erster Linie durch Gestaltverwandtschaft mit außerbildlicher Realität verbunden, sondern vielmehr durch ihre vom Hersteller intendierte oder vom Interpreten vermutete Funktion als Träger eines Sinngehalts. Im Grenzfall sind Symbole arbiträre Zeichen wie etwa Buchstaben und Zahlen, deren Form als solche im Prinzip beliebig und lediglich vom Gedanken zweckmäßiger Unterscheidbarkeit und Verbindlichkeit bestimmt ist. Indem die Kunst von ihnen Gebrauch macht, gewinnen arbiträre Zeichen formale Gestaltqualitäten. In der japanischen Kalligraphie besteht dieser Zusammenhang von vornherein; im westlichen Kulturkreis wird er besonders in den lettristischen Bildgedichten von R. Indiana, J. Kolár, F. Kriwet, T. Ulrichs, G. Keusen u. a. hergestellt.

Dagegen sind Symbole als ikonische Zeichen dadurch charakterisiert, daß sie einen mehr oder weniger scharf umrissenen Sinngehalt in selektiv transponierter Struktur verkörpern, m. a. W., daß ihre Gestalt die visualisierte Explikation von Aspekten eines rationalen oder irrationalen Bedeutungszusammenhangs darstellt.

Arnheim (6) zeigt Symbolwirkungen exemplarisch in einer Phä-

Abb. 29: Taoistisches Tai-ki tu (Yin und Yang).

nomenanalyse des taoistischen Tai-ki tu auf (s. Abb. 29). Dieses Symbol 'bezeichnet' nicht nur Elemente taoistischer Kosmologie, sondern transponiert wesentliche Aspekte ihrer Struktur in anschauliche Gestalt:

Die Rotationsdynamik der Gesamtgestalt, beruhend auf dem gerichteten Verhältnis von konkav und konvex, bringt die Vorstellung von ewiger Wiederkehr des immer Gleichen zum Ausdruck. Das ambivalente Figur-Grund-Verhältnis entspricht dem polaren Verhältnis der weltbewegenden Prinzipien Yin und Yang in ihrem Wettstreit, ihrer gegenseitigen Durchdringung und wechselseitigen Abhängigkeit, wie es der Taoismus zugleich im Wechselverhältnis der Geschlechter realisiert sieht. Indem sich beide Teile der Gestalt zur Kreisform vervollständigen, verkörpert sich der Gedanke kosmischer Geschlossenheit.

Besondere Bedeutung kommt dem Umstand zu, daß durch Symbolisation Sinngehalte in den Grenzbereich des sinnlich Erfahrbaren gerückt werden, die sich per se der Sinneserfahrung entziehen. Vorstellungen über mystische, religiöse, transzendente, irrationale, unbewußte, archetypische Seinsbereiche erhalten über transponierbare Anteile pars pro toto gerade so weit Gestalt, daß der Verweis auf nichttransponierbare Anteile und auf die Nichttransponierbarkeit des eigentlichen Mediums erhalten bleibt. Das Symbol „verwandelt die Erscheinung in Idee, die Idee in ein Bild, und so, daß die Idee im Bild immer unendlich wirksam und unerreichbar bleibt" (Goethe, zit. n. F. Dorsch, 32, S. 594).

Symboldeutungen bedürfen, wenn Triftigkeit im Sinne der künstlerischen Intention angestrebt wird, der Berücksichtigung eines breiten Bedingungskomplexes. Das kulturelle Umfeld und zeitbedingte Konventionen schaffen ebenso wie persönliche Erfahrungszusammenhänge des Künstlers Zuordnungen, die nachzuvollziehen zumeist nur approximativ möglich ist. Die bloße Annäherung ist kein Mangel, wenn man den Wert von Kunstbetrachtungen im bereichernden Wirkenlassen und in der explorativen Auseinandersetzung sieht, und nicht in der Einordnung des Sichtbaren in bestehende Schemata.

Symboldeutung nach Art der älteren Psychoanalyse, als Demaskierung von Ersatzfunktionen für verpönte und unerfüllte Triebwünsche, mag auf Kitsch und Pornographie sowie auf gewisse Formen der Werbung und Produktgestaltung angewandt werden. Als Generalschlüssel für die Erschließung von Kunstwerken hat sie sich als untauglich und irreführend erwiesen, nicht nur aufgrund erwiesener Fehldiagnosen, sondern auch, weil sie den Betrachter durch eine einseitige intentionale Einstellung befangen macht und ihn in die Rolle des Voyeurs bringt.

Künstlerische Symbolik ersetzt nicht Verdrängtes, sondern vertritt Erlebtes, Erkanntes, Erschautes, Erahntes. Sie verstellt nicht etwas, sondern verweist auf etwas. Sie lenkt nicht ab, sondern hin. Wenn sie verhüllt und Antworten verweigert, dann um das Rätsel zu zeigen und die Frage nach ihm nicht verstummen zu lassen. Sie verunklärt nicht, will aber auch nicht das Unbekannte durch Veranschaulichung erklären, sondern seine Unbegreiflichkeit an den Grenzen der Anschauung erkennen lassen. „Sprechen vom Geheimen durch Geheimes" mag ein Schlüsselsatz nicht nur für das Werk Kandinskys sein, der ihn formuliert hat.

Wissenschaft lotet aus, was Kunst als unergründlich behauptet.

Der Dissens löst sich, wenn der Künstler akzeptiert, daß, um seinen Geheimnissen zu folgen, jeder Betrachter seinen eigenen Weg finden muß. Und er löst sich, wenn der Wissenschaftler sich des Modellcharakters seiner Entwürfe für Wirklichkeiten bewußt bleibt, die sich vollständig weder ins Bildliche noch ins Begriffliche transponieren lassen.

IV. DER WEITERE WEG

Kunstpsychologie kann nicht Kunst psychologisieren. Sie kann vielmehr, wie es Arnheim sieht, zu erhellen suchen, was ihr die Kunst als Rätsel aufgibt. Ein Hauptproblem bleibt hierbei stets, wie in jeder Wissenschaft, die Wahl einer Methode, die ihren Gegenstand erkennbar werden läßt, ohne ihn zu zerstören. Was nach Kant für das Gefühl gilt, das vergeht, sobald man es zum Gegenstand distanzierter Analyse macht, gilt auch weithin für Inhalte der Kunst. Poesie läßt sich nicht abzählen, sie zerrinnt bei der leisesten Berührung durch falsche Methodik. Vielleicht ist dies – entgegen der Absicht des Verfassers – auch im vorliegenden Buch nicht überall vermieden worden. Es wird aber der Versuch gemacht, eine phänomenologische Methode, die stets die Ganzheitlichkeit von Bildwerken in ihrem Kontextbezug zu wahren sucht, als gangbaren Weg einer Kunstpsychologie zu bekräftigen, die Verständnisbereitschaft und -fähigkeit gegenüber Kunst besonders unserer Zeit zu wecken helfen will, ohne daß sie auf das zurückgeschnitten werden muß, was ohnehin jeder versteht.

Der methodische Hinweis, den Wolfgang Metzger in seinem allgemeinpsychologischen Hauptwerk dem wissenschaftlichen Beobachter und Interpreten menschlichen Verhaltens und Erlebens erteilt, gilt im besonderen für den Kunstpsychologen und ist zugleich der vielleicht beste allgemeine Hinweis, der sich aus psychologischer Sicht jedem Betrachter und Interpreten von Kunstwerken geben läßt, sofern er ihm nicht schon längst nachkommt:

„Das Vorgefundene zunächst einfach hinzunehmen, wie es ist; auch wenn es ungewohnt, unerwartet, unlogisch, widersinnig erscheint und unbezweifelten Annahmen oder vertrauten Gedankengängen widerspricht. Die Dinge selbst sprechen zu lassen, ohne Seitenblicke auf Bekanntes, früher Gelerntes, ‘Selbstverständliches’, auf inhaltliches Wissen, Forderungen der Logik, Voreingenommenheiten des Sprachgebrauchs und Lücken des Wortschatzes. Der Sache mit Ehrfurcht und Liebe gegenüberzutreten, Zweifel und Mißtrauen aber gegebenenfalls zunächst vor allem gegen die Voraussetzungen und Begriffe zu richten, mit denen man das Gegebene bis dahin zu fassen suchte." (134, S. 12)

LITERATUR

1. Albers, J., Interaction of Color, Köln 1980.
2. Arnheim, R., The Creative Process, Psychol. Beitr. VI, 1962, S. 374–382.
3. –, Über die Proportion. In: G. Kepes (Hrsg.), Modul, Proportion, Symmetrie, Rhythmus, Brüssel 1969, S. 218–230.
4. –, Anschauliches Denken, Köln 1972.
5. –, Anwendung gestalttheoretischer Prinzipien auf die Kunst. In: S. Ertel, L. Kemmler, M. Stadler (Hrsg.), Gestalttheorie in der modernen Psychologie, Darmstadt 1975.
6. –, Zur Psychologie der Kunst, Köln 1977.
7. –, Kunst und Sehen, Berlin 1978, Neufassung.
8. –, Die Dynamik der architektonischen Form, Köln 1980.
9. Arnold, J. E., Creativity in Engineering. In: P. Smith (Hrsg.), Creativity, an Examination of the Creative Process, New York 1959, S. 33–44.
10. Arseniew, L. von, „Moderne Kunst, was ist das?", Münster 1979.
11. Bandmann, G., Der Wandel der Materialbewertung in der Kunsttheorie des 19. Jahrhunderts. In: H. Koopmann u. J. A. Schmoll (Hrsg.), Beiträge zur Theorie der Künste im 19. Jahrhundert, Frankfurt 1971.
12. Barron, F., u. G. S. Welsh, Artistic Perception as a Possible Factor in Personality Style: Its Measurement by a Figure Preference Test, J. Psychol. 33, 1952, 199–203.
13. Bauer, H. (Hrsg.), Das große Lexikon der Malerei, 8 Bde., Freiburg 1976.
14. Berlyne, D. E., Aesthetics and Psychobiology, New York 1971.
15. –, (Hrsg.), Studies in the New Experimental Aesthetics: Steps toward an Objective Psychology of Aesthetic Appreciation, Washington D. C. 1974.
16. Bertalanffy, L. von, Biophysik des Fließgleichgewichts, Braunschweig 1953.
17. Birkhoff, G., Aesthetic Measure, Cambridge 1933.
18. Bischof, N., Erkenntnistheoretische Grundlagenprobleme der Wahrnehmungspsychologie, Hdb. d. Psychol., Bd. I, 1, Göttingen 1966, S. 21–78.
19. Bohm, E., Lehrbuch der Rorschach-Psychodiagnostik, Bern 1967.
20. Bortz, J., Psychologische Ästhetikforschung – Bestandsaufnahme und Kritik, Psychol. Beitr. 20, 1978, 481–508.

21. Brenner, Ch., Grundzüge der Psychoanalyse, Frankfurt 1972.
22. Bussche, H. v. d., Der Einfluß der Suggestion auf die ästhetische Urteilsbildung, Exakte Ästhetik 2, 1965, S. 59–79.
23. Cardinet, J., Préferences estétiques et personalité, Année Psychologique 58, 1958, S. 45–69.
24. Chan, J., H. J. Eysenck, K. O. Götz, A New Visual Aesthetic Sensitivity Test: III. Cross-Cultural Comparison between Hong Kong Children and Adults, and English and Japanese Samples, Perc. Mot. Skills 50, 1980, S. 1325–1326.
25. Child, I. L., Personality Correlates of Esthetic Judgment in College Students, J. Person. 33, 1965, S. 476–511.
26. –, Esthetics. In: Lindzey u. Aronson (Hrsg.), The Handbook of Social Psychology, Vol. 3, Massachusetts 1969.
27. –, Aesthetic Theories. In: E. C. Carterette u. M. P. Friedman (Hrsg.), Handbook of Perception, Bd. X, New York 1978, S. 111–131.
28. Cremerius, J. (Hrsg.), Neurose und Genialität. Psychoanalytische Biographien, Frankfurt a. M. 1971.
29. Criegern, A. v., Bilder interpretieren, Düsseldorf 1981.
30. Daucher, H., Psychogenetische Erklärungsansätze zum Ästhetikbegriff. In: H. Daucher u. K. P. Sprinkart (Hrsg.), Ästhetische Erziehung als Wissenschaft, Köln 1979, S. 111–132.
31. Dörner, D., u. W. Vehrs, Ästhetische Befriedigung und Unbestimmtheitsreduktion, Psychol. Res. 37, 1975, S. 321–334.
32. Dorsch, F. (Hrsg.), Psychologisches Wörterbuch, Bern [9]1976.
33. Duncker, K., Zur Psychologie des produktiven Denkens, Berlin [3]1974.
34. Eco, U., Das offene Kunstwerk, Frankfurt 1973.
35. Ehrenzweig, A., Ordnung im Chaos. Das Unbewußte in der Kunst, München 1974.
36. Eye, A. v., u. K. H. Wiedl, Personentypen ästhetischer Präferenz und ihre Klassifikationseigenschaften, Z. exp. ang. Psychol. XXV, 1978, S. 349–366.
37. Eysenck, H. J., The General Factor in Aesthetic Judgments, Brit. J. Psychol. 31, 1940, S. 94–102.
38. –, The Empirical Determination of an Aesthetic Formula, Psychol. Rev. 42, 1941, S. 83–92.
39. –, Persönlichkeitstheorie und psychodiagnostische Tests, Diagnostica 11, 1965.
40. –, Aesthetics and Personality, Exakte Ästhetik 1, 1965, S. 35 bis 48.
41. –, Factor Analytic Study of the Maitland Graves Design Test, Perc. Mot. Skills 24, 1967, S. 73–74.
42. –, Aesthetic Preferences and Individual Differences. In: D. O'Hare (Hrsg.), Psychology and the Arts, New Yersey 1981.

43. Eysenck, H. J., u. M. Castle, Training in Art as a Factor in the Determination of Preference Judgments for Polygons, Brit. J. Psychol. 61, 1970, S. 65–81.
44. Farnsworth, P. R., u. H. Beaumont, Suggestion in Pictures, J. Gen. Psychol. 2, 1929, S. 362–366.
45. Fechner, G. Th., Über die Frage des Goldenen Schnitts, Arch. f. d. zeichnenden Künste 11, 1865, S. 100–112.
46. –, Vorschule der Ästhetik, Leipzig ³1925 (1. Aufl. 1876).
47. Fiedler, C., Schriften über Kunst, Köln 1977.
48. Ford, C. S., E. T. Prothero, I. L. Child, Some Transcultural Comparisons of Esthetic Judgment, J. Soc. Psychol. 68, 1966, S. 19–26.
49. Franke, H. W., Kunst kontra Technik? Frankfurt a. M. 1978.
50. Franzke, E., Der Mensch und sein Gestaltungserleben, Bern 1977.
51. Freud, S., Gesammelte Werke, hrsg. v. Anna Freud u. a. (18 Bde.), Frankfurt a. M. 1969–1975.
52. Gehlen, A., Zeitbilder. Zur Soziologie und Ästhetik der modernen Malerei, Frankfurt a. M. 1960.
53. Gerritsen, F., Farbe, Ravensburg 1972.
54. Gerstner, K., Kalte Kunst? Teufen 1957/63.
55. Gibson, J. J., Die Sinne und der Prozeß der Wahrnehmung, Bern 1973.
56. Gombrich, E. H., Meditationen über ein Steckenpferd, Wien 1963.
57. –, Kunst und Illusion, Köln 1967.
58. –, Kunst und Fortschritt, Köln 1978.
59. Gombrich, E. H., J. Hochberg, M. Black, Kunst, Wahrnehmung, Wirklichkeit, Frankfurt a. M. 1977.
60. Götz, K. O., u. K. Götz, Probleme der Bildästhetik, Düsseldorf 1972.
61. –, Introversion–Extraversion and Neuroticism in Gifted and Ungifted Art Students, Perc. Mot. Skills 36, 1973, S. 675–678.
62. –, Color Attitudes of Art Students and University Students: I. Imagined Colors, Perc. Mot. Skills 38, 1974, S. 63–70.
63. –, The Maitland Graves Design Judgment Test Judged by 22 Experts, Perc. Mot. Skills 39, 1974, S. 261–262.
64. –, Personality Characteristics of Professional Artists, Perc. Mot. Skills 49, 1979, S. 327–334.
65. –, Personality Characteristics of Successful Artists, Perc. Mot. Skills 49, 1979, S. 919–924.
66. Götz, K. O., R. Lynn, A. R. Borisy, H. J. Eysenck, A New Visual Aesthetic Sensitivity Test: I. Construction and Psychometric Properties, Perc. Mot. Skills 49, 1979, S. 795–802.
67. Götz, K. O., Visual Aesthetic Sensitivity Test (VAST), Düsseldorf 1981.
68. Graumann, C.-F., Bewußtsein und Bewußtheit. In: Hdb. d. Psychol., Bd. I, 1, Göttingen 1966, S. 79–130.

69. Graves, M., Design Judgment Test, New York 1946.
70. Groddeck, G., Psychoanalytische Schriften zu Literatur und Kunst, Wiesbaden 1964.
71. Grohmann, W., Wassily Kandinsky, Köln 1958.
72. Guilford, J. P., Creative Abilities in the Arts, Psychol. Rev. 64, 1957, S. 110–118.
73. –, Creativity, Amer. Psychologist 5, 1950, S. 444–454. Deutsch in: G. Ulmann (Hrsg.), Kreativitätsforschung, Köln 1973.
74. Hahn, M., u. M. Schuster (Hrsg.), Fortschritte der Kunstpsychologie, Frankfurt a. M. 1980.
75. Hajos, A., Einführung in die Wahrnehmungspsychologie, Darmstadt 1980.
76. Haritos-Fatouros, M., u. I. L. Child, Transcultural Similarity in Personal Significances of Esthetic Interests, J. Cross-Cultural Psychol. 8, S. 285–299.
77. Heimendahl, E., Licht und Farbe, Berlin 1961.
78. Hildebrand, A., Das Problem der Form in der Bildenden Kunst, Straßburg 1913.
79. Hoffmeister, J. (Hrsg.), Wörterbuch der philosophischen Begriffe, Hamburg ²1955.
80. Hofmann, W., Grundlagen der modernen Kunst, Stuttgart 1978.
81. Holzkamp, K., Theorie und Experiment in der Psychologie, Berlin 1964.
82. –, Sinnliche Erkenntnis, Frankfurt a. M. 1973.
83. Horn, W., Herkunft und ästhetischer Geschmack, Exakte Ästhetik 2, 1965, S. 103–109.
84. Hunt, J. McV., Intrinsic Motivation and its Role in Psychological Development. In: D. Levine (Hrsg.), Nebraska Symp. on Motivation, Lincoln 1965.
85. Hussain, F., Quelques problemes d'estétique expérimentale, Sciences de l'art 2, 1965, S. 103–114.
86. Imdahl, M., Plastik der Moderne, Bochum 1979.
87. Imdahl, M., Bildautonomie und Wirklichkeit, Mittenwald 1981.
88. Itten, J., Der Vorkurs. In: G. Kepes (Hrsg.), Visuelle Erziehung, Brüssel 1962, S. 156–174.
89. –, Kunst der Farbe, Ravensburg 1969.
90. Iwao, S., u. I. L. Child, Comparison of Esthetic Judgments by American Experts and by Japanese Potters, J. Soc. Psychol. 68, 1966, S. 27–33.
91. Iwawaki, S., H. J. Eysenck, K. O. Götz, A New Visual Aesthetic Sensitivity Test (VAST): II. Cross-Cultural Comparison between England and Japan, Perc. Mot. Skills 49, 1979, S. 859–862.
92. Jacobi, J., Vom Bilderreich der Seele, Olten 1969.
93. Jaspers, K., Allgemeine Psychopathologie, Berlin ⁴1946.
94. Jung, C. G., Gesammelte Werke, Zürich 1957ff., 18 Bde.

95. Jung, C. G., M.-L. v. Franz, J. L. Henderson, J. Jacobi u. A. Jaffé, Der Mensch und seine Symbole, Olten ⁹1979.

96. Junker, H. D., Aporien der Strukturanalyse bei Werken aktueller Kunst, Bildner. Erz. 6, 1970, S. 241–249.

97. Kandinsky, W., Über das Geistige in der Kunst, Bern 1973 (Erstaufl. 1912).

98. –, Punkt und Linie zu Fläche, Bern 1973 (Erstaufl. 1926).

99. –, Essays über Kunst und Künstler, Stuttgart 1955.

100. Kanizsa, G., Die Erscheinungsweisen der Farben. In: Hdb. d. Psychol., Bd. I, 1, Göttingen 1966, S. 161–191.

101. Kankeleit, O., Das Unbewußte als Keimstätte des Schöpferischen, München 1959.

102. Katz, D., Die Erscheinungsweisen der Farben und ihre Beeinflussung durch die individuelle Erfahrung, Leipzig 1911.

103. Kepes, G. (Hrsg.), Struktur in Kunst und Wissenschaft, Brüssel 1967.

104. –, (Hrsg.), Wesen und Kunst der Bewegung, Brüssel 1969.

105. –, (Hrsg.), Modul Proportion Symmetrie Rhythmus, Brüssel 1969.

106. Kern, G., Motorische Umreißung optischer Gestalten. In: F. Krueger u. O. Klemm (Hrsg.), Motorik, München 1933.

107. Kirkland, J., Interest and Aesthetic Pleasure: Support for the Inverse-Effect, Perc. Mot. Skills 39, 1974, S. 882.

108. –, A Subset of Interest: Aesthetic Pleasure, Perc. Mot. Skills 39, 1974, S. 1306.

109. –, Interest and Aesthetic Pleasure: Further Evidence of a Sequential Effect, Perc. Mot. Skills 40, 1975, S. 562.

110. Klages, L., Grundlegung der Wissenschaft vom Ausdruck, Bonn ⁸1964.

111. Klix, F., Elementaranalyse zur Psychophysik der Raumwahrnehmung, Berlin 1962.

112. Knapp, R. H., J. Brimner, M. White, Educational Level, Class Status, and Aesthetic Preference, J. Soc. Psych. 50, 1959, S. 277–284.

113. Koch-Hillebrecht, M., Die moderne Kunst. Psychologie einer revolutionären Bewegung, Köln 1983.

114. Köhler, W., Die physischen Gestalten in Ruhe und im stationären Zustand, Braunschweig 1920.

115. –, Psychologische Probleme, Berlin 1933.

116. Kowalski, K., Grundriß einer Didaktik des Unterrichtsfaches Kunst und Kommunikation, Stuttgart 1978.

117. Kraft, H. (Hrsg.), Psychoanalyse, Kunst und Kreativität heute. Die Entwicklung der analytischen Kunstpsychologie seit Freud, Köln 1984.

118. Kreitler, H., u. S. Kreitler, Psychologie der Kunst, Stuttgart 1980.

119. Kris, E., Die ästhetische Illusion (1952), Frankfurt a. M. 1977.

120. Küppers, H., Farbe. Ursprung, Systematik, Anwendung, München 1977.

121. Landau, E., Psychologie der Kreativität, München 1969.
122. Lawlor, M., Cultural Influences on Preference for Designs, J. Abnorm. and Soc. Psychol. 51, 1955, S. 690–692.
123. Lersch, Ph., Gesicht und Seele, München 1966.
124. Lipps, Th., Ästhetische Einfühlung, Z. f. Psychol. 22, 1900, S. 415–450.
125. Lohr, M., Untersuchungen zum Typusproblem. Zul.arb. z. Dipl.-Vorprüfung f. d. Stud. d. Psychol., Tübingen 1960.
126. Lorenz, K., Die Rückseite des Spiegels, München ²1973.
127. Lowenfeld, V., Creativity: Education's Stepchild. In: S. J. Parnes u. H. F. Harding, A Source Book for Creative Thinking, New York 1962, S. 9–17.
128. Lützeler, H., Kunsterfahrung und Kunstwissenschaft, München 1975, Bd. 2.
129. Maslow, A. H., u. N. L. Mintz, Effects of Esthetic Surroundings: I. Initial Effects of three Esthetic Conditions upon Perceiving "Energy" and "Well-Being" in Faces, J. Person. 41, 1956, S. 247–254.
130. Matile, H., Die Farbenlehre Ph. O. Runges, Bern 1973.
131. Mayer-Hillebrand, F., Einführung in die Psychologie der bildenden Kunst, Meisenheim 1966.
132. Metzger, W., Schöpferische Freiheit, Frankfurt a. M. 1962.
133. –, Der Beitrag der Gestalttheorie zur Frage der Grundlagen des künstlerischen Erlebens, Exakte Ästhetik 1, 1965, S. 15–28.
134. –, Psychologie, Darmstadt ⁴1968.
135. –, Gesetze des Sehens, Frankfurt a. M. ³1975.
136. –, Der Beitrag der Gestalttheorie zur Kunstdidaktik. In: G. Otto u. H. P. Zeinert (Hrsg.), Grundfragen der Kunstpädagogik, Berlin 1975.
137. Meyers, H., Wir erleben Kunstwerke, Frankfurt a. M. 1966.
138. Mises al. G. Th. Fechner, Über einige Bilder der 2. Leipziger Kunstausstellung 1839. In: Dr. Mises, Kleine Schriften, Leipzig 1875, S. 423–560.
139. Mohan, V., u. D. Kumar, Semantic Differential Measurement of the Effect of Suggestion on Aesthetic Choices in Different Personality Groups, Studia Psychol. 17, 1975, S. 244–247.
140. Moles, A. A., Informationstheorie und ästhetische Wahrnehmung, Köln 1971.
141. Morris, D., Biologie der Kunst, Düsseldorf 1963.
142. Mühle, G., Entwicklungspsychologie des zeichnerischen Gestaltens, Berlin ⁴1975.
143. Müller-Freienfels, R., Psychologie der Kunst, 3 Bde., Leipzig 1923–1933.
144. Nienstedt, M., Zur Anordnung der Farbtöne nach ihrer Eindruckswirkung, Diss. Münster 1975.
145. Ostwald, W., Die Harmonie der Farben, Leipzig 1918.

146. Palágyi, M., Wahrnehmungslehre, Leipzig 1925.
147. Panofsky, E., Zum Problem der Beschreibung und Inhaltsdeutung von Werken der bildenden Kunst, 1932. In: Aufsätze zu Grundfragen der Kunstwissenschaft, Berlin 1964.
148. Pawlik, J., Theorie der Farbe, Köln 1976.
149. –, Praxis der Farbe, Köln 1981.
150. Petermann, B., Wesensfragen seelischen Seins, Leipzig 1937.
151. Piaget, J., Psychologie der Intelligenz, Zürich 1967.
152. Poincaré, H., Science and Method, New York 1952.
153. Rank, O., Art and Artist, New York 1932.
154. Rausch, E., Gesetze optischer Wahrnehmung und der Eindruck des Wohlgefälligen, Ex. Ästhetik 1, 1965, S. 29–33.
155. –, Das Eigenschaftsproblem in der Gestalttheorie der Wahrnehmung. In: Hdb. d. Psychol., Bd. I, 1, Göttingen 1966, S. 866–953.
156. –, Bild und Bildwahrnehmung. Psychologische Studien ausgehend von Graphiken Volker Bußmanns, Frankfurt a. M. 1982.
157. Rogers, C. R., Toward a Theory of Creativity. In: S. J. Parnes u. H. F. Harding, A Sourcebook of Creativity, New York 1962.
158. Rorschach, H., Psychodiagnostik, Bern [8]1962.
159. Rosen, J. C., The Barron-Welsh Art Scale as a Predictor of Originality and Level of Ability Among Artists, J. Appl. Psychol. 39, 1955, S. 366–367.
160. Ross, B. M., Preference for Nonrepresentational Drawings by Navaho and other Children, J. Cross-Cultural Psych. 7, 1976, S. 145–156.
161. Rump, G. Ch., Kunstpsychologie, Kunst und Psychoanalyse, Kunstwissenschaft, Hildesheim 1981.
162. Saklofske, D. H., Visual Aesthetic Complexity, Attractiveness, and Diversive Exploration, Perc. Mot. Skills 41, 1975, S. 813 bis 814.
163. Sander, F., u. H. Volkelt, Ganzheitspsychologie, München 1962.
164. Schneewind, K. A. (Hrsg.), Wissenschaftstheoretische Grundlagen der Psychologie, München 1977.
165. Schober, R., u. I. Rentschler, Das Bild als Schein der Wirklichkeit, München 1972.
166. Schönpflug, W., Methodenprobleme einer empirischen Ästhetik – ein Rückblick auf Fechners Holbein-Untersuchung, Ex. Ästhetik 1, 1965, S. 4–15.
167. Schuster, M., u. H. Beisl, Kunstpsychologie, Köln 1978.
168. Seckel, C., Maßstäbe der Kunst im 20. Jh., Düsseldorf 1967.
169. Sedlmayr, H., Verlust der Mitte, Salzburg 1976 (Erstaufl. 1948).
170. –, Pieter Bruegel: Der Sturz der Blinden. In: Epochen und Werke I, Wien 1959.
171. –, Kunst und Wahrheit, Mittenwald 1978, Neuaufl.

172. Sisson, E. D., u. B. Sisson, Introversion and the Aesthetic Attitude, J. Gen. Psychol. 22, 1940, S. 203–208.
173. Spitzer, K., u. M. Lange (Hrsg.), Tasten und Gestalten, Waldkirch 1982.
174. Sprinkart, K. P., Kognitive Ästhetik, Mittenwald 1982.
175. Staiger, E., Die Kunst der Interpretation, Freiburg ⁴1963.
176. Thali, A., Ein daseinsanalytisch-phänomenologischer Zugang zum Verständnis der Kunst. In: Die Psychologie des 20. Jh., Bd. XV, Zürich 1979, S. 1017–1034.
177. Ulrichs, T., Wie relevant ist die „gesellschaftliche Relevanz" der Kunst? Kunst Kurier 29, Nr. 1/2, 1983, S. 11–13.
178. Vernon, M. D., Wahrnehmung und Erfahrung, Köln 1974.
179. Vogt, I., u. U. Frede, Tertiäre Eigenschaften der Grauskala, Z. exp. ang. Psychol. 20, 1973, S. 498 ff.
180. Vukovich, A., Zur Metrisierung in der Ästhetik. In: S. J. Schmidt (Hrsg.), text, bedeutung, ästhetik, München 1970.
181. Weber, J., Gestalt, Bewegung, Farbe, Braunschweig ²1978.
182. Wechsler, J. (Hrsg.), On Aesthetic in Science, Cambridge 1978.
183. Weidlé, W., Gestalt und Sprache des Kunstwerks, Mittenwald 1981.
184. Weinhandl, F. (Hrsg.), Gestalthaftes Sehen, Darmstadt 1967.
185. Weizsäcker, V. v., Der Gestaltkreis, Stuttgart ⁴1950.
186. Wellek, A., Musikpsychologie und Musikästhetik, Frankfurt 1963.
187. Welsh, G. S., u. F. Barron, Barron–Welsh Art Scale, San Diego 1963.
188. Werner, H., Entwicklungspsychologie, München ⁴1953.
189. Wertheimer, M., Untersuchungen zur Lehre von der Gestalt, Psychol. Forschg. 1, 1921, und 4, 1923.
190. –, Produktives Denken, Frankfurt ²1964. (Englische Erstaufl. 1945.)
191. Wißmann, J., Collagen oder die Integration von Realität im Kunstwerk. In: W. Iser (Hrsg.), Immanente Ästhetik, Ästhetische Reflexion, München 1966, S. 327–360.
192. Witte, W., Zur Wissenschaftsstruktur der psychologischen Optik, Psychol. Beitr. IV, 1962, S. 451–462.
193. –, Zum Gestalt- und Systemcharakter psychischer Bezugssysteme. In: S. Ertel, J. Kemmler, M. Stadler (Hrsg.), Gestalttheorie in der modernen Psychologie, Darmstadt 1975, S. 76–93.

REGISTER

Namen

Kursive Seitenangaben verweisen auf das Literaturverzeichnis.

Sachen

QUELLENVERZEICHNIS DER TAFELN

Tafel 1
Dan Graham, Zwei spiegelnde und transparente Pavillons.
Documenta Kassel 1982 (Karlsaue). Abdruck mit freundlicher Genehmigung des Künstlers.
Tafel 2
Hans Holbein d. J., Die Madonna des Basler Bürgermeisters Jakob Meyer, 1528/29.
Schloßmuseum Darmstadt.
Tafel 3
Bartholomäus Sarburgh, Die Madonna des Basler Bürgermeisters Jakob Meyer (Kopie).
Staatliche Kunstsammlungen Dresden, Gemäldegalerie Alte Meister.
Foto: Sächsische Landesbibliothek, Dresden.
Tafel 4
Reiner Ruthenbeck, Hängender Kreis, 1982.
Aufnahme des Verfassers.
Tafel 5
Reiner Ruthenbeck, o. Titel, 1967.
Aufnahme des Künstlers.
Tafel 6
Reiner Ruthenbeck, Aufhängung III, Stoffring mit Eisenplatte, 1969.
Aufnahme des Künstlers.
Tafel 7
Reiner Ruthenbeck, Weißer Papierhaufen, 1970.
Aufnahme des Künstlers.
Tafel 8
Wassili Kandinsky, Komposition IV, 1911.
Kunstsammlung Nordrhein-Westfalen, Düsseldorf.
Copyright © 1985 by A.D.A.G.P., Paris, u. Cosmopress, Genf.
Tafel 9
Pablo Picasso, Die Gaukler, 1905.
National Gallery of Art, Washington, Chester Dale Collection 1962.
Copyright © 1985 SPADEM, Paris/BILD-KUNST, Bonn.
Tafel 10
Wassili Kandinsky, Lyrisches, 1911.
Museum Boymans-van Beuningen, Rotterdam. Copyright © 1985 by A.D.A.G.P., Paris, u. Cosmopress, Genf.

Tafel 11
Pablo Picasso, Guernica, 1937.
Bildarchiv Foto Marburg. Copyright © 1985 SPADEM, Paris/BILD-
KUNST, Bonn.
Tafel 12
Pablo Picasso, Weinende Frau, 1937.
Lee Miller Archives. Copyright © 1985 SPADEM, Paris/BILD-
KUNST, Bonn.
Tafel 13
Claude Monet, Das Parlamentsgebäude in London, 1903.
National Gallery of Art, Washington, Chester Dale Collection. Copy-
right © 1985 SPADEM, Paris/BILD-KUNST, Bonn.
Tafel 14
Willem de Kooning, Woman I, 1952.
Collection, The Museum of Modern Art, New York.
Tafel 15
Timm Ulrichs, Gedankengänge im Vorstellungsraum, 1980.
Aufnahme Jürgen Wesseler.
Tafel 16
Constantin Brancusi, Vogel im Raum, 1926.
Collection, The Museum of Modern Art, New York. Copyright © 1985
by A.D.A.G.P., Paris, u. Cosmopress, Genf.
Tafel 17
Norbert Kricke, Raumplastik Mannesmann, 1958–61.
Mannesmann AG, Düsseldorf.
Aufnahme des Verfassers.
Tafel 18
Max Ernst, Aushängeschild für eine Mövenschule, 1958.
Copyright © 1985 SPADEM, Paris/BILD-KUNST, Bonn.
Tafel 19
Ulrich Erben, o. Titel, 1975.
Tafel 20
Hanspaul Isenrath, Plastische Kräfte, 1982.
Aufnahme des Verfassers.
Tafel 21
Kurt Schwitters, Merzbild 25 A, Das Sturmbild, 1920.
Bildarchiv Foto Marburg. Copyright © 1985 by A.D.A.G.P., Paris, u.
Cosmopress, Genf.
Tafel 22
Jackson Pollock, Nr. 1, 1948.
Collection, The Museum of Modern Art, New York.
Tafel 23
Henry Moore, Liegende Figur, 1957.
Stedelijk Museum, Amsterdam.

Tafel 24
  Udo Scheel, o. Titel, 1967.
Tafel 25
  Hermann Josef Kuhna, Den Frühling vergessen müssen, 1979.
  Aufnahme des Künstlers.
Tafel 26
  Udo Scheel, In partibus infidelium, 1969.
  Foto: Vladen Lipecki.
Tafel 27
  Giuseppe Arcimboldo, Das Feuer, 1566.
  Kunsthistorisches Museum, Wien. Foto: Udo F. Sitzenfrey.
Tafel 28
  Harald Busch, Augen, 1982.
  Aufnahme des Verfassers.
Tafel 29
  Gunther Keusen, Exzentrische Bahn (für Friedrich Hölderlin), 1982.
  Aufnahme des Verfassers.

TAFELN

Tafel 1 : D. Graham, Zwei spiegelnde und transparente Pavillons, 1982

Tafel 2: H. Holbein d. J.,
Die Madonna des Basler Bürgermeisters Jakob Meyer, 1528/29

Tafel 3: B. Sarburgh:
Die Madonna des Basler Bürgermeisters Jakob Meyer (Kopie)

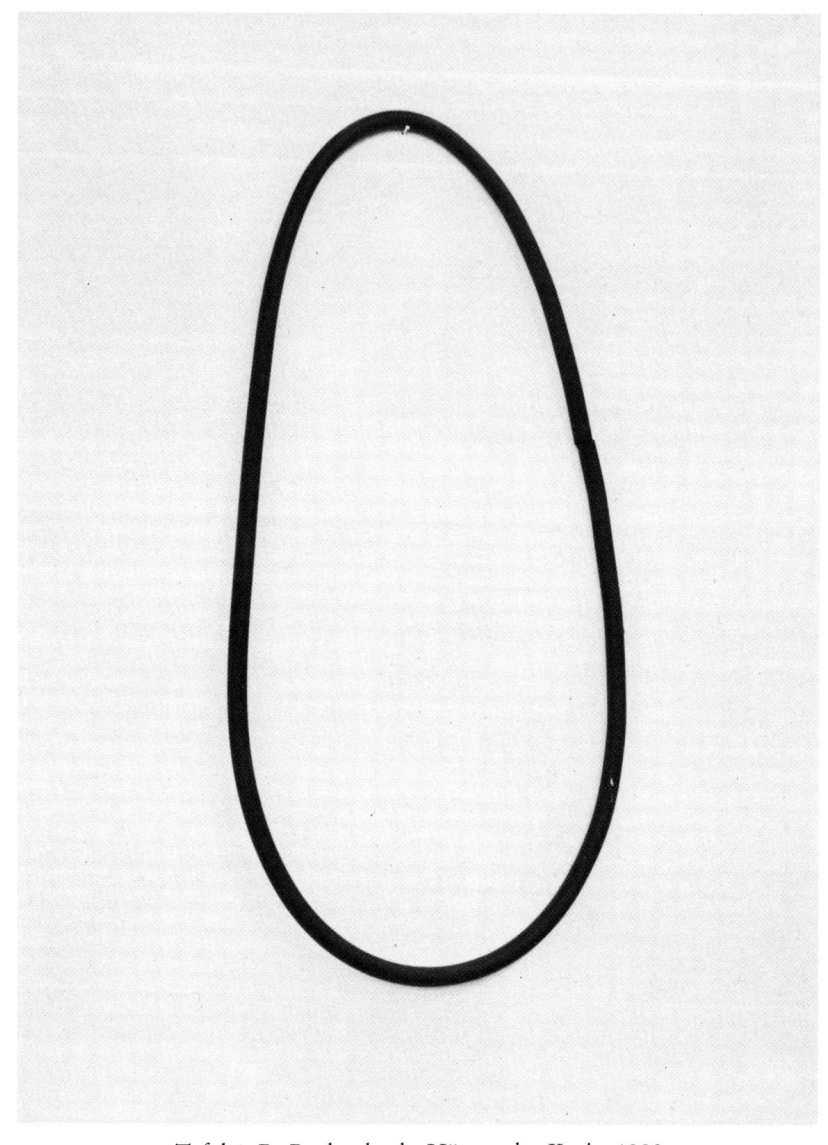

Tafel 4: R. Ruthenbeck, Hängender Kreis, 1982

Tafel 5: R. Ruthenbeck, o. Titel, 1967

Tafel 6: R. Ruthenbeck, Aufhängung III, Stoffring mit Eisenplatte, 1969

Tafel 7: R. Ruthenbeck, Weißer Papierhaufen, 1970

Tafel 8: W. Kandinsky, Komposition IV, 1911

Tafel 9: P. Picasso, Die Gaukler, 1905

Tafel 10: W. Kandinsky, Lyrisches, 1911

Tafel 11: P. Picasso, Guernica, 1937

Tafel 12: P. Picasso, Weinende Frau, 1937

Tafel 13: C. Monet, Das Parlamentsgebäude in London, 1903

Tafel 14: W. de Kooning, Woman I, 1952

Tafel 15: T. Ulrichs, Gedankengänge im Vorstellungsraum, 1980

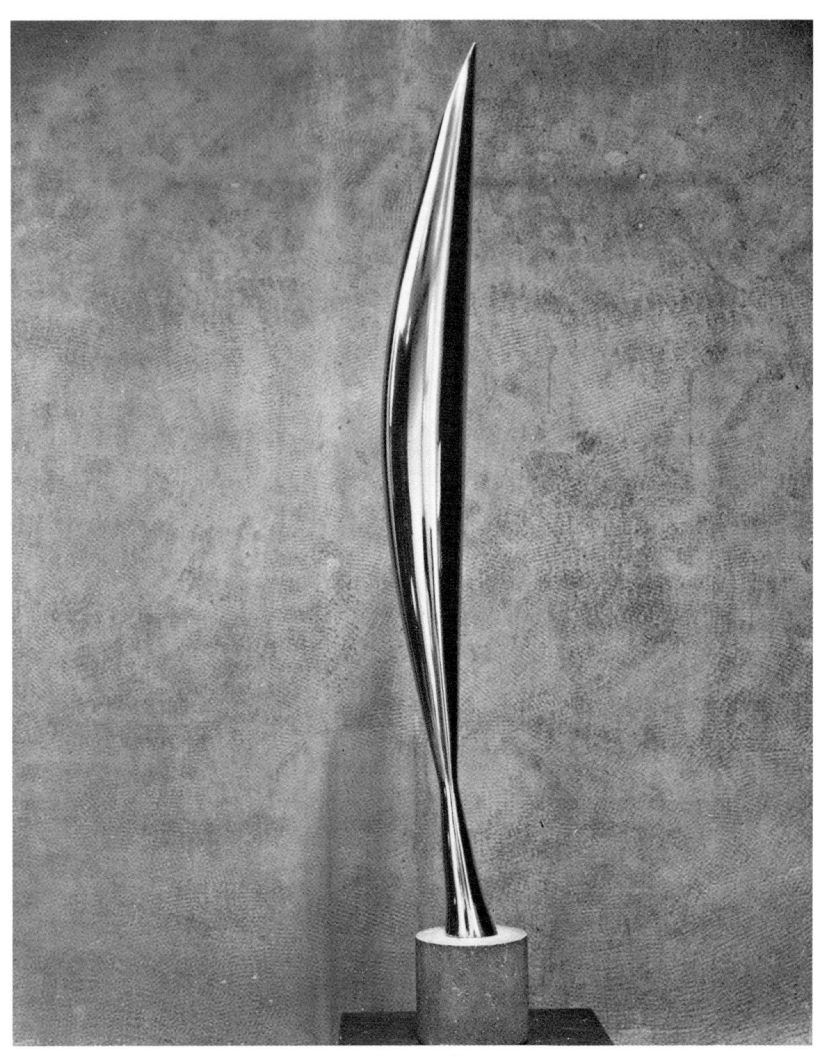

Tafel 16: C. Brancusi, Vogel im Raum, 1926

Tafel 17: N. Kricke, Raumplastik Mannesmann, 1958–61

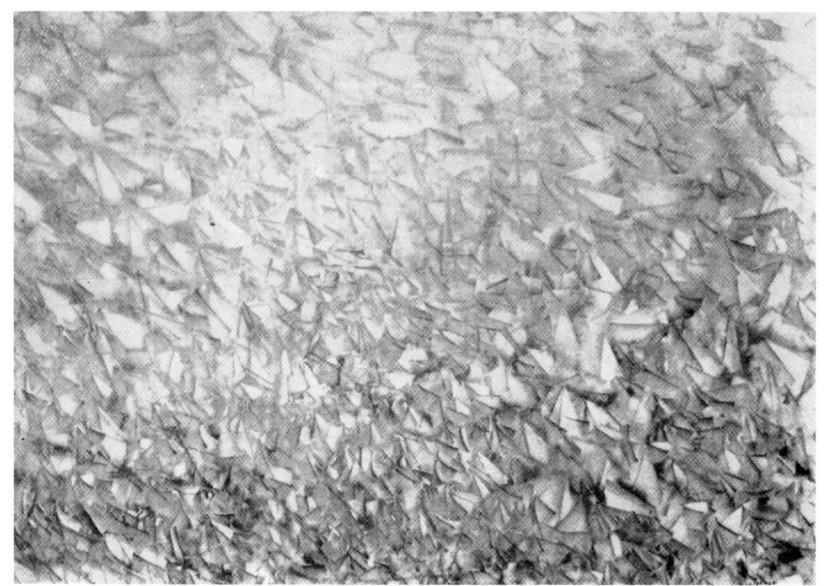
Tafel 18: M. Ernst, Aushängeschild für eine Mövenschule, 1958

Tafel 19: U. Erben, o. Titel, 1975

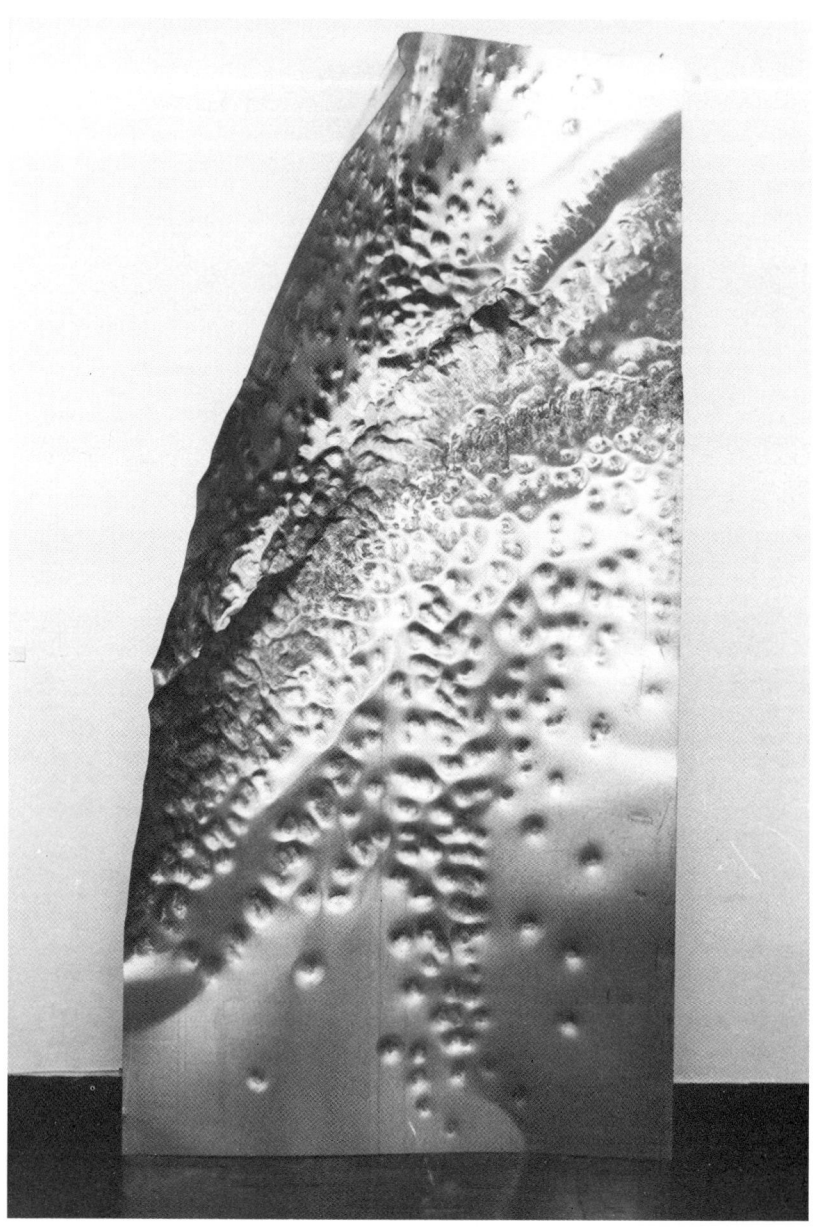

Tafel 20: H. Isenrath, Plastische Kräfte, 1982

Tafel 21: K. Schwitters, Merzbild 25 A, Das Sturmbild, 1920

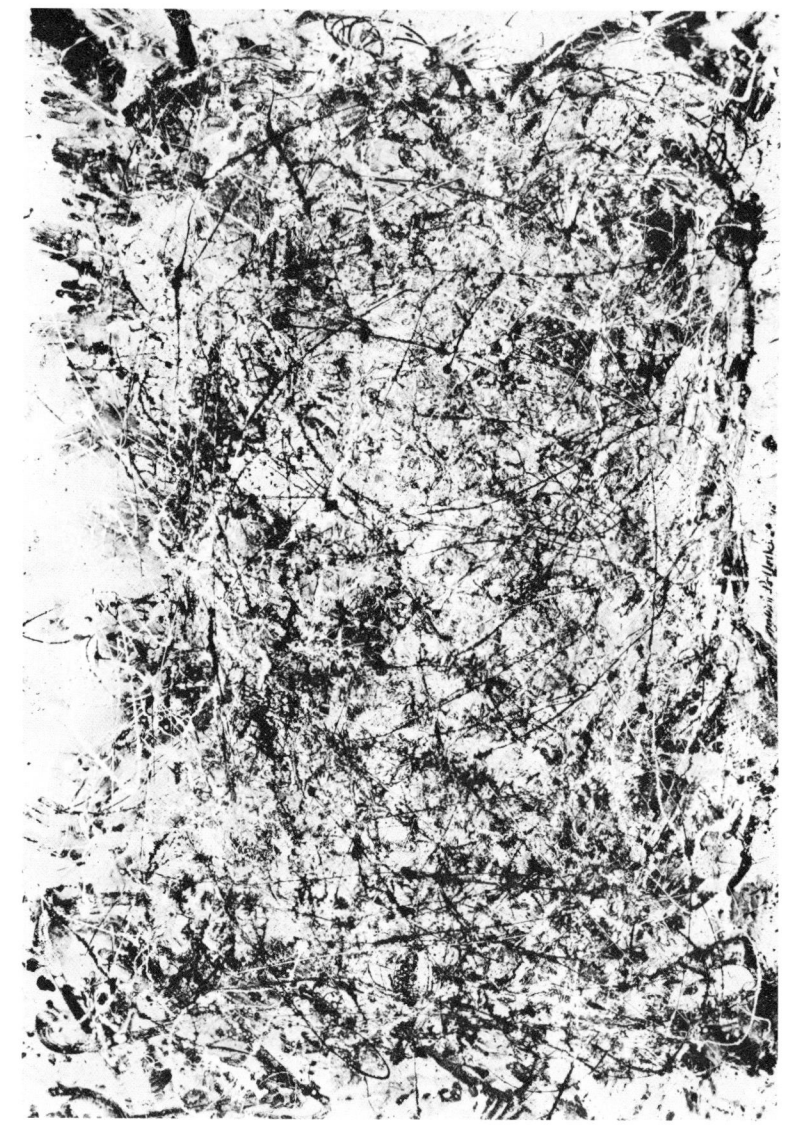

Tafel 22: J. Pollock, Nr. 1, 1948

Tafel 23: H. Moore, Liegende Figur, 1957

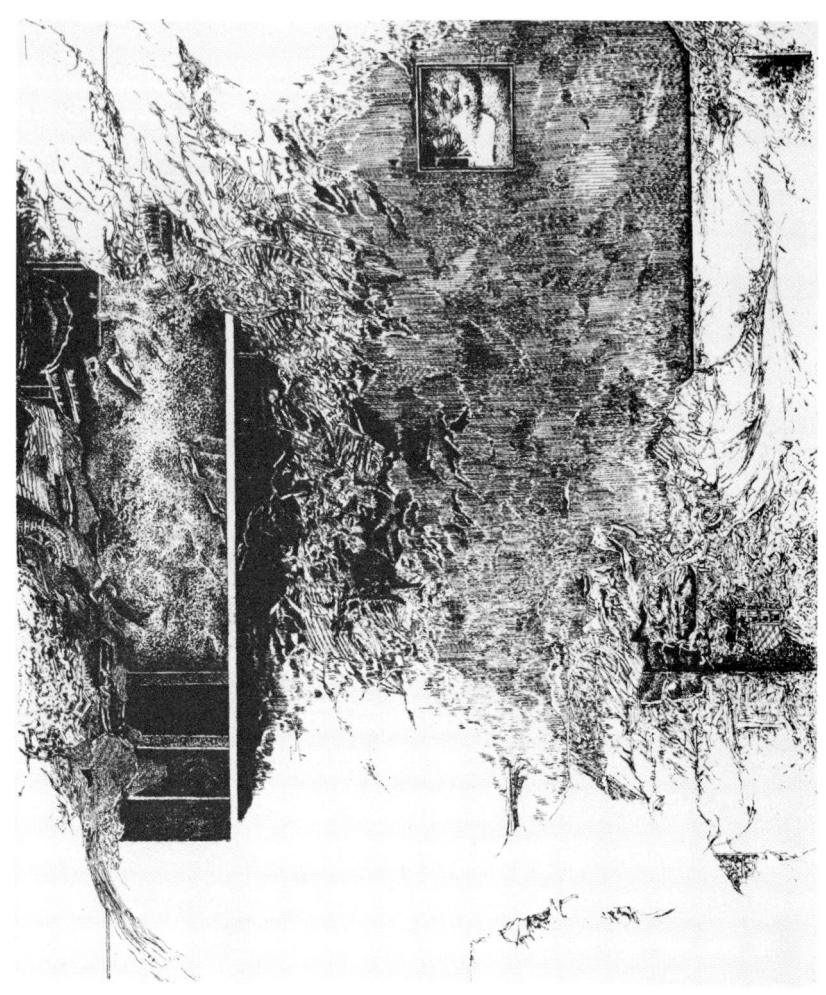

Tafel 24: U. Scheel, o. Titel, 1967

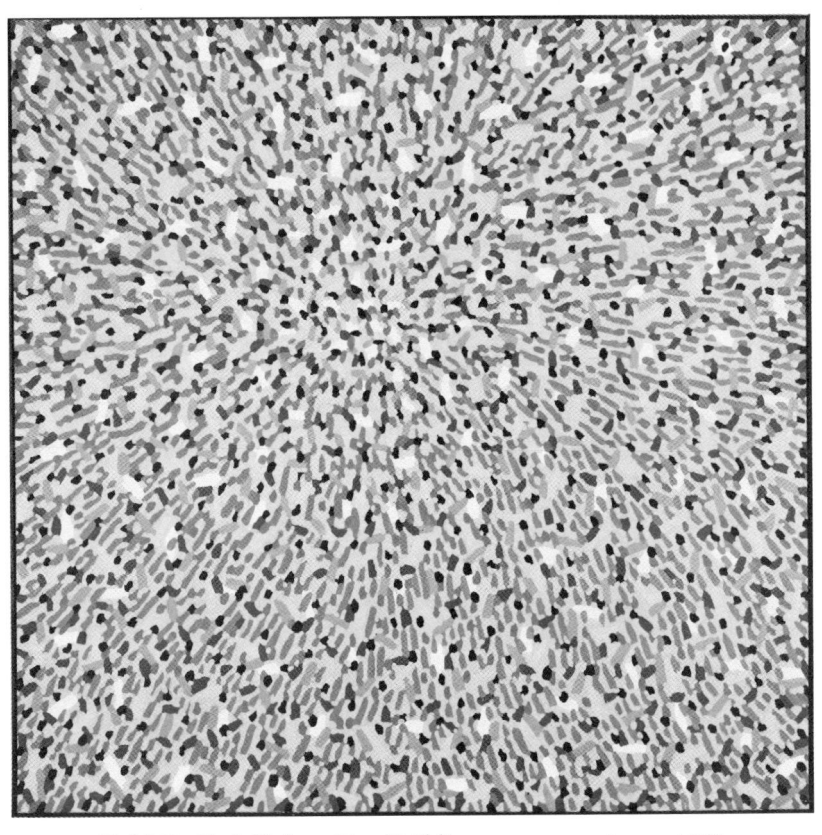

Tafel 25: H. J. Kuhna, Den Frühling vergessen müssen, 1979

Tafel 26: U. Scheel, In partibus infidelium, 1969

Tafel 27: G. Arcimboldo, Das Feuer, 1566

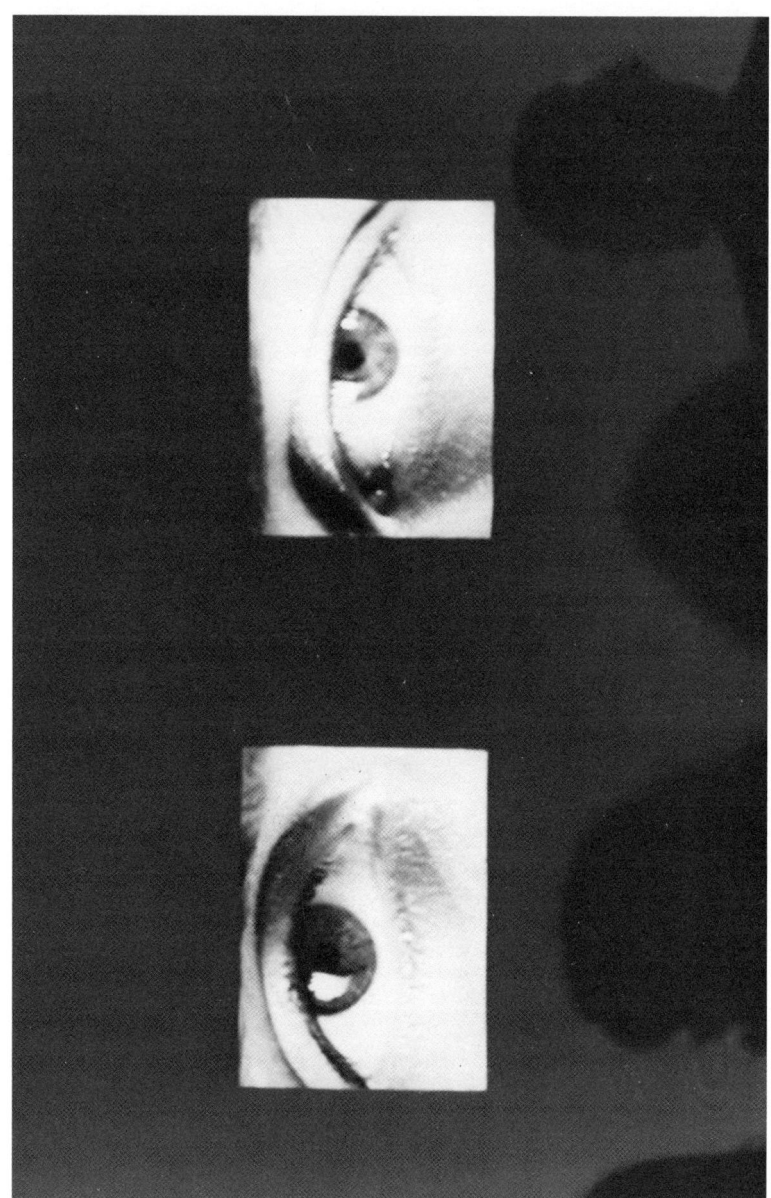

Tafel 28: H. Busch, Augen, 1982

Tafel 29: G. Keusen, Exzentrische Bahn (für Friedrich Hölderlin), 1982